# Vreesloos Vrees

ANDRI NIEUWOUDT

Malherbe Uitgewers Publikasie

Outeur: Andri Nieuwoudt
Voorbladontwerp: Ria Richards
Omslagfoto: Ammerensia Nieuwoudt van Emma fotografie.

Geset in Franklin Gothic 12pt

ISBN 978-1-997443-10-0

Kopiereg © Andri Nieuwoudt
Alle regte voorbehou

Hierdie boek mag nie sonder skriftelike verlof van die uitgewer of skrywer gereproduseer of in enige vorm of langs enige elektroniese of meganiese weg weergegee word nie, hetsy deur fotokopiëring, plaat- of bandopname, mikrofilm of enige ander stelsel van inligtingsbewaring.

Hierdie is my reis deur die tweede helfte van 2023 en deur 2024.

*My storie is maar eintlik net 'n variasie op ons almal se stories. Ons staan waar ons staan en sit waar ons sit – op verskillende stoele wat eintlik maar dieselfde is met dieselfde roete tot die hier en nou.*

*Ek vra die leser om geduldig te wees. Die sketse het 'n doel waarom dit aanvanklik gefragmenteerd voel. Dis sketse deur iemand wat die lewe in sy volheid deurloop het, net om te besef die lewe is nog nie klaar deurgeloop nie.*

*Andri Nieuwoudt*

# Inhoud

Vreesloos Vrees .................................................................. 1
Deel 1 ............................................................................. 23
Die Normaal in Europa ................................................... 23
Deel 2 ............................................................................. 83
Demensie ...................................................................... 83
Deel 3 ............................................................................. 98
Die Normaal .................................................................. 98
Deel 4 ........................................................................... 115
Die aanloop vir dit wat wag in 2023 ............................ 115
Deel 5 ........................................................................... 123
Kanker .......................................................................... 123
Deel 6 ........................................................................... 144
Die wag vooraf ............................................................. 144
Deel 7 ........................................................................... 210
Dis Kanker! ................................................................... 210
Deel 8 ........................................................................... 303
2024 .............................................................................. 303
Deel 9 ........................................................................... 346
Die Nuwe Normaal kan terugkom ................................ 346
Deel 10 ......................................................................... 371
Die wêreld draai deur en normaal moet ook! .............. 371
Deel 11 ......................................................................... 399
Afsluiting, voorlopig. .................................................... 399

Oor Worrie, en Warriors

Die gedagte kom gisteraand op toe ek rondom my kyk en wonner waaroor kan ek worrie. D vertel my daar is drie items wat in 2020 worrie werd was: Die virus, Brexit en Trump. Waarop ek antwoord dat daai drie het 'n lagie van "habituate" of gewoond raak al gekry. Dan is die worrie se skerp randte nie meer so skerp nie en regverdig dit ook nie veel van worrie nie.
Kyk, ek het in my dag genoeg gehad om oor te worrie. Ek sal nie 'n lysie maak nie anders begin julle sommer saam worrie oor goed waaruit ek myself al geworrie het en wat ook sy habituate beskermingslagie gekry het.

As ek nou so op die 75 jaar langs af dink, dan staan so 'n paar uit. Die grote was seker hier van 1996 af toe 'n man van 'n vrou my gedreig het om my van manslag aan te kla na sy vrou loop dood word het na 'n operasie. Die een worrie het gebeur toe my kinders op universiteit was en ek nie tronk toe, of dan vannie rol geskraap kon word nie.
Daai worrie het ook deurgeloop tot diep in die 2000's in voor dit sy lê loop kry het. Ek kon aanhou werk in die harde arbeid wat 3 kinders jou vonnis as hulle universiteit toe gaan.

Die worrie het 'n newe-effek uitgeworrie in die vorm van kapotte hartare en daai het weer nuwe worries geskep wat nou nog sy slakspoor sleepsels in my lewe het. Sodra ek 'n habituate lagie om die laaste worrie kry, word dit weer afgepluk en kyk ek plafon toe met nuwe stents inkry, en weer 'n worrie wat gelaag moet word.
Nimmereindigend daai een. Vir dood, soos ons in Namakwaland sê. Jy kom nie af van hom nie.

Vandag is my groot worry die groot K in my, die groot D in D, en natuurlik oorlewing met dit. Selfs hiermee kan ons habituate.

Dan kom die rytjie van legio klein worrietjies soos man afgaan in die 75 jaar oue lewensloopsleer. Sommer klomp. Hulle spring gewoonlik 3 uur innie oggend uit van wie weet waar, en lyk al hoe groter soos man wakkerder geworrie word.

Daai klompie leer mens later om net gghai te sê. (Gghai-man spreek hom so uit: gggg-h-ai! Is 'n woord wat my ma gebruik het, ek dink dis uit Nama, en wat eintlik moeilik vertaal kan word. Stoppit is seker die naaste wat ek kan kom aan sy verklaring. Ek weet net as ma "gghai" gesê het, dan gghai jy!) Want sien, as die son op is besef jy daai worrie wat gehoofletter is 3 uur innie oggend is glad nie so groot nie.

Ek sal nou nie oor die worries van grootword praat nie – daai worries maak jou 'n warrior (nie verward met worryer wat 'n chroniese worrier uitwys). Jy raak sterker deur hulle. Die genesing van die soort het ek geleer, is om agwatstrontwat vir myself te sê en net in te klim. Voorbeelde is om 'n meisie die eerste keer uit te vra, of handjie vas te hou, of sommer die dieper dinge van oppervlaksanatomie so deur die newels van seksuele ontwaking deur te evalueer en te soek. Daar is uiteraard ander voorbeelde ook – soek maar self uit.

Op 75 jaar en in 2025 het ek wragtig al hoe minder worries – seker omdat ek dit ook maar met 'n agwatstrontwat houding weggooi. Soos D sê: "Vat hom vas en gooi hom oor jou skouer." Haar ma het weer gesê dat jy "bobbejaan eiers bak en anderkant die berg loop uitbroei". Mens neig om 'n worrie te kry en dan maak jy hom groter as wat hy is.

My grootste worrie is dat elke dag my laaste dag kan wees en daar is nog baie worries wat ek wil hê voor ek nie meer hoef/kan worrie nie.
Worrie dus maar oorlat ek worrieloos is.
Worrie is soos pyn: net dooie mense het dit nie.

# Vreesloos Vrees

Ons lewe maar almal onder die voortdurende besef dat iewers in die toekoms dinge kan verander in jou menswees. Jy kry terugslae in gesondheid, raak gewoond aan dit wat ingekort word daardeur, pas aan en lewe voort.

Hierdie is 'n kyk op 'n tyd in my lewe waar ek op 74-jarige leeftyd gekonfronteer is met die groot K diagnose – in my geval – blaaskanker.

Ek moet bynoem dat ek voorbereiding gehad het. Eerstens as geneesheer het ek die insig gehad van wat dit behels, plus die voordeel om na behandelingsopsies en ook uitkomste van dit logies en so objektief as moontlik, te kon kyk.

Tweedens het ek op 49-jarige ouderdom 'n hartaanval gehad, en vyfledige koronêre vatomleiding ondergaan. Dus leef ek al vir meer as 25 jaar met die swaard van die besef van sterflikheid oor my.

Die oorheersende besef is dat op 74-jarige ouderdom, weet jy die dood moet 'n oorsaak hê.

Die swaarste vir my was dat my vrou in die proses van demensie vasgevang geraak het en ek, as mantelversorger, nie altyd daar sal wees nie.

Ek wil dit ook aan die begin duidelik maak dat hierdie verhaal oor 'n grepie uit my lewe, nie as negatief ervaar moet word nie, maar eerder as iets positiefs van hoe om dit te hanteer as u in so 'n situasie beland. Natuurlik ervaar elk dit op sy eie manier en pas dus aan daarby. Vir diegene om mens heen is daar miskien lesse te leer uit hierdie ervaring wat ek hier gaan weergee.

Sien jouself, liewe leser, as my metgesel in die verhaal en dat ek met jou op 'n een tot een basis gesels soos ek deur die beproewinge gaan.

Die einddoel is om te besef jy kan vreesloos vrees en die stryd aangaan met 'n positiewe gesindheid.

U sal sien dat ek die hele verloop met die blaaskanker op 'n dagboek basis weergee. Dit is egter belangrik om te besef die "wêreld draai door" om 'n Nederlandse gesegde te gebruik. My lewe het nie net om die kanker gedraai nie.

Die lewe gaan aan, in my en in ander om my. Daar was dinge ook, soos om te probeer normaal lewe tussenin.

Dis belangrik om te besef dat die kankerlyer gedurig bewus is van wat met hom/haar aangaan en voortdurend daarmee stoei. Dit is die tussenin pogings om verder aan te gaan met jou normale lewe wat die werklike salf vir die siel is.

U sal dus sien dat ek "tussendoortjies" insit tussen die dagboek insetsels om kleur aan die verhaal te gee. Dit sluit die salf van humor en filosofeer oor die lewe oor dit wat aan die gebeur is in.

Reis in Europa waar ons woon, is een van die salwendste ervarings wat als draagliker gemaak het. Grepies hiervan sal u ook vind soos ons dit ervaar het.

Ek begin die verhaal dus voor die diagnose stelling en bring dit geleidelik in soos opeenvolgende dae en maande gevolg het.

Als hoef nie somber te wees nie.

My verhaal kan ook nie gelees word sonder dat die ek wat ek is, nie uitgebeeld word deur klein insetseltjies.

My lewe lank is ek aan die reis deur die lewe – hier en daar bestuur ek dit, ander kere word ek gebestuur in rigtings. Mens wil glo daar is 'n rede agter als en daar is doele en doelwitte wat gestel en bereik word, of moet word. Sommige gaan en het ek bereik, andere nie.

Die reis duur voort en hoe langer die reis is, hoe meer vrae kom na vore. Vrae oor geloof in dit wat jy graag wil glo, maar nie altyd verstaan nie. Ons het ons verstand gekry op plekke waar jy gedink het jy tuishoort, om net agter te kom dis die begin en die einde is iewers anders.

Hoekom ek in Afrika, in Namakwaland gebore, en Afrikaans sprekend moes wees weet ek nie. Maar ek is dit. Ook is ek Europees in my genetiese dieptes in.

Gelukkig het my reis my uit die buurt van geboorte, uit die knusse omgewing van tuiswees in 'n gesin van Afrikaanssprekendes waarin ek nie eintlik gehoort het nie, geneem – weg van die gemaksone van dit wat bekend was. Eers deur die vreemde wêreld van die Universiteit van Stellenbosch, waarop jy trots was toe dit jou gemaksone geword het, in 'n beroep in waarin jy ook jou gemaksone kon skep en behou. Die bewuswording van taalvreemde omgewings en ook finansiële bedreigings, totdat jy wegvlug van die bedreigings. 'n Vlug na behoud van dit wat later saak gemaak het.

Die reis neem my weg van die wêreld en land van geboorte omdat dit vreemd geword het. My taal en my Europeesheid het 'n hindernis vir ander geword.

Nou is die einde van sekere aspekte bereik in die menswees van my, maar die begin van nuwe wêrelde, wat later ook gemaksones sal word. Dit het mens oor die jare geleer.

Die draad wat my lei is die draad van Afrikaans as loslit taal op die tong. Die draad was die rede vir wegbeweeg uit die land van geboorte. Ek kon al in 2002 sien ons gaan taalgewys nie meer ons heil in daai wêreld hê nie. Nou is dit bewys.

Ek is dankbaar ek het verstand wat my lei, geloof waarin ek glo en geloof in die toekoms, al is dit elders. Ek is bly ek kan my uitdruk in dit wat uit my mond en hand vloei. Ek is bly daar is plekke waar ek dit kan uit, sodat ander ook in my kop in kan kom.

My menswees is jou menswees, en jou menswees is myne.

## Inleiding:

Ouderdom en siektes het baie fasette. Ouderdom behoort nie die woordjie "dom" in te hê nie – nogtans word mens deur die jeug en die wat gesond, of dan die wat jonger is, soms behandel asof jy jou beurt gehad het en dat jy, en jou opinie nie veel waarde het nie.

Ervaring beteken soveel – die aanstap in die lewe gee jou die vermoë om uit te haal wat was en dit toe te pas op wat voor is.

Ek sien hierdie lewensfilosofie oor die ouer mens se houding teenoor dit wat die hier en nou is, en ook dit wat die gister vir die môre kan bring, in die volgende aanhaling:

*"I know that I have less to live than I have lived.*

*I feel like a child who was given a box of chocolates. He enjoys eating it, and when he sees that there is not much left, he starts to eat them with a special taste.*

*I have no time for endless lectures on public laws – nothing will change. And there is no desire to argue with fools who do not act according to their age. And there's no time to battle the gray. I don't attend meetings where egos are inflated and I can't stand manipulators.*

*I am disturbed by envious people who try to vilify the most capable to grab their positions, talents and achievements.*

*I have too little time to discuss headlines – my soul is in a hurry.*

*Too few candies left in the box.*

*I'm interested in human people. People who laugh at their mistakes are those who are successful, who understand their calling and don't hide from responsibility. Who defends human dignity and wants to* be on the side of truth, justice, righteousness. This is what living is for.

I want to surround myself with people who know how to touch the hearts of others. Who, through the blows of fate, was able to rise and maintain the softness of the soul.

Yes, I hustle, I hustle to live with the intensity that only maturity can give. I'll eat all the candy I have left – they'll taste better than the ones I already ate.

My goal is to reach the end in harmony with myself, my loved ones and my conscience.

I thought I had two lives, but it turned out to be only one, and it needs to be lived with dignity."

Brilliant Anthony Hopkins

And free interpretation of Mario de Andrade's poem.

-oOo-

## Sestigerjare en Ek:

Toe ek 60 was, het my Engelse kleindogter 6 geword in dieselfde jaar – sy sêvra toe vir my: "I am 6 and you are 60, when are you going toe DIE?" Die "DIE" was gevoelvol en met duidelike beklemming uitgespreek – klink my sy het dit as 'n soort gewelddadige gebeurtenis bedoel. Uiteraard het ons twee 'n baie nou verbintenis gehad tot op daardie stadium. Die het met die jare matureer en is haar lewe nie meer so vol gevul met oupa nie, maar ons is bly haar voorspelling is nog nie voltooi nie. Die sestiger jaar in my lewe is ook soos die sestigerjare waar ek self my omgewingsbewustheid as adolessent beleef het. Wat 'n voorreg om sestig kon deurleef, en wat 'n nog groter voorreg om die sestigers te kon beleef.

Dis met nostalgie wat mens terugdink aan die jare van die Beatles – met die afwagting van watter nuwe liedjie (ons het nie van "songs" gepraat nie) hulle mee gaan uitkom. Roy Orbison se *Pretty Women* was een van my heerlikste ervarings toe die uitkom in die tyd waar ek ook na meisies begin kyk het met ander oë. So ook sy *Long Tall Women In a Black Dress* se stappie. Dan is daar natuurlik die adolessente bewustheid van jouself wat al hoe meer voorrang geniet het. Gewoonlik so op jou eentjie.

Ek kan onthou dat ons so 'n klein Robin Hood-agtige velthoedjie met 'n klein gekleurde voëltjieveer in sy band gedra het – of is dit verbeelding dat dit ooit so was? Ek dink deesdae baie aan daai mannetjie met sy hoedjie. Daar was soveel wat jy wou vermag, ondersoek, bekyk en beleef – sonder dat jy op daai stadium werklik geweet het waarheen jy gaan. Tog was daar die drome.

Van die drome word nog gedroom asof jy nog steeds jonk is. Die ontwaking in liggaam en gedragspatrone teenoor die ander geslag was moeilik: geen voorligting was nodig. Net so 'n bietjie kyk wat die ander doen en dan jou eie ding ontwikkel.

Ek voel soms ek is 'n jaar te vroeg uit die skool uit. Sou soveel meer kon bereik as mens net ryper was met die toekomsbesluite en die toekoms ingaan. Vir my was die ingaan in die groen, nat Kaapse Stellenbosch tussen al hierdie vreemde mense wat almal slimmer en beter was as ek, moeilik.

In die direkte bewuswording van 'n maatjie soek het op 16 begin. Dit het ook ingesluit die direkte ontwikkeling van met meisies omgaan. As mens terugdink het jy baie lomp foute gemaak. As die ouman nou daar sou kon oordoen met vandag se ervaring ...

Ek sit soms so in my menskyk tye en kyk hoe die hedendaagse mannetjies hulle ding doen en sien in baie myself soms raak. Die stap langs die meisie en die bangheid om te gou jou "move" te maak. Vir my was die eerste teken dat die een langs jou ook van jou bewus is, die feit dat sy haar handjie aan jou kant nie swaai nie maar stil hou langs haar sy. Dan "per ongeluk" daaraan raak, en as dit nie weggeneem word nie, die vingers vasvat.

Mense, kan julle dit onthou?

Die heerlikheid van net so 'n klein onthoutjie maak mens weer net lief vir die lewe! Daar is baie klein dingetjies wat so inkom en wat soms tot groter dinge gelei het. Kom ons hou dit maar geheim.

Wat egter vir my vreemd is, is die houding van vandag se mannetjies. Ek sit en kyk nou die dag na twee voor my in 'n teater. Die meisietjie sit en vryf sy agterkop, en hy sit asof daar niks gebeur nie! Ek wil nou nie politiek praat nie, maar as my agterkop – ek wil amper sê "nou nog" – deur 'n meisietjie gevryf word, is daar groot dinge wat wakker word wat nie maklik tot rus gaan kom nie! Waarom is my agterkop nooit in my adolessensie gevryf nie? Ek kan nog heelwat ander opnoem wat ook nie gebeur het nie. Vir my het dit gedurig toe gevoel ek jaag net en vang byna nooit!

Ai tog, die sestigerjare het destyds doodgeloop en in die sewentigers ingegaan – sewentigers wat vir my gevul was met studentwees en studie en later werk.

Nou loop my sestigerjare ook binnekort in die sewentigerjare in; as ek gelukkig is sal dit sewentigerjare word.

-oOo-

**Die sewentigerjare en Ek:**

Dis vieruur hier in die donker, koue "vreemde" en ek het weer 'n kop wat my wakker gemaak het. Wou opstaan en loop neersit wat in my kop rondmaal, beland voor die Mac en sien wat iemand te sê het oor die watermorsers in SA. Beland toe met anner dinge in my kop oor die gêtengers en wil nou hier apart tog skryf wat in my kop is. Dinge is deesdae net tydelik daar en verdwyn dan asof dit nie op 'n slag die enigste ronddraai goed innie kop was nie.

Dit het gegaan oor terugonthou van my army ervaring. Ek word sommer weer kwaad. Met die dansende politikusse van vandag, vergeet mense dat daar 'n tyd was waar ons vir Fokkenvaderland moes opoffer.

Die opoffering was ook net vir sekeres beskore: Jy moet manlik wees, jy moet witterig van gelaat wees – en vir ons wat universiteit toe gegaan het, moet 'n mediese of dergelike graad in die hand hê. Ons is toegelaat om te loop leer, hopelik slim te word, en dan moet ons vir 6 weke in 'n tronkerige plek gaan sit met sulke snaakse klere waarin jy gedwing word. Leer om 'n geweer uitmekaar te haal en weer aanmekaarsit. Daagliks opstaan wanneer die laaitie wat 5 jaar jonger as jy is wil hê jy moet opstaan. Jou eie bed opmaak – ook hierin byskoling gekry, want sien, ons was almal getroud en het tuis 'n slaaf gehad. Dan moet ons in rye van 3 langs mekaar gaan staan en op en af loop op so 'n knyphol manier, in gelid. Met die klein kak wat op jou loop en skree, en nou en dan almal jaag om 'n blaartjie doer annerkant by 'n boom te gaan pluk en vir hom bring – en wat hy dan nie wil hê nie. Dan ás dit die mannetjie behaag, moet ons in 'n klaskamer gaan sit en luister na hoe sleg ons is, of hoe werk die army nou eintlik. Was verbaas om te sien dat daar mense was wat gedink het die army "werk" – en in die algemeen geleer word wat dit is om vir fokkenvaderland te wil gaan rondkruip in bosse en skiet op anner wat in die bosse rondkruip en blykbaar die antichris verteenwoordig en deesdae ronddans en fok die boere sing. Ek praat nie politiek nie – ek praat oor wat in my onthoukop is vanmôre net voor ek uit die bed gejaag is.

Dan is die 6 weke verby en moet ons iewers heengaan en dokter-dokter gaan speel. My skoonpa het bietjie seggenskap in die Ciskei van toe gehad, (groot Broederbonder soos my eie pa gewees – "Andries Treurnicht-man"), en gekla toe ek en sy dogter met ons eerste kindjie wat pasgebore was, tydelik by hulle moes gaan inwoon terwyl ek in Cecilia Makiwane Hospitaal met my armyboots en bosklere aan, gaan dokter-dokter speel. Hy was nou nie juis 'n man met wie jy kon stry nie en vertel het dat dit sy en myse pa se politiekery was wat die toestand geskep het, dat ek wat toevallig manlik was, en ook maar hulle skuld dat ek witterig van gelaat is, en hulle se skuld dat daar antichriste is wat die fokkenvaderland wil afvat, en ek dit moet "verdedig". Al opoffering wat hy moet doen, is om sy nasate, en my, te verdra terwyl ek soggens na die hospitaal gaan om daar die mense te help.

Kom ons los die oumense – die is al saam met Andries Treurnicht en PW Botha dood. En soos Dalene Mathee oor die Italianers gesê het: "Nou sit hulle in die hemel en sukkel ons met die mense,"

In die tyd moes ons "grens" toe vir 'n gedwonge 3 maande. Sien, dis waar die antichris is, meer spesifiek op die grens van Suid-Wes Afrika. Geen keuse gehad nie, maak nie saak dat ons in Mdantsane gewerk het. Ek het maar in Ginekologie loop werk, want dit was die enigste plek waar messe uitgedeel is en ons daarmee mense kon leer oopsny en binnegoed regmaak. Op daai stadium in my lewe wou ek Ortopeed word, maar die diens was nog nie oop in die blinknuwe Apartheidsgedrewe hospitaal wat na die eerste swart verpleegster, Cicilia Makiwane, vernoem was. Sien, ons moes meedoen aan die onderdrukking van die arme siele wat in SA woon deurdat ons aan hulle beter dienste moes gee as wat in die "blanke" Frere Hospitaal in Oos London was. Nou neuk ek politiek se kant toe.

Grens toe beteken Katima Mulilo toe. Katima Mulilo beteken in 'n kamp gaan sit, heeldag met 'n geweer rondloop en bedags in die lokale swart hospitaal gaan werk. Nou bietjie geskool in Verloskunde en Ginekologie en mes hanteer. My grenstyd het ek uitgestel gekry tot dit nie meer kan nie en is die laaste 3 maande van die jaar net voor "uitpastyd" soontoe.

Hier het ons daagliks eers "siekparade" gehou. Troepe het in 'n ry gestaan en een-een ingekom en al wat 'n klagte probeer vertel waarom hy liewers in sy tent wou lê en nie "terroriste" gaan jag nie. Na dit is ons met 'n army jeep na die hospitaaltjie en het daar gewerk – enigste dokters en ook maar dom en sonder toesig. Ek het toe al na vroue gekyk, en op geoefen. Heel veel verhale kan uit die deel van my lewe getrek word, al was dit net 3 maande lank.

Sal dit beperk tot enkeles.

Die groot kamp ontspanning was die trek saans so vyfuur kroeg toe – ons voorraad is maandeliks aangevul vanuit Grootfontein. Teen die komtyd van die lorrie met sy drank en tjips, was daar nog net gin oor in die kroeg en het ons maar getrou gaan sit en strooi praat. Als was opgedrink.

Sal die kwylende bekke nooit vergeet wat die ry leë bottels aangekyk het nie, en ook die wonderlike gesig as die lorrie om die draai kom. Nooit probleme gehad om sy voorraad afgelaai te kry nie. Genoeg vrywilligers gehad.

Dan die helikopterrit na die "eiland". Dit is op die punt van die Caprivistrook waar Zimbabwe, en Botswana bymekaarkom – om daar siekte parade te hou. Naaste wat ek ooit aan 'n safari was.

Tiervis vangery op die rivier met 'n bootjie wat op en af gery het, en nog veel meer onverantwoordelike dinge. Selfs eenkeer met 'n Dekota Windhoek toe gevlieg. Ek het die vorige jaar my Huisdokterjaar in Windhoek gedoen en het 'n woonstel daar gehad, want ek moes Januarie teruggaan. Laagvlieg sodat die Terries ons nie kon skiet nie – sê niks verder nie.

Sal maar hier ophou, want my vrou kom staan nou hier met twee knypoë en vertel dis te koud alleen in die bed – die warmwatersak moet terugkom. Sal later oor daai grenstyd vertel.

-oOo-

**My komvandaanplek:**

Dis beter om my plek se mense te beskryf as om myself te beskryf. Maak baie dinge duidelik sonder verduidelik.

**Oor Kort Lontjies en Kaalgatte:**

Ek het seker al die kern van die storie vertel, maar hy bly so 'n lekker storie. Plus ek lieg soms so dat ek nie aldag kan onthou wat het ek annerdag bygelieg en wat is die waarheid en wanneer is wat gewat. Dit maak dit dus lekker om net te laat rol van die vingers af.

Ek het grootgeword so al langs die Oranjerivier langs, verstand gekry in Upington ver vannie see, en later aan is ek so by amper bladhaartyd innie kar gelaai en Alexanderbaai toe gevat, dis by die Oranjerivier se mond innie see. Aan die Weskus daarbo voordat dit Namib word. Hier swem mens nie innie see nie. Jy kyk hom net en haal net uit as jy iets innie hanne kan kry.

Daar is ons baie see toe gevat in die diamantgebiede in en dan soms ver moes loop as daar nie motorpad was nie, of as die bakkie vasgesit het in die los sand.

Elke man het sy eie gat gehad daar teen die rots, see langs tussen die bamboese. Ons het maar saam geloop, mossels afgehaal en soms klip op en klip af en deur sloepe geloop om by die gat van my pa, of Willem Bester, of Koos Visagie te kom. Saak is, dat elke ou se gat was sy geheim en moes ons maar bekhou waar die man se gat sit.

My ervaringsveld van teen die see af loop langs die klippers langs was dus goed toe ek op universiteit kom.

Daar, met man se verveeldheid en met man se luste, was in die sestigerjare so nou en dan see toe gegaan. Bikini Beach in Gordonsbaai was die algemeenste plekke waar man sit en jonggatte kyk wat so byna-byna helemaal weggesteek was in die bikini dingetjies – deurtrekkertjies was toe nog glad nie daar nie en moes ons maar verbeelding gebruik.

Tot die dag toe een man – ek dink hy was 'n Engelsman – daar aankom met sy ontdekking van Sandy Bay. Kyk, sy stories oor die Valhalla waar man geen verbeelding hoef te gebruik het nie het baie luste van komonsgaankyk wakker-gemaak. In ons tyd was die Engelsman 'n tweedeklas inwoner van Stellenbosch en het man glad nie altyd geglo wat hy vertel nie. Self sien is al wat moet gebeur.

Ek kan onthou hoe ons by Llandudno gestop het, op en af geklip het na die annerkant toe– Engelsman voor. Agter elke klip het man 'n kaal meisie verwag. Nou weet julle wat die koue Kaapse see ken, dat dit goed werk om lontjies te laat krimp. En die wat vergeet het hoe gou en maklik dit is om, soos die Hollanders dit noem, "geil" te word vir 'n jongman, veral die wat kaal meisies agter elke klip verwag, sal weet dat man dan maar elke nou en dan toevallig gaan val in die koue water en net opstaan as die lont weer in beheer is.

Die dag het ek 'n groot waarheid ontdek: Die gespierde manne se lontjies krimp. Ons kom daar en hulle lê so hier en daar. Nou om te kyk is maklik, maar dis vrek moeilik as jy kyk sonder om te wys jy kyk, veral as jy moet wegkyk as die kyk nog wil gekyk word. Wat interessant was, was dat die lywe wat daar aan die vroulike spesies behoort het nou nie 'n tweede kyk op straat sou kry nie, maar hier kyk man maar.

Die manne wat magies het se bose onder die trom was redelik as dit sigbaar is met buk slae. (Vir die wat nie weet nie: Die buik van manne van gevorderde gewig en leeftyd word 'n trombose genoem, want die trom hang oor die bose.) Hulle sê mos die grootste druiwetrosse is die wat in die skadu hang.

Die manne wat die meeste op en af loop is die manne met die gymspiere – en kort lontjies. Hulle kon maar die speedo aangehou het.

Nou wil ek net my broer se storie hier inlas. Hulle was so 'n paar vroue-uitgehongerde manne uit die myndorp wat ook gehoor het van die Sodom en Gomorra daar teen die Kaapse see. Hulle vier kom toe daar aan – het darem swembroek aangehad – en skielik is hulle in Sandy Bay. Loop sit toe so rug aan rug en hou die vier windrigtings dop. Nou as jy die Baai manne sou ken, moet jy weet kommentare bly nie uit nie. Elke man vertel wat hy sien (die oog-tong afstand is maar kort in 'n Namakwalander).

So na 'n ruk sê een: "Kêrels, hier is fout, ek sal maar op my maag loop lê." Na 'n tyd kom hulle agter die kaalgat Engelse kyk hulle snaaks aan, hulle het skoon vergeet dis 'n kaalgat plek die – jou broek moet uit.

Dus lê hulle maar so boude in die koue lug, te bang om om te draai. Groot nadeel is natuurlik dat hulle nou langs mekaar moet loop lê, en al 4 kyk dieselfde rigting in. Verveeldheid tree in.

Tot een sê: "Kêrels, ek moet nou innie koue water in, die mense gaan sien wat ek dink!"

Ek was nie daar nie, net gehoor van die dag.

Vol geleerdheid oor vet, vroulike anatomie en gespierde manne se lontjies is ons toe terug tweedejaar medies en anatomie boeke toe.

Om een of ander rede was ek net die eenkeer op Sandy Bay.

Die jare voor **2015** was die wêreld om my heerlik rustig – toe was Trump net 'n naam van 'n ryk ou, Brexit was drome van idiote en was as sulks gesien en geïgnoreer. Europa en die EU was al hoe meer my blyplek waar ek noord en suid en oos en wes van mekaar kon skei. Rusland was kuierplek met vriende wat mens gul tuis laat voel het. Putin se stront het ons al gesien kom, hulle daar het nog gestry dit issie.

Rondry was veilig, Ukraine was kuierplek en kon ons twee keer daar met oop arms lekker rondkuier en foto's neem en vriende maak. In SA was die siening dat loadshedding net 'n woord is vir iets wat tydelik sal wees. Ons wat die skip verlaat het, het begin wonder of ons wat dog ons verlaat 'n sinkende skip, dit verkeerd ingeskat het: die skip sink dan nie.

Die jaar **2023** sien so anders uit.

In SA is mense te bang om vir begrafnisse van Bloemfontein na Douglas te ry – die paaie is 'n gemors, die mense is helfte van die tyd in die donker. Die politieke verwagtinge en die ekonomiese verwagtinge lyk so anders en donkerig. Ek is totaal vervreemd van daai wêreld en hunker glad nie daarheen nie.

Maar die wêreld hier in Europa het skielik anders geword – nog nie wankelrig, maar tog. Nasionalisme wil-wil als verwoes, soos wat dit in Brittanje doen met hul Brexit uitvindsel.

Engeland se kuiers is nie meer die ontspanne lekker sit en dinge eet en doen wat jy nie in Nederland kry nie.

Putin maak mense dood omdat hy kan – en saai verdagmakery waar hy kan.
Dinge soos Covid het gekom om te bly as deel van jou toekoms landskap. Onbekende dinge soos komplot teorieë, en die vreemdheid van gedrag deur die groepe wat hulleself die naam toe-eien van Regse en "patriotte" wie als in 'n ons/hulle kultuur onverdraagsaam indeel en sien. Die NWO word geglo asof dit bestaan, en as jy een van die hulle groep is, is jy 'n pedofiel.

Die Trumpisme het die Republikeinse Party vasgevang soos 'n wildsbok in die lig van 'n voertuig: die leuen het die waarheid geword. America moet weer great word, asof dit nie alreeds is nie. Demokrasie is nie aanvaarbaar nie – outokrasie en despoot word aanbid.

Ek weet nie wat aangaan nie. Dis asof die mense net gek geword het. Die reg om jou opposisie se reg om van jou te verskil te verdedig word as 'n swakheid gesien, en nie as iets wat sosiaal Christelik aanvaarbaar moet wees nie.

Ek is oor die ouderdom waar ek oor my toekoms hoef te vrees, maar ek wil my ook nie isoleer van die vreemde wêreld om my nie.

Iewers gaan die bom bars en wat dit sal presipiteer is nie te voorsien nie. Tog gaan ek nie toelaat dat dit wat ek weet verkeerd is, oorheers nie. Wat nie reg is nie, is nie reg nie. Of soos hulle dit in Nederland stel: "het is niet eerlijk".

Dis wat sosiale media bied aan my. As ek sien die leuen word as die waarheid gestel, sal ek dit uitwys. Kop in die sand steek werk nie.

-oOo-

## Habituate of nie:

Destyds toe ek en D in Kiev op een van ons "Andri, waarin het jy ons nou weer laat beland" toere was, was ons bevoorreg om onder persoonlike begeleiding van 'n persoon wie se vrou deur die professor behandel was, deur 'n ondergrondse klooster geneem te word.

Altans nie hy nie, maar hy was baas genoeg om een van die nonne te vra om met ons deur die plek te gaan. Dit was die Pechersk Klooster.

Dit is 'n klooster wat uit ondergrondse tonnels en grotte bestaan. Ek gaan nou hier bietjie in agtergrondgeskiedenis in en vandaar deur die grotte se bestaan en rede vir bestaan gaan en eindig met 'n hele menslike natuurverskynsel.

In die tiende eeu was Kiev die hoofstad van Rusland – toe bekend as die Groot Prinseryk. Dit was gedurende die heerserskap van Vladimir wat die Christendom gevestig het – met geweld moet mens sê – beginnende in Kiev en van daar deur sy hele ryk.

Asof hy nie fanaties genoeg was nie, het sy opvolger Yaroslav "die Wyse", kerke en kloosters orals in Kiev gebou. Een daarvan was die Pechersk wat in 1051 begin was. Soos dit maar gaan met monnike – wil hulle hulself eenkant hou, bid en opskryf. Vandaar dat als op skrif is oor hierdie plek.

Een ou, Anthony, het vir hom 'n grot gegrawe naby Berestov, 'n klein dorpie naby Kiev, en dit was die begin van die grotte stelsel wat later die klooster geword het.

Die eenkantgeit van Anthony trek toe mense aan om daar geseën te word. Ander monnike het dit goedgevind, en baie gou was daar orals grotte en tonnels wat dit verbind het en hieruit het die sogenaamde "Far Caves" ontwikkel.

Ou Anthony het later gatvol geraak vir al die bedrywigheid rondom hom en een aangestel, Barlaam, om in sy ou grot te sit en mense seën en op 'n ander plek gaan sit met 'n nuwe grot vir sy eie eenkant wense – dit het die "Near Caves" geraak.

Barlaam het toe 'n bogrondse klooster gebou bo-op die "Far Caves" en laasgenoemde vir eenkanthou en bid gehou. In 1089 is die katedraal klaar gebou. Ek sal die leser nou nie ophou met die verhale daarna nie. Laat ons net dit sê, soos die mense van ander en dieselfde gelowe, en die sonder gelowe, oor die eeue oor die klooster geheers en baklei het, is dit afgebreek, ander kerke bo-oor gebou en die is weer afgebreek en die katedraal is weer gebou, en so aan.

Kom ons keer net terug na die grotte. Die grotte vandag kan net onder begeleiding van "insiders" besoek word – nie vir die algemene toeris nie.

By die ingang is daar 'n saal wat die 20 sondes uitbeeld. Pelgrims kom van orals om na die spesifieke een te gaan wat sy sonde verteenwoordig.

Die gebruik was dat as monnike doodgaan, word hulle in die grotte begrawe en dan word hul bene na 3 jaar bymekaargemaak en netjies verpak, kopbene bymekaar, femurs bymekaar, ensovoorts.

Sommige van die monnike het egter nie gevrot nie en het gemummifiseer. Hierdie is as uitverkore heiliges beskou en hulle is in glaskaste gesit en – weet nie hoe dit besluit is nie – elk het een van 20 sondes se vergeweraar geword.

Die enigste lig in die tonnels is die kers wat elkeen kry as hy/sy ingaan.

Nou net dit weer. Die monnike het tot die vyftiende eeu, as hulle die roeping kry, elk in 'n vierkantige grot van so 'n meter by 'n meter gaan sit, toegemessel geraak met net 'n klein gaatjie waardeur kos en water gegee word. Elk het 'n buite monnik gehad wat willekeurig sit en wag het op die inspirasie om die ou daarbinne uit te laat, of mag laat uitkom.

Sommige buite monnike is dood voor hy die inspirasie van bo gekry het. Sy ou daarbinne het maar bly sit tot hy ook later gaan lê en dood gegaan het.

Die grotte is dus tonnels met hier en daar 'n mummie in 'n kis, en in die tonnels af skuifel jy met jou kers saam met die pelgrims wat sy sondevergeweraar soek, by dié gaan staan en eers sy voetekant van die glaskis kus, en dan met heen en weer liggaam staan en bidvra vir die sondevergewing.

Sommige manne het redelik dieselfde soort sondes gehad en was redelik gewild.

Teen die kante van die tonnel was daar plekke waar kopbene, ens. gestapel was.

Nou by my storie: Die monnik wat so alleen sit in sy toegemesselde grot, moes waarskynlik deur alle fases van benoudheid gegaan het – tot hy berus en gewoond raak aan sy klein nuwe wêreld. Die Amerikaners noem die aanpassing "habituate". Afrikaans sal dit seker as "gewoond raak" beskryf.

Ons habituate eintlik redelik maklik. Enigeen wat in 'n nuwe kulturele omgewing hier buite die dampkring van sy grootword wêreld beland het, sal dit herken. Eers die neiging om terug te draai na waar die ou gemaksone was (rugby, braaivleis en ander rare gewoontes) en dan later integreer. Die graad van integrasie hang van faktore af wat ek liewers oor stil sal bly, Nou altans.

Die vermoë om aan te pas bepaal jou graad van geluk en elk kan sy eie verhaal vertel. Die motivering agter waarom jy nou in jou grotjie sit sal bepaal hoe gou jy aanpas.

Wat wel in SA gebeur, is dat die wêreld daar ook verander – en dit mis jy. Al wat jy het is hoe dit was toe jy daar was. Met elke besoek kom mens agter hoe die SA van jou verander is, en soos die jare en tussen tempo van loop kyk daar groter word, hoe meer begin jy "ontuis" voel in die nuwe omgewing, omdat jou ou omgewing nie meer bestaan nie.

Die wat soos jy, in die ou omgewing gewoon het en nog daar woon, kom die verander egter nie agter nie – hulle het "ge-habituate". Hulle verstaan nie waarom jy met ander oë, en krities kyk na hul leefwêreld nie, want hulle dink dis dan wat jy verlaat het en kla nou daaroor.

Die arme monnik wat ongelukkig was om onthou te word in sy grot, het seker ook maar sy gat af gesukkel om weer terug te keer na dit wat hy agtergelaat het.

Ek het 'n ander probleem – ek habituate nie maklik nie en bevind my later gestrand in wat was, in wat nou is, en wat ek nie meer verstaan nie.

Daarom onthou ek maar soggens 3 uur. Alleen in my bed wat my grotjie geword het – net soggens darem as ek wakker lê.

# *Deel 1*

## *Die Normaal in Europa*

Vir ons het die nuwe normaal ingesluit om in 2002 na Europa te vertrek na 'n nuwe begin. Op 52-jarige ouderdom het ek letterlik ankers opgetrek en verhuis, eers net as tydelike vernuwing, maar later met permanensie ingekleur. Naelstring is finaal geknip in 2004 met graad herkenning in Nederland en later Nederlandse paspoort verkryging in 2007. Die opbou van 'n nuwe normaal in die vreemde het toe pas begin. Tot November 2016 was ek in loondiens en daarna het ek as gepensioeneerde my gevestig in Nederland.

Die nuwe normaal vir ons was reis deur Europa met vestiging in die suide van Nederland in Terneuzen.

*Na die tafeldek vir wat kom, sit ek gou die losgoed op. Ek vra die leser om geduldig te wees. Die verhaal bestaan uit 'n paar dele waar daar met die lyn van normaal vir ons, die proses van demensie en kanker parallel loop. Om ons normaal te verstaan moet u die proses van reis in die vreemde verstaan, soos ons dit doen.*

*Nederlandse uitspraak: "Doe toch normaal, u normaal bent abnormaal genoeg!'*

-oOo-

# Einde van 'n era

Dis nou maar elke jaar dat Facebook my kom herinner aan daai dag op **24 November 2016** toe ek die mes en handskoene vir oulaas opgehang het – die twee is nadergetrek in 1975.

Ek sit ook maar jaarliks die storie hieronder op, net om te wys ek hou nog so met die niksen langs.

Maar dis nie waaroor my kop vanmôre met wakkerword besig was nie. My een seun wat in Nieu Zeeland nesskop, maak ons 6 uur wakker met die nuus dat hulle daar oor die eerste hekkie gekom het – permanente verblyfvergunning is toegeken. Die begin van iets nuuts en die einde van iets verby.

Die ander twee kinders is al gebepaspoort in annerland. Een is tandarts in Engeland en die jongste het agter sy ma aan getrek na ons tuisdorp hier in Terneuzen, Nederland. Hy is 'n huisarts hier.

Ek weet daar is baie wat nou skeef gaan trek oor wat ek verder hier gaan kwytraak, maar ek weet ook daar is baie wat deur dieselfde drif gegaan het, en nog gaan, as wat ons deurgemaak het. Ek bly darem nog een van die 44!

Om uit Namakwaland te loop uit in die buite-Namakwaland lewe en mense daar, is om te probeer aanpas aan die eenkant, en om te behou en klou aan dit wat jy in wese is aan die anderkant. Ek was daardeur toe ek Stellenbosch toe was in 1969 – van die kat se snorbaard in Springbok na – soos hulle in die army gesê het – lower than sharkshit in Stellenbosch. Jy leer maar swem, en jy leer glad later Engels, en jy begin so stadigaan groei in menswees met die wete dat jy moet wys dat jy kan in 'n baie vreemde en soms ongenaakbare wêreld.

Net toe ek my staan begin kry het in 2002 koers ek toe oorsee – Nederland toe, want daar kon ek werk kry. Harde tyd gewees op 52-jarige ouderdom om weer onder te begin – en dis hier waaroor my kop vanmôre troebel is.

Jy kom met die SA gevoel daar aan. Jy het 'n nuwe SA vlaggie sticker op jou kar, jy hang die SA vlag buite op as die Bokke (probeer) speel saam met die Springbok vlag. Jy wys aan almal dat jy SA is en Afrikaans is. In laasgenoemde proses neig jy ook om – met jou ywer om te wys jy kan en weet – gedurig te vertel hoe jy dinge in SA gedoen en ervaar het. Tot die Hollander aan jou sê: "Nu als het zo goed was waar je vandaan komt, waarom ga je niet terug nadaar!"

Dis nou waar aanpas begin inskop. Jy moet aanpas by jou omgewing. Sommige doen dit deur te probeer om meer Nederlander as die Nederlander te wees, ander pas aan sonder om homself prys te gee. Op 52 kon ek nie verander nie, en het dus so in die stilte my stroomop ding gedoen as die geleentheid hom voordoen. Het my ook voorgeneem dat almal waarmee ek in kontak kom sien en weet ek het my wortels doer ver in Alexanderbaai se stofstrate gehad. Die gevolg was ook dat mense met eerste kontak met my, half teruggespring het as ek nou nie so glad en "ontwikkeld" is as wat vereis word op die wêreldtoneel van veral geneeskunde nie. Ek het egter lekker in my vel gesit.

Die vreemde sal nooit by jou aanpas nie, maar dit sal met tyd vir jou as een van die meublemente aansien en met rus laat.

Ek dink ek kon daai een regkry.

Nou is dit al 9 jaar dat ek nie meer belangrik is of werk nie, en geniet die niksen met 'n vrou wat nog nie heeltemal my niksen wil aanvaar nie.

Sal seker moet begin by haar aanpas – ons is per slot van sake volgende jaar 52 jaar getroud en wegloop is nie meer 'n opsie nie.

**Stroomop, want die stroom loop verkeerde kant toe:**

Dit wat hierna volg is 'n klein grepie van my lewenstaak voordat ek opgehou het met stroomop swem met my pensionering.

Dit gaan in Afrikaans gestel word, dit gaan oor dit wat ek my mee besig gehou het en dit gaan definitief vir baie verveel. Gaan maar verby as jy dit raar of miskien te egoïsties vind. Dis veral 'n verhaal wat gaan oor die vrou, vrouwees en die deurmekaar wêreld waarin ek as geneesheer beland het met die pogings tot verbetering van die versletenheid wat aan die vrou toegedien word met kindergeboorte, maar ook met die inperking van haar vrouwees omgewing as gevolg van die versletenheid van ouer word. Mens kan byna ouer word in die sin van veroudering, hier neersit langs ouer word in die sin van kinders kry.

Ek het as student my verdiep in geneeskunde. Ek het as puber my verdiep in die kennis soek van waarom vroue anders is. Dit was eers in my later jare wat die twee punte bymekaar gekom het. Ek het die laaste jare in my beroep die metamorfose kon deurmaak om te groei vanuit die basis kennis van geneeskunde en ginekologie na 'n vaginale rekonstruktiewe chirurg. Dit is waaroor ek enkele woorde en miskien te veel sinne wil sê. En dit in Afrikaans wat so maklik vanaf my tong val.

Net vir die lekkerte van kan.

Die probleem waarmee ek gekonfronteer was nadat ek die pyn en lyding en vernedering selfs moes deurmaak in Nederland van herregistrasie van dit wat ek weet op 50-jarige ouderdom, maar die vereistes wat gestel het om dit met 'n diploma te laat erken, was die fokuspunt van wat hulle hier "Verzakking" noem, en in Engels sy probleem herkenning kry as "Pelvic Organ Prolapse" of POP. Dis basies die kollaborering van die vaginale kanaal onder die wisselende druk vanuit die buikholte.

Die roete wat gevolg was in my opleiding deur ander met die papier en diploma kryery, was om dit as 'n diagnose te sien en dan chirurgies terug te prop of terug te trek. Binnetoe. Sonder om die onderliggende oorsaak te soek en dit aan te spreek. Dis hier waarin ek my vasgeloop het, en teen die stroom van die omgewingsdenke.

Die kuns van geneeskunde is eenvoudig, Die pasiënt ervaar en sien 'n afwyking van wat sy as normaal sien – dit word simptoom genoem. Sy kom met die simptoom na die arts en hy moet dit op 'n rytjie sit en vanuit sy kennisbron 'n diagnose maak. Die diagnose kan normaliteit of abnormaliteit wees. Met beide die diagnosisse moet hy die pasiënt dan óf gerusstel, óf as dit 'n afwyking van die normaal is, moet hy dit korrigeer terug na normaal. Die diagnostiek staan dus sentraal vir dit wat hy moet doen.

Dis hier waar die verwarring vir my ingekom het toe ek myself al hoe meer met die versletenheid daaronder begin besig hou het. Die Nederlandse verzakking en die Engelse POP is twee verskillende betekenisse wat nie dieselfde kan beteken nie. Is dit die wand van die vagina wat insak, of is dit organe wat instort?

Die vagina is bloot 'n tonnel wat in die buikholte inloop, Die wand word voortdurend blootgestel aan die wisselende drukke vanuit die buikholte: asemhaling, saamtrek van buikspiere met beweeg en optel, asook die blote effek van gravitasie wat in die regop lopende vrou (die handeviervoet posisie van die dier het in 'n ander rigting die trekkrag van gravitasie). Die druk op die huidomlyning van die vaginawand is op sekere gebiede meer gekonsentreer en die weerstand teen kollaborering word deur bindweefsellae gehandhaaf. Ondersteuning aan die bindweefsellae word gegee deur die as waarin die vaginatonnel loop en ook deur omringende spiere – die bekkenbodem genoem – en die spiere se senuwee gedrewe tonus.

Met die deurgang van die baba se koppie – en die draai soos 'n skroef met drukke wat gekonsentreer word op sekere gebiede – asook die deurgang van die skouers, is dit nie verbasend dat daar swak gebiede plaasvind in hierdie beskermingskous van bindweefsel nie. Defekte in ondersteuning vind plaas. Daar word gesê dat in 80% van vroue, die skade waarneembaar is as jy net weet waar om te kyk.

Met al die gedoe van kindkry en grootmaak, bevind die vrou haar in 'n gevoelsomgewing waarin sy later dink hierdie leegte gevoel onder is maar hoe dit hoort. Ken nou aan haar die sekondêre rol van vrouwees in die samelewing toe, saam met die feit dat die afwyking nooit lewensbedreigend is nie, bly die klagtes gewoonlik agterweë. In ons Westerse beskawing waar die vrou in meer en meer haar plek eis, is dit ook waar hierdie ongemaklikheidsgevoel al hoe vroeër aandag vereis.

Eers as die versletenheid van ouer word en die hormoongebrekke tot gebrekkigheid in die weefsels wat nog die damwal van buikdrukke probeer keer, padgee, is dit dat daar 'n bal begin ontstaan wat uitpeul in die holte van die vagina, en selfs na buite. Nou skrik die geneesman en vrou wakker en probeer terugprop. Die bal wat vorm is omdat daar defektiewe ondersteuningsgebiede is waardeur die buikinhoud indruk – die omliggende orgaan wat inpeul is nie belangrik nie, dis die plek waar die swak gebied is wat belangrik is. Om dit "Pelvic Organ Prolapse" te noem is duidelik verkeerd. Dis nie die orgaan wat versak nie – dis die ondersteuning van die orgaan wat padgee. Om die orgaan terug te prop of "op te hang" gaan niks help nie. Mens moet die swak gebied vind, die omgewingsweefsel identifiseer wat nog sterk is, en die gebruik om die gat mee toe te maak.

'n Eenvoudige beginsel wat nie nagevolg of propageer word in my kennis wêreld van die vroeë jare hier – en dit is waar ek teen die stroom begin draai het. Ek het myself toenemend in konfrontasie met die "aanvaarde" geneeskundige prolapse chirurgiese wêreld wat hulself "Uro-Ginekoloë" noem ( Uro=blaas, Ginekoloog spreek vanself). Selfs die beroepsbenaming is verkeerd en dui alleen op blaas en vroue organe en baken homself af in 'n gebied wat ander uitsluit.

Die wiel het begin draai en word herkenning van rekonstruksie van die vagina meer en meer as die kern van probleemoplossing gesien.

Ek was bevoorreg om deel te kon wees van die veranderde denkwêreld waaruit Weefselgerigte Regeneratiewe Vaginale Chirurgie (Tissue Guided Regenerative, of TGR, Chirurgie) ontwikkel.

Sedert 2009 het ek die voorreg gehad om met werkswinkels in Vaginale Rekonstruktiewe Chirurgie op 'n gereelde basis meer as 300 ginekoloë van reg oor die wêreld hier in my klein perefere hospitaaltjie te kon verwelkom. Dit het ook die deure oopgemaak vir my om in verskeie lande my boodskap te gaan uitleef.

Toe word ek 65 en moet aftree. As ek nou so 'n kykie kry in my wêreld van waar ek 9 jaar gelede was en hoe hy nou lyk, is daar niks meer van oor nie. Die Prediker sê dis als, 'n gejaag na wind (gewees vir my).

Maar tog nie: ek het elke oomblik geniet en het goed in my vel gesit oor dit wat ek beleef het.

Al het ek stroomop geswem, weet ek ek was reg. Tyd sal leer.

-oOo-

**2021:**

Hierdie is maar net die skommelinge in gedagtes van 'n 70-jarige. As dit jou verveel, gaan verby.

Hy kom toe die week en staan voor my, kyk my dwarsdeur in die oë, en klop-klop sy sekel. Eers hoor ek die geklop, herken die geklop, maar ignoreer dit weens hardkoppigheid. Vir byna 24 uur. Die geklop word harder en kon nie meer geïgnoreer word nie, veral toe trapklim die skouerpyn en sentrale borsdruk dringender maak. Dit verdwyn met bietjie rus, net om weer aan te kom met beweging.

Dis nou al die 5de keer wat hy voor my kom staan met 'n byna Russiese Roulette uitkoms – die kogeltjie klik vir die 5de maal. Die geklop raak stil met die hulp van die mense wat harte beskerm.

Die eerste keer was ek nog net 49 jaar oud en vol verantwoordelikheid. Daai klop was die hardste en daai keer die regmaak en herstel die grootste. Die kop se deurmekaarkrap met besef van sterflikheid het ook 3 maande geneem, net om weer bietjie balans te kry. Die 16 jaar daarna was een van weer koers kry en vergeet van die swaard oor die kop. Nuwe lewe begin en deurvoer, voel asof dit vrugtevoller kon wees as al die jare daar voor.

Die tweede klop is opgevolg deur die derde en vierde, met bietjie stoflikheid besef en bietjie inkyk en bietjie aangaan met beloftes wat nie nagekom is nie.

En toe kom hy die week en klop en klap en nou is dit stil met als weer op 'n tydkoop skaal. Hoe nou verder?

Ons almal het maar die balans van wil leef en besef dit kan ook nie aanhou nie. As jy jonk is, is dit gewoonlik maklik om te ignoreer en voort te gaan, maar as man oor die 70 begin gaan, is dit al hoe meer direk voor jou. Wat jy daarmee maak verskil van mens tot mens – jy wens byna ignoreer werk nog. Maar nie rerig nie. Ek word al beskuldig dat ek te veel tyd aan mymering hieroor spandeer. Leonard Cohen het gedigte en plate gemaak toe hy daar kom. Dit help om 'n lotgenoot te herken en saam te luister en te dink.

My talente sal nie daai uitlaatklep kan gebruik nie – of sal ek sê die gebrek aan talente.

Dus sit ek en kyk na 'n wit skerm wat om woorde vra, vrae vra wat geen antwoorde het nie. Niemand kan terugkyk en vertel wat vorentoe wag nie. Een ding is egter duidelik: ek kan nie depressief kyk na die toekoms nie, want die verlede was te goed en duidelik lekker. Dan maar uitsien na die toekoms met 'n lied in die hart.

Gisteraand kom drie van my lewenskontakte vanuit Engeland, net om by my te wees, Hulle het in Desember gebel met die plan om 'n slag net te kom. Sou verlede naweek wees, maar met al die planne het dit na die naweek gestuur geraak – en dan kom vertel jy my daar is nie 'n hoër Hand wat bestuur nie! Die kom sit van gister se dinge weer voor my, is duidelik 'n teken dat ek nie negatief na môre en daarna moet kyk nie.

Nog meer is die herhaaldelike klik van die roulette 'n teken jy is nie alleen nie, nie nou nie, ook nie in die toekoms nie.

Ek weet waar ek vandaan kom, ek weet wat ek vandag het en ek wil weet wat môre wag. Als dinge wat die menslikheid in my bestuur.

Daarvoor is ek dankbaar, want die lewe is nie lewe as daar nie ook dood is nie. Dis die helderheid wat mens eintlik moet aanhang, nie die negatiewe vrees wat wil-wil oorneem nie. Ja, die vrees hoort ook daar anders sal die uitsien nie so lekker wees nie.

Al die dinge is daar. Al die dinge hoort daar.

Dit is die lewe. Dis net wat jy daarvan maak wat belangrik is.

-oOo-

**Rugbykyk in die Vreemde:**

**21 November 2021**
Gister was die enigste keer wat ek die Bokke vanjaar direk op TV gekyk het. Ja, ja, ek weet dit was eintlik onnodig, maar ja, maar ja.

Die Nederlandse TV het nie rugby nie – voetbal by hulle beteken sokker. Dit met so stukkies fietsry en hokkie en sprinkels swem is wat hulle Sporten noem.

Ek het egter uitgevind teen 15 euro per maand kan ek Ziggo kanale kry wat rugby kamma uitsaai en ook tennis (kyk nie) en motorsport (begin F1 kyk en weet ook nie of ek verder wil kyk daarna nie). Baie gou agtergekom die rugby wat hulle uitsaai is "interlanden" tussen Nederland en Rusland, Nederland teen Roemenië, en al wat 'n ander land wat ek nie ken nie, teen wie Nederland se "ploeg" verloor. Dit kan nog gaan, maar ai, die drol wat uitsaai in Nederlands en sy gebruik van Engelse name as dit by skop, aanslaan, driedruk, skrum en voorspeler posisies, ens., kom. Irriterend se moses.

Toe sien ek Ziggo het 'n Facebook-blad en ek skryf in my ernstig hersiene Nederlands daar dat dit darem snaaks is dat hulle nie die Bokke uitsaai nie, en wragtig, Saterdag saai hulle uit – met poephol wat in Nederlands/Engels kommentaar lewer.

Die wedstryddag val gister saam met Frans en Am wat griepinspuitings vir die oumense in Frans se praktyk moet gee. 'n Gedoente van die eerste water wat later seker ook storiewerd is. En ons kry vir Mr T en Lisa om op te pas.

Halfagt op wedstryddag word die twee met die nuwe klein katjie inkluis by ons afgelaai. Opa is die hoofbediende en dra net aan soos hy rondgeorder word. Oma bly innie bed.

Mr T moes 9 uur na die "Scouts" gaan – hy word daar gister bevorder van Bever na 'n Welp. Opa taxi neem hom en ons verdwaal eers, want hy weet ook niet meer waar hy moet wees ...

4 uur sit ek reg vir die rugby met my orige biltong. Lisa sit op haar iPad en oma gaan haal vir Mr T. Die inkoms van hulle almal met oma voorop, is presies op afskoptyd. En die kat is weg. Als moet nou gelos word.

Oma: "Sit die TV af, die bokke gaan tog verloor en dan is jy net knorrig."

Lisa: "Opa jij kan opnemen."

Die kat moet gesoek word. Opa dink sy dinke en bly stil.

Na 15 minute kry ons die klein wetter waar hy lê en na mens kyk asof hy nie weet waaroor al die geneuk gaan nie – oppie kas wat by skoonpa geërf is.

Verder sweet en kla en baklei ek met die TV alleen terwyl Mr T voor my laptop parkeer word om na sy YouTubers te kyk en Lisa met die kat speel.

In die laaste 15 minute kom Frans terug en breek die hel los. Die kinders kry wegneemkos wat hy gebring het, Am hou toesig en ek en Frans probeer rugby kyk. Skielik is daar chaos by die eettafel – Mr T het sy koeldrank omgegooi op my laptop sleutelbord, hy probeer dit met 'n strooitjie afsuig. Sy ma sien dit en lewer die nodige kommentaar. Frans spring op, want hy dink dis sy iPad wat bemors is. (Mr T het al deur 3 van syne gegaan.) Frans trap die kat amper raak soos hy tafel toe hol, moet noodwendig in die lug trap om die kat te mis, val koffietafeltjie plat en kat hol 'n streep onner die bank in.

Frans Steyn loop val met sy oumens rugbylyf bo op 'n Engelsman reg voor die pale sodat ons moet verloor en D weer reg bewys word. Nou weet ek nie of ek ooit weer rugby gaan kyk nie – of dit is D se opdrag. As jy nou so die storie lees, sien jy miskien waar ek fout gegaan het en daarom die skuld moet dra?

-oOo-

**Opa wees is nie vir sissies nie:**

My jongste kleinseun is besonders – ek weet alle kleinkinders is besonders, maar hierdie een is my grootste vriend. Ek is oorwegend sy taxi en oppasser indien nodig!

Mr T is my verantwoordelikheid Dinsdagmiddae – hy moet swemles toe.

Die storie se stertjie en vooruitloper werk so: In Nederland moet almal swemdiplomas kry – dit sluit verpligte swemlesse in so van 4 jaar, en selfs vroeër, (Sien, die water is maar orals naby) en dan 'n dag waarop die kindertjies moet "eksamen" doen. Hulle gaan deur 'n paar dinge met die eksamen wat ek sou dop: swem verskillende style in 'n Olimpiese grootte swembad, en eenkeer moet selfs met klere aan ingespring en 50 meter geswem word.

Mr T is al op 3 swemles toe, en het later weggeloop weens sy kenmerkende eiewysheid. Toe hy vanjaar 6 word, kondig hy aan hy wil nou swemlesse hê en werk vir daai diploma.

Die enigste dag wat hy sy les kon kry is Dinsdae, ma moet klasse toe gaan (leer fotografie), pa werk en oma sê nee, sy het al met hom daai paadjie geloop – so frustreer sy haarself nie. Mr T is my grootste vriend op die oomblik – die ander vriende het lankal weggeloop – en ek vat toe maar die deel van sy opvoeding op my.

Dit behels om hom om kwart voor vier na die swembad te neem, sy rooi swembroekie aan te trek, hom onder die stort te laat staan, eenkant te sit terwyl die halfuur les aan is, hom kry, stort, weer aantrek, en huis toe gaan.

Dis die teorie en opstel van gebeure.

In die praktyk loop dit iets anders. Soos hyself dit stel: hy word maklik "afgeleiden". Dis nou as jy hom vra om te kom, dan sal hy op pad na jou toe iets sien wat sy aandag aflei en dit kos gatskop om hom weer op stroom te kry! Dis dus nie sommer so om hom by die les te kry nie. Met doodsdreigemente in die kar in, met doodsdreigemente na die swembad, na die kleedkamer, in die swembroek in, onder die stort in, en dan kry man so 'n halfuur herstel vir hef aan wat voorlê. Hy moet onder die stort in, swembadwater afspoel en dan aangetrek kom.

Die laaste dele van die Dinsdag taak van my geskiet terwyl daar 10 kindertjies met dieselfde neiging tot "afgeleiden worden" wat inkom en 10 wat uitkom, deur ma's, pa's en oma's. Ek is die enigste opa daar – wat dieselfde doen. Hollanders het die neiging om elk in sy kokonnetjie te wees en almal rondom hom te ignoreer.

Mr T se eigenwijsheid (sy oma sê dis so bietjie ADAH of daai grootwoord wat hy van haar geërf het) bepaal dat hy net op 'n manier wat hy bepaal, aangetrek moet word. Sy ma het so 'n overall tipe ding wat 'n namaaksel van 'n apie se vel is wat hy moet aantrek na die swem, en op dag 1 is aan my verduidelik deur hom dat "het gaat niet gebeuren!"

Ek trek dan maar sy vuil klere aan in die volgorde wat hy bepaal, kry hom by die huis so doodsdreigement-

doodsdreigement, skink my whisky in en loop sit. Oma weet al sy moenie vrae vra nie.

Gister kondig sy ma aan sy het nie les nie en sy sal hom neem.

My Dinsdag was skielik leeg en rustig, en het ek nie eens my whisky verdien nie.

Hier so teen 5 uur bel sy ma my: "Wat trek pa vir Tiaan aan? Hy wil nie sy klere aantrek nie." Ek vertel toe maar dat ek hom aantrek wat hy wil – dis die ou vuil klere en nie die aappakkie nie.

Toe hulle so 'n uur later by die huis kom, het Mr T sy aappakkie aan, en sy ma is kwaai en aan die vertel. Hy het bohaai opgeskop, sy het probeer verduidelik, sy het later vir hom gesê sy loop nou. Hy staan toe kaal maergatjie in die kleedkamer en verder huil, terwyl sy ma in die gang staan dat sy vloermoer klaar moet kry. Sy gaan later kyk, toe is een van die ander ma's besig om hom aan te trek. Hy sien toe die ander kinders het ook verskeie diere-pakkies aan – hy het gedag dis net hy wat funny aantrek.

Ek kry toe raas: "Pa moet nie dat hy vir pa vertel wat gedoen moet word nie. Daar is net een manier en dis die regte manier."

Ek dink nie dit sou werk as ek sy ma se tegniek gebruik het nie – ek het so by so die helfte van die klein stoutgatte in die wêreld ingehelp en sou aansien verloor as ek hom kaalstert sou los in die kleedkamer.

Nou kan ek nie wag vir volgende week Dinsdag nie, as ek my taak weer op moet neem.

-oOo-

**What is going on?:**

Daai een met die hoed en die Perry-van het die liedjie gesing – as sy so staan en verbaas kyk na die wêreld om haar dan wonder sy ... en vandag wonder ek ook.

Laat ek ver terug begin, terug na die draai van die eeu. Ek is uit SA uit, weg van my lewe van toe wat gelei het tot hartaar korreksies, en rigtings wat ek nie in tuis gevoel het in Mediese Praktykvoering. Daar was in 'n kerk geskiet so 'n paar jaar tevore – toe was ek gatvol oor die politiek, maar dit was oorheers deur ander dinge hier by die omgewing van my van toe.

Ek en D het sit en wyn sip by ons strandhuis, wat ek met groot ywer en drome van kinders met hulle se kinders wat saam met ons oor Desember sit en seevakansie ... Die was betaal, en ek het begin besef my drome sal nie waar word daar nie. Toe bel Paul Dalmeyer. Dis die een groot vriend wat ek toe nog gehad het – hy het ook uit my uitgegroei, met sy babas wat hy laat gebeur buite die lyf en dan terugsit. Paul is uit Nederlandse ouers, en hy laat my weet van die plek wat daar in Zeeland in Nederland is, genaamd Terneuzen.

So oor die rooiwyntjie is die saadjie geplant wat gelei het dat ek net geloop het, weg van dit wat op 52 jaar my gevange gehou het.

Gatvol vir geneeskunde SA, en meer spesifiek Ginekologie SA, waar Eva gedurig babas kry en ek dinge doen wat 'n nurse kan doen. Gedurig oulik moet wees met die wat my rondfok enige uur van die dag en nag – met die opposisie wat meer en meer ouliker as ek is met Eva se nasate.

Die wêreld van 2002 was in SA nie meer vir my nie – niks met politiek te make. Die veranderinge en die pyne van veranderinge was besaai met hoop en verwagtinge ... en teleurstellings.

-oOo-

**Reis in die vreemde:**

As reisiger deur die lewe en as observeerder van wat om ons aangaan het ons twee belangrike dinge gedoen na my pensioenering in Nederland in 2016.

Ons het ons tyd begin gebruik om deur Europa te reis, aanvanklik met 'n karavaan en later met 'n camper, of soos ons dit noem, 'n kemper. Die reisverhale sal so stuk-stuk hier ingewerk word. Die verhaal soos ek dit hier dagboek aanteken gaan primêr oor hoe ons omgegaan het met die groot K in my lewe, asook die groot D in my vrou, maar dit sal nie volledig wees as dit nie ook illustreer hoe die reis daardeur nie net 'n lewensreis is nie, maar ook 'n reis deur Europa.

Die verhaal begin dus nie in 2023 nie, maar vroeër.

Dit is goed om eers 'n kykie van buite te kry in die dinamika rondom ons voordat mens in die verhaal rondom die gebeure van 2023-2024 insak.

Reis maak 'n deel uit van ons bestaan – inteendeel, dis die basis van ons lewe in die tyd van wegbreek van die bestaan as werkendes!

Enige verhaal het 'n blanko vel nodig waarop die woorde, sinne en paragrawe met letters ingevul word in die weefwerk wat die verhaal sal wees. Die blanko vel is nie skoon nie – dit verteenwoordig die leser se eie agtergrond sodat elke verhaal anders gesien en ervaar word deur die leser. Saam hiermee is die verteller se eie agtergrond en beeld van waar hy sy woorde, sinne en paragrawe bymekaarmaak afhanklik van eie ervaring en menswees.

Ek sal my verhaal dus nie kan vertel voordat u, die leser, nie kennis het van wat die agtergrond is van die gebeurtenisse.

Graag skets ek dit dus. Omdat reis sentraal staan kom dit eerste.

-oOo-

**Europa bekyk reis:**

Hier in die beginjare van weghol Holland toe, was die nuuskierigheid en onnoselheid eweveel. Ook het mense nog kom kuierkyk hier by ons. Noulat ons slim geword het, het die kuiermense ook vergeet van ons, of verdamp, of ons het so anders geword dat die twee andersgeite nie bymekaar kan kom nie. Weet ook nie alles nie.

Ek raak met die storie wakker vanmôre – die onthou kom deesdae so kort-kort en bly maar kort dan is dit ook alweer weg, dus sal ek maar moet vertel hier voor ek vergeet.

Ons woon in 'n Landje Apart – dis die strokie land van so 35 km by 110 km wat die Hollanders van België aan die Belgiese kant van die Westerschelde ('n strook Noordsee wat tot by Antwerpen loop) gevat het om skepe weg te keer na Rotterdam, weg van Antwerpen af. Dit word Zeeuws (afgelei van Zeeland), Vlaanderen (om herkenning aan sy Vlaandere oorbly van België te gee) genoem, en is dun bevolk met Belge wat oor die grens hier werk en saans terugkoers na hulle plekke in België. Om hier te uit moet jy oor België ry, rigting Duitsland en Frankryk, of anders sedert Maart 2003 kan ons met 'n tonnel (Tolpad) ry na die "Overkant" - menende die res van Nederland – onder die Westerschelde deur. Dan kan jy na Duitsland of Denemarke koers, deur Nederland se lengte van 400 km, met al die nodige verkeer.

Hier net oorkant België is die besige deel van Duitsland, onder andere Dusseldorf. Lank gelede het ons daar gegaan vir 'n stedebesoek – ook maar omdat ek 'n advertensie gesien het van verblyf in die Mercure Hotel vir redelik min – bed en ontbyt hoeka. Dis nou oor daardie kuier wat ek wil vertel – eintlik maar wat ek nog kan onthou van die kuier. Was, soos ek sê, lank gelede net na ons in Terneuzen kom woon het.

Die Van der Merwes het kom kuier. Ek dink daar was verfwerk aan die huis se dak wat gedoen moes word en Hennerik sou kom verf en ons het sy vliegkaartjie betaal, as ek ook nou maar reg onthou so uit die wollerigheid van die ver weg se onthou. Hennerik sal hier lees en ek is seker hy sal seker ander onthoue hê oor daai kuier. Soos ek hom ken, sal hy ook sy stuiwer kom ingooi. Besluit julle maar wie van ons twee onthou die beste, of wie se onthou lees die beste, of so iets.

Die geselskap was dus ek, met my Hoërskool Namakwalandse Engels aangebode en ingedrewe deur die boekhou-onderwyser, my vrou wat van Duitse komaf is van so drie geslagte gelede met standerd 8 Duits kennis (en die vergeet sy ook maar), Hennerik wat 'n Van der Merwe is en gamma kan Engels verstaan, en sy vrou wat as nooi Burke gebore is en, volgens haar, in Engels grootgeword het, al was dit in Kuruman se omgewing. Dus heelwat taalvaardig geskool in alles behalwe Duits – dié geselskap.

Die hotel blyk dit was aan die annerkant van die rivier, weg van die stad – g'n wonder dit was goedkoop. Die gevolg was dat ons vier per trein moes ry onder die rivier deur na die stad om daar wat te loop maak, weet ek ook nie. Kan wragtig vandag nie eens onthou hoe die plek gelyk het nie.

Dit bring my nou eintlik by waaroor ek julle vanmôre hier besig hou: die treinryery deur vier bojane wat nie Duits kan lees nie, al is een van Duitse komaf (ook maar net die van behou smaak dit my, sal ek maar saggies sê). By die stasie staan daar by die kas wat kaartjies uitdeel – geen ander mens was in sig nie – klomp keuses van kaartjies, en in Duits. Ek druk toe maar die knop by die kaartjie wat die laagste prys is. Koop 4.

Ons kon uitwerk waar ons moet op en waar ons moet af, dit was maklik, want die trein stop daar.

Poephol (ek) en sy pelle klim op toe die ding stop, en ons sit lekker en wens onsself geluk oor hoe maklik die treinryery in Duitser se land is, en dit onder die grond en onner die rivier deur. Sonder nat word. Ook nie lank nie, toe is die trein vol en daar gaat ons. Lekker gesellig. Die eerste drol in die drinkwater was toe mevrou met die Duitse voorouers die kaartjie bekyk en met die kinderprentjies op besef dis kinderkaartjies wat ons gekoop het – g'n wonder dit was so goedkoop nie.

Benoud, want hier gaan ons tronk toe sonder dat iemand weet ons is tronk toe en dus geen kuiergaste vir ons in die tronk nie. Gelukkig was die kondukteur lui gewees en nie langs gekom nie.

Die trein stop by 'n stasie in die middel van een van Hennerik se lang stories en begin weer ry, net om weer te stop in 'n donker gang. Toe ons rondkyk is dit net ons vier mamparras nog op die trein – alle Duitsers het opgestaan en geloop. Die ruk aan die treindeur help niks – dis gesluit vir die nag kom ons toe agter.

Soos dit maar gebeur raak mevrou Van der Merwe kwaad, en ook net toe die treindrywer verbystap agtertoe. Wat sy gesê het of wat hy gehoor het kan ek nie onthou nie. Ek kan wel onthou hy het sy boude vasgeknyp en vinniger geloop – so half benouderig. Daar sit ons. Eers gedink die man stap net na die annerkant van die trein – daar is mos voor en agter 'n drywersplek – maar dit raak stiller en die trein se ligte word afgeskakel.

Skielik is als weer lig en skerp belig. Vier groot Duitsers, ek dink nie hulle het masjiengewere by hulle gehad nie, kom storm by ons kompartement in. Dit was nie nodig om Duits te verstaan nie om te weet hulle gaan met ons tronk toe – vier bejaarde terroriste is op heterdaad betrap.

Een kon darem bietjie Engels verstaan – ook maar so Namakwalanderig – en ons verduidelik mooi en vra om verskoning en hou mevrou Van der Jyweetwie rustig. En hulle laat ons gaan.

Nog 'n gelukkie was dat hulle nie vir ons kaartjies gevra het nie, net geporra-porra met sulke kalf verbaasde gesigte daar weg.

Soos ek sê, ek kan niks verder van Dusseldorf onthou nie, vra maar vir Hennerik.

-oOo-

**Kempertoerdery:**

Daar is drome, en drome wat waar word, en drome wat net drome bly. En deur dit alles loop die lyn van onnoselheid – sommige sal dit skoolgeld betaal noem – ervaring opdoen en byna loop slim word.

Ek het grootgeword in 'n groot gesin – was so innie middel rond en soms maar net daarrond gewees. In die spulletjie (8 kinders!) was geld skaars en het ons vir vakansies net by die een familie gaan kuier wat ook klomp kinders was, ma en ons het by ouma-hulle in Alheit loop sit en warm kry so nou en dan, verder is daar gekamp. Nie sommer so gekamp nie. Ons is almal in die bakkie gelaai – een kon voor sit tussen ma en pa (ek was nooit die een nie – in die middel rond, sien). Pa ry sonder stop – darem familie gehad in Vaalharts wat halfpad was en tot hul ewige verdriet daar gaan slaap – tot in Durban se see (Oemslangaroks, dink ek was die plek in die laat vyftiger jare en vroeg sestigerjare se naam).

Die kampeerdery het ingesluit: Ma en ons wat tent maak op die werf – naaimasjien met seilpante wat aanmekaar genaai was sodat dit eenkant 'n gat vir in- en uitkom het, en so ongeveer ronderig met die middel wat darem 'n tentpaal kon vat om dit regop te hou. Toue wat dit sywaarts moet ooptrek, en hou. Houttentpenne het ons maar sit en sny/kap om eenkant skerperig te wees.

Die tent is op die bakkie gelaai, en die bakkie het 'n kap gehad wat ook iewers tuisgemaak was, met 'n flap agter en twee syvenstertjies. Teen die bakkie se kap het die oopkant gedruk, sodat ons wat agterin sit dopgehou kan word en so onhebbelikheid in 'n mate beheerd was. Pie is in 'n bottel gepie en by die syvenster uitgeskud – pa stop nie vir sulke dinge nie.

O, ja: Die pa van my het een fabrieksfout gehad: hy het elke keer net voor ons ry 'n nuwe bakkie gekoop. Ma het van "engeltjie" gepraat en het elke keer gesê al die geld is in engeltjie in en ons moet honger ly. Dis nou voor sy stil geraak het en net met ons gepraat het tot in Vaalharts. Miskien was dit 'n taktiek van pa, ek weet nie – was toe nog nie ervare genoeg in huweliksdinge nie.

Dit nou alles om die basis te skep vir wat ek nou wil vertel.

Ek het ophou werk en probeer belangrik wees so 5 jaar terug en die kampbloed het na bo gebruis. Daar was so 'n episode in my eie kinders se grootwordery wat ons 'n karavaan gehad het en SA van onder tot bo met hulle gereis het elke winter. D het blykbaar ook met ouers grootgeword wat gewildtuin het – Transvaalse mens, sien.

Met my niksen doenery kry ons toe 'n karavaan hier in 2018 rond – blink nuut en Engelse model. Vir 'n jaar die baksteen rondgesleep, selfs tot onner in Frankryk, maar hoofsaaklik hier rond. Selfs een week die kleinkinders saam gehad en lekker gekuier met hulle.

Toe begin gatjeuk praat. Eers alles wat ek sien word gekoop vir die karavaan – als met drome van kampeerdery, of soos hulle dit hier kemping noem, te doen. Gevaarplekke was die kampeer winkels in Nederland en Engeland (sulke groot plekke met als wat 'n man skoon kooplus overload gee). Ek het hope goedjies wat te doen het met voortent, en karavaan binnegoed – als kan mens seker as kempingkakkertjies beskryf. D keer eers, later raak sy die een wat oulike goedjies sien en in die trollie laai.

Toe raak gatjeuk groot vir nog vêrder loop ry in Europa – en het die Skandinawiese lande dié plek geword. Omdat dit langpad is met klomp stoppe, kry ek D se kop ingepraat in 'n kemper. Die karavaan word ingeruil en ons kry 'n tweedehandse kemper en ry 5000 km met 27 stoppe.

Fietse agterop en te lekker.

Nog kakkertjies (kemperkakkertjies die slag) word so kuier-kuier gekry as ons op 'n kemper struikrowers plek afkom, en die vorige karavaankakkertjies word sommer weggegee vir die wat wil hê.

En toe kom jeukgat ook en D se "ek slaap moeilik in 'n ander een se bed" word gebruik om 'n nuwe Knaus te kry, einde 2019.

Nou kom ek by my storie uit. D staan op hier binne en ek sal later verder moet vertel.

Ding is, man het 'n agtergrond inkleur nodig vanuit die gisters van jou, sodat jy verstaan kan word waarom is jy vandag dan nou so.

Die vars ervaring van nou is wat ek gister deurgemaak het en in hierdie skrywe sal ek julle graag in my dag van gister inbring.

Ons sit nou al amper twee weke weer tuis, dit reën aanmekaar. Dit raak vaal winter buite na die herfskleur inkleur van die vallende blare, en man raak ongedurig. D is soos 'n leeuwyfie in 'n hok en loop op en af en skoorsoek, my lagie geduld is dun. Okey – ons moet uit!

Soos 'n waffersse antivax "navorser" is ek al heelweek op die internet opsoek na ligte fietse. Die ding is so: Die kemper mag nie swaarder weeg as 3500kg (met my, D en alle water en diesel daarin). Sy "leeg gewig" volgens die verkoopman, is in die omgewing van 2890 kg, wat nie waar is nie. Dis eerder nader aan 3100 kg. Sit nou die stoele en alle kemperkakkertjies in, plus D en ek en dis gou oor 3500 kg. (Die 3500 kg reël is gekoppel aan jou bestuurslisensie – as hy swaarder is moet jy 'n lorrielisensie loop kry.) Sit nou by dat my vet gestol is en dieet gaan my gewig nie af kry nie. D weier om op my bevele op 'n dieet te gaan en sit hoeka vir my op een as sy op 'n skaal klim.

En hier kom die fietse in.

Ek het destyds 'n trekhaak laat aansit, want ek het 'n fietsdraer wat ek dan koppel en die fietse kom daarop. En dis ongeveer 70 kg gewig by in totaal. Met ons onlangse afry Spanje toe het die fietse gebly om die rede (dis op en af, ens), en D het sit en kla, van hier tot in Vigo (2600km weg) en terug, oor sy die goeie fietspaaie orals en ons net moet loop en kyk.

Daar is net soveel en nie meer gekerm wat man kan vat nie – vandaar my internet navorsery oor fietse en hul gewigte.

Langstorie kort: Ek maak kortlys en kom uit by vouwfietsen (Nederlandse woord) en plooifietsen (Belgiese woord).

Met die ingehoktheid as motivering kry ek vir D om saam te ry – Randstad toe. Dis waar die enigste oop plekke is. (As jy Nederland ken is als op Maandae toe.) Het in my kortlys afgekom op een van twee modelle en dis van dieselfde maak – e-4motion. Die plek waar hulle gemaak word is oop en die ou sal my die middag eers kan sien. Hy is so in lyn met Leiden binneland toe, die ander een is 'n kemperkakkertjie plek in Purmerend, noord van Amsterdam.

Die Here het vir ons plek gegee in Zeeuws Vlaanderen, heeltemal suid van Nederland – verder suid is jy in België in. Hier is nie files nie – die files is die skadu agter die kar (file is wat die Nederlander die stringe karre noem wat die paaie volstaan met spitstyd). Ons hoor net op die radio soggens van die kilometer lange files op die en daai pad, iewers daar waar ons nie kom nie.

Eerste foutjie van die dag was dat ons dit nie ken nie en nie daaraan dink toe ons opneuk agter gatjeuk en fietse aan Randstad toe.

Die opry was okey – net eenkeer amper in 'n lorrie vasgery toe ek wou uitswaai vir 'n karretjie wat voor my doodgeruk het toe sy vrouebestuurder sit en slaap, na ons 40 minute op die ringpad om Amsterdam sit en files het. Dit het vir D stilstuipe gegee ("jy is weer vervaard") en ons is in stilte verder Purmeren toe. Daar die twee modelle bekyk en gery en is weg na die vervaardiger se plek. D het net gepipi en niks deelgeneem aan kyk nie.

Die ry na die plek net suid van Amsterdam was ook okey en het daar weer gemoedelikheid in die kar teruggekom. Ons kry die man van die fietsies en sien die goed is groter en swaarder en duurder as wat ek dog. Maar nou ja, die lykskleed is sonder sakke. D ry een, en is tevrede. Ons koop en begin terugry – 160 km.

Die tweede fout was toe ek nie vir die GPS wou luister toe dit om Rotterdam en Den Haag wou, en ek wou rondom Utrecht.

En toe kom die mensdom saam – ons 160 km is later 184 km en ons het letterlik 4 ure gevat om deur dit te kom. Jy sit stil in 4 bane paaie vir ure, en as jy aan die ry kom is daar niks voor wat die stilsittery regverdig nie. Ek het nou die dag vertel hoe dit met die kemper deur Parys gegaan het – hier is net so erg, of erger.

En die ou op die radio vertel dat die verkeer drukte is omdat die Belge en Duitsers gister vakansiedag gehad het en hulle vir 'n "dagje naar Nederland kwam", en dis veral die Belge wat saam met ons suid gery het. As jy ooit in België moes kar ry sal jy weet: hul paaie is soos Engeland s'n geplak en gestop en hulle ry snaaks en kom doen dit op die beter paaie in Nederland met hullese grênd karre.

Later stop ons op die randjie van Zeeland waar die Belge al afgedraai het Antwerpen toe en ons kon senuwees (en cholesterol) bymekaarmaak met 'n lekker hamburger.

Die twee sprinkaanfietse staan nou in die garage en ek moet hulle loop leer ontplooi of ontvouw en bekyk. Smaak my hulle is net so swaar soos die fietse wat ons het, maar nou ja, die lykskleed is sonder sakke.

Ek sal later my kop oor kemping met 'n kemper laat loop.

-oOo-

**2016 met huur kemper:**

**Bialystok, Pole**

Die verrassing van Bialystok was wyd en groot. Eerstens het die kampplek wat op die internet gemerk is nie bestaan nie – net 'n bourommelplaas tussen niks! Tweedens was die dorp/stad een van die netjiesste plekke waar ek al was met nuwe teerpaaie, skoon netjiese huise en fietspaaie wat in Nederland nie beter en langer kan wees nie. Die was aangename verrassings en vra om gebruik te word. Soos die stad vra om verken te word – mens wil tenminste nuwe Poland sien en beleef.

Enigste problem was, ons is sonder staanplek.

Terwyl ek nog so verdwaald soek na plek, bel Ivo ook nog van die Ziekenhuis oor 'n antie met 'n pyn in haar bil (Nederlands vir boud) wat al 3 weke daar is en hy word tot vervelens toe gepla. Hoekom hy bel weet hy ook nie, soek net 'n skouer om op te huil!

Het 'n bed, het 'n stoof, het water, het 'n toilet, het 'n stort – al wat ons nie het nie is 'n staanplek. Ons het eers onder bome gaan staan in die omgewing waar die ander kamp moet wees. Daar was op die internet twee kampe geadverteer in die plek – waar my onbetroubare en met wantroue bejeënde damestem op die GPS ons weer in die rondte laat ry het. D is nie eers meer jaloers op hierdie vrou in my lewe nie.

Snaaks nè, dat vroue so is – as die een jou tevrede hou, dan mag dit nie, as die een jou (ook) kwaad en in die steek laat, dan mag dit.

Ons beland toe op 'n parkeerplek in die omgewing. Die staanplek was teen 'n waterkuil waar 4 omies met visstokke die water sit en kyk het. D maak koffie en sit kampstoel uit – ek gaan gou straat af net om te kyk of daar 'n eienaar of 'n ding is wat toestemming kan gee. Die 4 omies het in Pools so beduierig wel gesê dis okey en veilig – die visse byt in elk geval nie. Mens wil nie in die middel van die kort nag opgejaag word nie.

Kry 'n jongman wat 3 Engelse woorde ken en hy beduie-vertel dis okey waar ons is, maar hy praat van 'n "beach" net om die hoek waar hy dink daar is staanplek vir kampers. En so wragtig, die stemmetjie in keurige Engels op die GPS het ons 2 keer laat omdraai net voor die hek van die kampeerplek met 'n "turn around if possible".

Mense het al my aangepraat hieroor, maar ek moet "my fok" sê.

Die pragtigste idilliese staanplek is gekry – skoon en netjies en nuut en teen water met net een ander kampeerder in sig – ook Hollander. Wat 'n verrassing – nie die ander Hollander nie, die staanplek. Beter kan ons nie kry nie en byna het ons onwettig gestaan met die ondersteuning van slegs eie geriewe. Ons gaan twee nagte hier staan en die stad môre per fiets verken.

Vanaand heerlik gesit met my Cobb en sy varkskenkels in, my whiskyglas en sy inhoud in en mens kyk.

Hier kom so 'n agteroor vet mannetjie aan met so 'n knypholstappie en wit poniestert – seker so om en by my leeftyd minus 5 jaar.

My ma het altyd van 'n poepolverdriet gepraat en die man lyk na een. Hy loop met so 'n kniebroek van nuwe oorsprong rond, T-hemp wat oor die pens bult hang en sokkies by plakkies wat nie helemaal by die kniebroek se pype kom nie. Mens kan rerig nie dink dat hy in 'n winkel gestaan het met die uitrusting aan en homself van alle kante in die spieël bekyk het en gesê het: "Dis wat ek nog altyd wou koop om so netjies te lyk!"

Ek neem maar aan die antie het self die onderdele van die uitrusting gekoop en poepolverdriet het dit self uitgekies om dit so bymekaar te sit.

Met sy vrou wat 'n vietse lyfie het, saam met sy pelle – 2 ander vet ouens wat se dinge agter wys as hulle buk. Die 3 met die antie, en nog 'n ander antie en 'n seuntjie. Hulle wil een van die bootjies wat hier lê seilklaar maak en op die meer gaan vaar. Wat 'n gedoe. Eers sukkel dit met die "rudder" van die seilboot, toe met die seil om dit iets mee gemaak te kry, en toe word die antie aanmekaar gestuur om of bier of water te gaan haal – manne raak mos dors van al die gesukkel. Toe moet sy weer 'n tang in die plastieksak in die Golfie van die ou gaan haal.

Die vermaak van menskyk is die hoogtepunt van die lewe – wat sal mens daarsonder doen?

Terwyl ek so op my kampstoeltjie sit en kommentaar lewer aan my enigste gehoor, sê dié van die kant af: "Daai ou lyk nes jy op 'n afstand."

Dis snaaks wat die liefde wat 45 jaar al hou aan 'n vrou se brein doen.

-oOo-

## Toergrepie in 2019 met Karavaan na Suid-Frankryk:

### Reis na die Suide – Camping La Rivière Fleurie, 22 Augustus

Ons trek het ons geneem so skuins oor Suid Frankryk na die onderste rand van die Dordogne – ek sukkel met die woord, uitspreek en spel! En die gelyknamige rivier. Eers het ek die kronkelpaadjie tussen die heuwels van Dordogne gery en toe het D die wiel gevat op die A89 se tolpad. Daarna het ek weer gekronkelpaadjie teen die valleirand af na waar ons nou is op die rand van die Dordognerivier. Omring van wingerde.

Twee dinge het verander: Die weer – dis nou vrek warm en word nog warmer rigting 36 grade, en die nagte word korter met die son wat al om 9:00 begin wegraak en soggens wag tot na 8 om te op.

Lekker staanplek, langs die swembad (en sy kinnerstemme en laggies) en onder lekker skadubome – sal later die vogelpoep moet afwas.

Oorkant ons is 'n Franse oupa en ouma met 6 kleinkinders: 'n groot bron van menskyk plesier. Eers het ons moes uitpussel wat is wat – ouerige man wat die kinnertjies "Pappi" aanspreek, en kromrug anti wat as "nanna" aangespreek word. Google vertel my dit is woorde wat gebruik word vir oupa en ouma.

Die groottes van die spannetjie wissel van 'n voorkindjie (meisie) wat so 14/15 geskat word, met die volgende een seker so om en by 6 jaar en vandaar orrelpypies tot die laatlammetjie van 4 wat nog met 'n dummy in die mond rondloop. Baie soet kinnertjies wat speel onder die bome, sing Franse liedjies terwyl hulle speel. Ek is seker hulle word iewers goed opgevoed. (Lees "slaan" want hoe anders kry jy hulle so netjies en soet?) Nou moet ek bysê dat Frans vertel dat hy deur Lisa so 'n aantal jare gelede gevloermoer is in 'n winkelsentrum. Toe hy wil-wil slaan, kom 'n Franse dame hom aanspreek in duidelik genoeg beduidery dat hy meer opvoedingsboeke moet lees.

So teen vieruur kom ouma terug van iewers af – pappi was heeltyd besig met bokwerk om die spulletjie uit die son en swembad te hou – en kom orde in. Almal trek swemklere aan en gaan raas in die swembad, vandaar na die storte en van daar in slaapkleertjies in – goed ordelik op sy Franse legioen manier. Tafel word gedek – hier kom die voorkindjie se tienertalente van eenkant loop lê in haar tentjie terwyl die ander kleinvolk werk en geëet word. Baie mooi vir die opa en oma wat oorkant sit en wonder hoe ons besigheid so deurmekaar was, en dit net met twee sondaartjies uit Holland. Weet ook nie meer wat is die beste tafereel nie.

Hoekom ek julle op die dag besighou met menskyk dinge, is omdat die res van die dag volgemaak was met niksen. Dis nou as ek uitlaat dat ons gery het, gaan staan het in die kemping. Sonder stry die regte posisie van die kemper gekry en toe tent opgeslaan het. Halfpad deur die tentopslaan (ek het stophorlosie gestel om te kyk hoe vinnig gaan dit die slag) word my rekord natuurlik in sy moer ingestuur. D ontdek dat ek vergeet het om die kemper se varswatertenk vol te maak, dit na die tent al aan die dak gekoppel was en ek al natgesweet penne ingeslaan/boor het.

    D: "Ek het so gehoop ons kom tot kampopslaan sonder moeilikheid, en hoor jou nou vloek."

Opsoek in my 1% Frans en die aanhoorder se 20% Engels na waterkraan wat naby is (eers net die goed wat jy druk en hy laat jou 3 druppels toe voor jy weer moet druk krane gekry), is daar 'n kraan ontdek by die swembad vanwaar ons 'n pyp kemper toe kon aanlê. Dit na die man eers dink ek soek 'n elektriese kabel en spanner en die vader weet wat als eers deurgewerk moes word tot ons tot 'n vergelyk kon kom wat benodig word.

Rekord in sy maai is daar eers bier gedrink en verder beplan om die senuwees te kalmeer. Sal volgende plek weer probeer.

Gaan hier vir 3 nagte staan en sal later gaan fietsry, want dit lyk plat hier.

Ek gee enkele dae weer wat ons in **2019** voor Covid geniet het met ons eerste eie tweedehandse kemper.

Die toer was deur Skandinawië en af met die Baltiese state deur Pole en Duitsland.

-oOo-

**Dag 1 met die nuwe:**

Presies op dag en datum het ek op 27 April 2019 die eerste keer met 'n eie kemper huis toe gekom. Graag gee ek daai dag weer.

Die omsetting van woonwatoerder na gemotoriseerde woonwa – in goede Nederlands van "caravan (uitgespreek as kêrevên) naar camper (uitgespreek as kêmper)" is 'n redelike proses. Jy verander van 'n baksteensleper na 'n baksteenryer. Jy verander van 'n camper hater na 'n camper liefhebber – so 'n soort van bekeringsproses wat man deurmaak.

Huiswerk is vooraf gedoen, vrou is vooraf onder dreigemente van "dis nou die laaste wat jy my verander" – daar was al soveel van die dat ek my nie meer daaraan steur nie – oortuig word van die een ding waarvan ek haar kort gelede van moes oortuig, en nou weer weg daarvan (harde werk hoor!) en toe op die agwatstrontwat oomblik ingespring en gekoop. En loop haal.

Voordeel was dat ek vir 300 km gister alleen met die nuwe "ding" (D se naam) gery het met haar agterna in die Hyundai. Lekker gebond so op die pad deur die landje en sy verkeer.

Die wat Nederland nie ken nie (en om in Amsterdam te gewees het is nie om in Nederland te gewees het nie) die volgende: In die middelste deel is die "Randstad" – dis waar al die mense bly en waar hulle ABN (Algemeen Beschaafde Nederlands) praat en nie trein ry nie. Almal is in hul karre altyd elders heen, of op hul fietse, ook elders heen. Soos miere.

Die Randstad is Amsterdam – Den Haag – Rotterdam – Utrech. Die res van ons woon in wat hulle soms neerhalend na verwys as "de pereferie", behalwe die deel teen die Duitse grens by Enschede (uitgespreek as Enskedy), wat die "Achterhoek" is.

Meeste weet nie van Zeeuws Vlaanderen nie. "O, zijn jullie ook deel van Nederland?"

Ek en die "ding" voor, D agterna – wil my in die gate hou dat ek nie van die pad af neuk nie. Ek lekker voor sonder die obstruktiewe deelname van 'n "backseat driver", lekker aan die bonding.

Die eerste dag was noodsaaklik en nodig en kom ek met vreugde aan by die huis, parkeer en bewonder van buite af. Kan afsluit by al die baksteenslepers en gaan pellie by die baksteenryers.

Vandag skoonmaak en inpak en uitpak en beplan wat waar is en onthou wat waar is. Tot volgende week Woensdag wanneer die toer gaan begin!

Dit was toe na die Noorde: Duitsland, Swede, Finland en die Baltiese stae, Pole en deur Duitsland weer terug huis toe. Grepies van die toer sal ingesit word so tussenin.

-oOo-

**12 Mei 2019"**

Vandag so 15 jaar gelede het ek oupa geword deur die toedoen van 'n wonderlike meisie – toe was sy oupa se nommer een en nou is sy al 15 jaar! Dit sal voorop bly op hierdie dag.

Ons het die kemper vir sy roetine vir reis geneem – gryswater uit, witwater in en dan die swartwater. Gryswater is die afwaswater en stortwater, witwater is die skoon water wat ingetap word en swartwater is die lyfprodukte wat in die klein boksie deponeer word as jy die handvatsel trek teen die kant van die WC. Die witwater word gewoonlik ingetap as jy by die kampplek aankom, en omdat mens gewig wil bespaar kan dit afgetap word voor jy ry (100 liter kan nogal weeg, hoor). Uiteraard is gryswater aftap net 'n klep wat jy oopmaak en dit loop uit by 'n pyp aan die kant – gewoonlik is daar 'n dreingat waar man dit laat inloop. Als redelik sindelik. Die witwater het 'n wit pyp en die dreingat is gewoonlik by die kraan waar jy jou water intap.

Dis egter oor daai swartwater drommetjie wat ek dit wil oor hê. Die standaard is dat die manne die drommetjie leegmaak en die anties gewoonlik dit volmaak. Ek het die wet gemaak: as ek dit moet doen word daar net geplas in die ding – die res van afval word deponeer in die kamp WC. Mannetjie het die karavaan met 'n maagwerk ingewy, en na ons met hom gespot het het hy skoon hardlywig geword.

Die drommetjie trek jy soos 'n lughawetassie en die wiele maak 'n bekende geluid. Soggens hoor jy uit alle rigtings die oumanne aankom met die antie se aand produksies. Die drommetjie het spesifieke gate wat man gou leer hoe om dit te doen sonder om antie se water op jou voete te kry en dit word in so 'n tregtervormige gat gein. My groot vrees is dat my selfoon uit die sak ook daar loop inneuk, asook die prop wat jy afdraai.

Soos die Hollanders sal sê, "spannend!"

En vanmôre kom ek die Eerstewêreld teë. Jy gaan by 'n kamertjie in, gooi 20 krone (so 2 euro) in, druk knoppe en die deurtjie gaan oop. Drommetjie word so ingeskuif en dit raas en spoel daar binne en siedaar: drommetjie kom geledigd en skoon uit – gereed vir hergebruik.

Maar dis die teorie. Die ding is letterlik Vrydag ingesit Ek kom stop op pad uit en mik kempertjie sodat sy piepie reg piepie, haal trommeltjie uit en soek die standaard gat vir ledig. Sien toe 3 ou manne met hul drommetjies aangesleep kom en besluit om hulle te laat wys hoe dit gedoen word. Hopeloos. Hulle praat daai taal wat net geluide is, stry onder mekaar en loop weer met die ongeledigde drommetjies weg. Gelukkig sien ek van die geld ingooi en stuur vir D om die sente te loop haal, net toe een antie saam met haar omie kom om hul gemeenskaplike produkte te laat wegraak. Sy praat Engels en hy beduie hoe dit gedoen moet word – beduie so dat hy van die produkte uitstort tot die ewige verdriet van die antie. Hy moet skoonmaak en ons spring net weg om droë voete te behou.

Die drommetjie gaan in en die drommetjie kom uit: skoon netjies sonder enige probleme. Dis tog lekker om die Eerstewêreld te kan ervaar. Ons staan nou vir twee dae in Orebro. Sal môre gaan kyk en wys.

-oOo-

**12 Junie 2019:**

**Kemping sitten**

Die dag is ek natuurlik al 5 uur op en buite en sit toe al en sweet en niksen. Kan nie eens sê ek het op my rug wolke gekyk nie – daar is niks in die lug nie.

D met moeite darem met 'n ompad opgekry so teen 9 uur en kon die fietse pak en ry – sommer net langs die rivier op en sommer net op deurmekaar oud-kommunistiese paaie. Later ook teen 'n trap op met fietse en oor 'n geroeste treinbrug. Lekker loop verdwaal.

En fokken warm gekry. D wou net omkap.

In die kamp kom skaduwee sit. D besluit die kemper moet anders staan – yes my dear. Alles losgemaak en geheen en weer en uiteindelik "reg" gestaan. Een venster kom los en die kon ek uit vorige karavaan ervarings maklik terugsit – en die een uitlooppyp skeef, ens.

Alles reg en lekker skadu tot so 14:00 en, o fok, die ding staan nou eers verkeerd.

Ek sal nie verder die gesprekke in die hitte van die dag en hitte van die stryd oor uitwei nie, want hier kom 'n karavaan in, loop staan so dwars in die pad en wie klim uit? Reg geraai. Die omie met die broek wat stilstaan as hy loop met die swart T-shirt, die een van Kuanas! Het seker meer as een suitjie, want hy loop nog steeds met die broek wat stilstaan en voetjies wat onder beweeg en dieselfde formaat T-shirt. Die een wie se plek hy gaan kry is nog aan die oppak – op sy gemakje.

Ek is teen die tyd aan die rugkant van die kemper, want dis al plek waar skadu is. D sit liewers in die son as om met my te praat.

Omie sit toe oorkant die pad en praat net Duits en baie daarvan. Met my wat net vir jawohl en meisenholl ( vir die wat nie weet nie, dis D se van) ken. Sy naam is Hein en die antie is Hanne – die antie is van daai soort wat seker eendag doodgeslaan sal moet word, want dood vanself sal sy nie.

Toe hy my dreig met sy kêreven se mover wat kapot is en ek sal later moet help stoot, loop ek maar annerkant toe. Omie het darem sy ding geparkeer gekry en haal so 'n skooter dingetjie uit. Ry orals rond en maak geselsies met enigeen – selfs met sy buurman wat 'n Pool is.

Hulle praat elk sy eie taal en lag soms – waarskynlik elk net vir sy eie grappies.

Lekker ribbetjie op die cobb gemaak en lekker sooibrand gekry.

Nog 'n nag vol sweet lê voor – ek kla nie, sê maar net.

D maak praatjies van teen die kus langs Duitsland toe ry en ek sal moet soek waarlangs. Dis darem eers Vrydag wat ons ry.

-oOo-

## 15 Junie 2019:

### Mielno Pole

Wat 'n dag – waar moet man begin. Seker maar by die opstaan en uit bed skop van 05:00. Later darem sover kon kom om saam te loop fietsry – sommer annerkant toe en nogal, nie soos gewoonlik, regte kant toe. Eers deurmekaar paadjies wat insluit min tot geen paadjies met D vooraan en later "Andri, nou moet jy maar voorry" paadjies wat ons op die buurdorp bring met meer "local" geurtjies.

Toe met 'n verrassings paadjie terug na Mielno en ons kemper vir bietjie warm kry – warm wind en geen strandweer, dus maar sit en sweet deur die middagslapie.

Die "treat" wat ons onsself belowe het is pizza uiteet en dis toe gedaan. En hier kom moeilikheid – jy is gewoond aan 13 euro 'n pizza en hier is 3 groottes, 20 en 40 en 50 cm. Kies toe middelgrootte en bier, waar die meisie nie helemaal verstaan nie en 'n hoestroop tipe gebring het – nogal lekker. En toe kom ek met innie-meenie-maainie-mo kom ons eet saam aan 'n ding op die menu – net Duits en hulle se taal – wat lyk na tongvis. So 2 euro per 100 gm reken ek uit en sy sê daar is net 200 gm porsies. Ek sê bring en twee vurke en sy bring.

Eet lekker. D wat eers nie wou nie, eet meer as die helfte en vertel my dis nie lekker nie!

En toe kom D se pizza – moerse groot. En ons dink dis seker ook maar verkeerd verstaan van die koekie (het sulke mooi boudjies, sê ek vir D, die sê solank jy net kyk – goeie vrou, hoor).

Begin toe maar albei aan die groot pizza eet.

En toe. Hier kom nog een van daai selfde grotes, vir my. Ek sê "o fok" en skep 'n stuk van D s'n terug vir haar, want ek het werk voor my. Dit gaan moeilik, maar die pizza is lekker en daar word nog bier bestel (het al voor ete 'n whisky en brandewyn en coke in die kemper gehad – vir die hitte, sien).

Dis nie aldag dat ek vir 'n lekker pizza sê "vir jou eet ek maar verder môre aan". En D sê hare sal môre nie so lekker wees nie en eet hare op (twee brandies in die kemper en twee swart biere by die plek later maak haar dapper).

En toe waarsku KPN uit Nederland van stormweer en winde en bly weg van onner bome. D hol voor met die pizza woefiesakkie en ek sukkel met 'n seer knie en huppel agterna.

Die KPN vertel toe dis hier waar die moeilikheid is. Net betyds hier en nou donner en ruk die kemper en reën dit vir die vaal hel. Gelukkig is ons in en is ons goed ingepak en sal ons darem hopelik môre huis toe kan gaan.

Mage vol pizza, rekening nie eens 30 euro vir twee moerse pizzas, twee biere en 'n visserigheid.

-oOo-

### *Dagboekinskrywings*

**21 Oktober 2020:**

**Die Kern**

Gister staan my kemper gereed, maak ek koffie vir D en moet skielik hol. Langstorie kort: 'n Bloeding het oornag plaasgevind daar binne in my in en dit beteken toe dat daar weer na my kern daarbinne gekyk moet word.

As jy dink en praat oor jou kern dan is die eerste gedagte wat jy aan dink dat die kern jou hart moet wees, of miskien jou brein. 'n Vet ou soos ek se kern is sy maag – die moet voortdurend gevoed word en as hy ietwat legerig voel, dan moet daai kern weer kos kry – gewoonlik sonder voorkeure. Dis nou eenmaal een van die hoof fabrieksfoute wat ek het.

Na my hartkern is daar al paar keer gekyk – so baie dat ek nie eens meer saam kyk nie: hou net plafon dop, maak beloftes van beter wees en bid.

Gister was dit egter die maagkern wat in beeld gekom het. Ek weet bietjie, nie genoeg nie, maar darem iets. Ek weet toe gisteroggend om 7 uur dat ek na die ding moet laat kyk, dat die kemper eers sal moet wag en dat daar definitief 'n pyp in my keel moet ingaan om te kyk na my maagkern, want daar is fout. Sit jy nou met my fabrieksfout in die bed met 'n lekker bakkie Switsers Muesli, blou bessies, Soya yogurt en Soyamelk. En koffie. En jy weet jy moet dit nie eet nie, want hulle gaan in jou maag kyk en die goed sal eers deurgewerk moet word voor hule kan kyk. En dan wen die fabrieksfout: ook maar goed, want dit was my laaste maal vir meer as 24 uur!

Ek het al baie deurgemaak in my jare hier rond, maar fokkit, 'n gastroskopie is nie vir 'n sissie of hul stoere broer nie. Vooraf sit en lees ek die inligtingstukkie en leer sommer nuwe Nederlandse woorde soos "boeren" (dis windopbreek) "kokhalzen" (smaak my dis hik of "gag"). Vooraf sal jy 'n "roestje" kry – dis wat hulle sedasie noem.

Die ding word lewendig gedoen – bitter sprei innie keel (en geen roestje) en hier kom sy, met "slukken, slukken" bevele kom die ding in jou keel af. Jy kan nie praat of stoei nie, jy sluk gedwee en dan is daar beeld van jou maagkern. Die sien ek is leeg, seker iets wat my maagkern baie vreemd vind, want in my 71 jaar was dit iets wat maar min gebeur het.

Ek is nog so trots op my lege maag toe kom daar boeren soos 'n boer dit nie kan doen nie – Chinees ook nie. En dit kokhalzen laat dit bars. Dit gaan so deur my kop met al die gehikkery dat dit goed is my blaas is leeg en my sfinkters werk nog, anders was daar poepen en pissen ook gemeng met die gestoei boontoe.

Ook dink ek aan my ma wat eenkeer met 'n erge maaggriep gesê het man weet nie meer watter kant jy oor die pot moet hou nie. Ek wonder ook nog so tussen alles deur of die internis (so 'n dik Belgiese antie wat g'n hond kan verstaan wat sy sê nie) onthou het toe ek en sy so 5 jaar gelede van opinie verskil het. Toe sy na die ondersoek praat van miskien weerkyk oor 'n paar maande, kon ek net sê as my twee voete grond raak, hol ek – dit sal nie sommer vir weerkyk wees nie.

So is daar in my kern ge-in. Al binneste wat nog gebekyk moet word is die onderste gat – ek weet nie of ek rerig daar my onderste kern wil soek nie. As die boonste twee so lyk hoef ek mos nie te weet hoe die onderste een lyk nie!

Hopelik kan ek môre huis toe.

"Nee kollega, u kan niet vandag naar huis, u moet nog in de gate gehou worden voor mogelijke bloedings."

My gate is rerig nou genoeg in die gate gehou vir 'n leeftyd.

As jy Vrydag deur die Westerschelde tonnel 'n Knaus kemper sien ry met 'n agtergehoude man en kernbekykte agter die stuur: dis ekke daai.

-oOo-

## 20 Januarie 2021:

### Aan die einde

Hier in die daeraad of lente of miskien winter van my lewe, is daar baie dinge wat gewerk het wat ophou werk. Aan die lyf gewoonlik en in die lyf gewoonlik. Maar ek wil dit oor my Appeltuin hê.

Dinge werk so: Op 'n stadium het ek maar soort van "private money" bymekaar gemaak so om my loon heen en koes-koes vir die ontvanger. Nou nie juis "zwartgeld" wat die Hollanders vir kontant dinge noem wat nie by die ontvanger verbykom nie.

Ek het dinge anders gedoen as die spul rondom my – ou ding of gewoonte daai. D sê ek swem nie stroom op nie, die stroom loop volgens my verkeerde kant toe.

Dit het so in 2008 hier begin met 'n klompie wat van Tjeggië se Charles Universiteit hier aangekom het om te sien hoe ek lappe insit en lapwerk doen aan die onnerkant se verslete dinge. Die lapvervaardiger het hulle gratis hiernatoe gebring en 'n trippie Hollandia toe is nie te versmaai nie – ek het nie geglo hulle kom vir my nie.

Moes 'n heeldag seminaar uitwerk waar ek uitleg gee hoekom en hoe ek wat doen. Die volgende dag is ons teater toe vir so 6 gevalle wat ek my wyse wys gedoen het uit gebrekkige wysheid. Ek het so van Oktober 2007 met 'n kamera oor die een skouer als kon herlei na beeldskerms toe sodat ek nie koppe in die pad kry nie. (Daar pas maar net een kop in tussen die bene, vir die wat nog nie probeer het nie.) Die assistente kon dus van die skerm af assisteer, en die pasiënt wat wakker was kon ook saamkyk wat aan haar dinge gedinges word. My besoekers kon dus vanuit 'n vertrek langsaan kyk en hoor wat gedoen word. Die ding is later uitgebrei na 'n twee weeklikse affêre en later (op D se klagte/aanbeveling) na eenkeer per maand.

Hoe dit ook al sy – ek kon registrasiegeld later vra na die lapmense nie meer per besoeker wou betaal nie. Ons is beperk oor fondse wat jy kan kry uit die farma bron. Daar kom toe geld in by die hospitaal vir wat ek doen en ek kon hieruit dinge koop.

Nou is ek by die Appletuin: Ek kon toe komputers, iPhones, laptops en iPads koop na hartelus. Die geld mag net vir apparatuur aangewend word en so kon ons by die ontvanger verbykom. Uiteraard net dit wat goed is gekoop, en als Apple produkte. Laaste aankoop was so 5 jaar terug voor ek moes ophou werk en het toe ook my Appletuin goed uitgelê gehad.

D: "As ek darem van al die geld kon kry wat jy al in jou studeerkamer in het ..."

My Appletuin raak nou egter ook saam met my oud en dis nou die ding: My "magic" sleutelbord het die naweek opgepak, kos 99 euro nuut, dus "nee" sê die besluitnemer, en ek kry toe maar een van die goedkoop sleutelborde, maar fokkit, ek sukkel.

Al lankal slaat ek net met twee vingers (net moffies het in my dae tik saam met die meisiekinders geneem) en die neiging is daar dat linkervinger soms na regtervinger slaan as hy eerste moes slaan, en die "sal" word sommer "sla" en so aan. Sal nou maar langer moet spaar, maar ek weet waarom die Appletuin 'n magic bord het. Die magic muis is ook al besig om te neuk – als rondom my word oud en wil einde toe gaan. Nie meer net in my nie.

Die Appletuin is wat my IT seun dit noem. In die Appletuin werk als goed solank als Apple is, en jy sit maar 'n muur om dit en bly daarbinne. Het ook nou al vir een vinger D ook ge-Apple – eintlik my oues wat nog werk wat aangepas word.

Dis maar al wat ek wou sê.

-oOo-

**30 Augustus 2021:**

**Die kinnertjies**

Ek het nou al 5 jaar van niksen agter die rug. In die tyd het my rol van probeer belangrik wees, na nie veel om die lyf van belangrikheid nie, gegaan – behalwe natuurlik dat die om die lyf deel gegroei het.

Gelukkig was daar afleidings. Een uit Jordanië het so 'n tyd my ego gestreel met afstandsopleiding oor wat ek gedink het ek redelik kon doen. Die afgelope 6 maande is daar 'n Spanjaard met 'n Duitse naam wat ook om leiding vra oor daai tussen die bene krap ding van my. Video's en beskrywings in my tipe Ingels en verstaan in sy tipe Ingels het gehelp met baie prente en video's wat ek op YouTube gekanaal het. Al wat die man my mee mal maak is dat hy my professor voor en agter.

Ek het later probeer om op voornaam terme te kom, maar dit haak vas op professor Andri! Maar laat staan – lees net so nou en dan aan D voor as sy my laat stofsuig en so aan nederige werk laat doen.

Moet nog vir die klong 'n lesing of twee uitwerk voor ek koers met die kemper.

Maar ek wou dit oor die kleintjies hê. Die Corona is en was 'n ding wat dik mure loop inbou het. Mens moet besef hulle is maar bietjie jare nog hier en een jaar in hul lewentjies is baie – een jaar op my 71 (as dit agter is), is nie veel nie. Die wat oorbly sal miskien groot gehap word deur een jaar se wegval – man bid maar vir 'n klein happie!

Met die ding dat die maskers weer bietjie gelig kon word, en die vaksiene sy muur om jou bou, het ons natuurlik so mondjesmaat die kleinkinders weer laat nader kom. Dis nou al maande vanaf April en gister en vandag was die eerste keer dat man kan sê die gemak van opa en kleinkind wees is weer herstel. Mr T het homself weer aan opa gebind met 'n: Hy is mr Nieuw en opa is die mr Oudt van Nieuwoudt. Kon weer lekker sy sielietjie versondig en selfs my Bokkie maak weer oop en kon ons weer op die dyk loop stap en storietjies luister.

    Mr T of dan mr Nieuw is ook oor sy "ik wil de Corona woord niet meer hoor, hoor". Hy het vir sy oma so sonder opkyk gesê toe 'n ambulans verbyry: "Zeker weer Corona, oma."

Ons kan weer terugval in die groewe van normaal, hoop ons, maar ek weet ook nie meer heeltemal nie. Het nou so nou en dan deur twee lede se toedoen, want hulle loop krap daar, op van die nuusblaaie se Facebook gekekkel, beland. My magtig, ek kan nie glo daar is so 'n klomp stom domonnosel gekke in SA nie. Die strooi wat hulle verkondig, en as jy durf om die strooi te probeer teenwerk met korrekte data is dit asof jy in die geselskap 'n wind kom los. Een ou het met groot genoeg doening my vorige werk met 'n "hy is 'n doosdokter! Wat weet hy?" aangekondig. Stil weggeraak toe ek aan hom vertel dat hy miskien as die grootste doos hier rond wel 'n doosdokter nodig het – hy moet net vertel waar sit sy kwale.

Gisteraand dreig een weer met laster klagtes omdat ek sy skynheilige agter-God-wegkruip-mantel oplig. Die mense maak man bly jy loop tussen Hollanders rond.

Nie dat hier nie gekke is nie. Vandag lees ek dat die GGD (dis die ouens hier wat die toetse doen en vaksiene spuit) by 'n skool lastig geval is deur twee betogers wat hulle as 'n dokter en prokureur voorgedoen het. Die GGD gaan by skole om, gee aan die kinders bo 12 voorligting oor die pandemie en vaksiene en gee dan vaksiene aan die wat wil hê. Die twee betogers kom loop rond en deel pamflette uit met hul strooi op, en toe die onderwysers hulle die deur wys, bel die twee betogers die polisie omdat hulle geïntimideerd voel! Uiteraard het die polisie die twee toe uitgegooi. Maar kan jy jou indink.

Ek weet wragtig nie wat mense motiveer om tot sulke lengtes te gaan nie, en dit om 'n verlore saak te probeer maak deur mense se beskerming weg te neem en dan om te wat?

My kinnertjies is huis toe, ek en oma het weer die TV en komputer en laptop en iPads vir ons en hoef nie vanaand skelm die whiskyglas se bodem te soek nie.

-oOo-

**21 September 2021:**

**Verlos my asseblief!**

Ek sit en kyk netnou na Sky News en daar is 'n vetterige dame wat sit en kla oor hoe ellendig dit was dat sy sonder haar "partner" moes kraam oor die beperkings wat gesit is as gevolg van Corona se gevare. Sy noem dit "inhumane".

Met "my fok tog" het ek opgestaan en loop kwaad raak op 'n ander plek.

Ek is betrokke in die verlossing van 'n vrou van haar las van swangerwees al sedert 1974. Hier van 1978 het dit meer as 50% van my daaglikse kragte vereis. Tot 2015, toe was ek verlos van verloskunde.

Tot 2002 het ek met 'n "ek is nou gatvol om Eva se baba te vang" weg uit privaat praktyk kode SA en het in "loondienst" kom werk in Nederland. En dit het redelik gegaan daai eerste jare – Eva was nie daar nie en kon mens fokus op die normaliteit van net swangerwees en die gevare van die 15% wat 'n moontlike komplikasie kon kry, en dit ondersteun en help. Die kraamproses is as normaal beskou en hanteer, met goeie waarneming van moontlike probleme. Manne is net soms toegelaat en het gewoonlik buite staan en rook en ingekom as hy genooi was.

Toe gaan dr Google in praktyk en kom die Eva-houding al hoe meer in die toepassing van verloskunde, voorgeboortelik en nageboortelik.

Net dit: Die Eva-effek in verloskunde is dit: Die eerste baba wat ooit gebore was was destyds in Eva se dae. Die eerste baba wat vroue kry het gewoonlik, of soms, die Eva-effek. Dis asof die eerste baba weer gebore gaan word en die mens weet als, wil al wat 'n ding aanvang (in water kraam, op haar kop staan, op 'n potjie sit, en die vader weet watter snert sy ook al gevoer was deur dr Google en sy trawante). Interessant is hoe die Eva-effek verdwyn as madam vir die tweede of derde baba se geboorte kom! Selfs die manne praat al van "ons" swangerskap en "ons" kraam!

Skielik hier van 2004 af hier by ons is dit net keer – jy weet niks, die man kom vertel jou hoe dit moet, en die vrou gebruik die skuldgevoel wat manne gewoonlik het teenoor hul vroue ten volle. Ek het al vroue sien rustig wees deur alle "pyne" van die sametrekkings van die baarmoeder, en skielik klim sy teen die mure uit, skree en als wat daarmee gepaardgaan, as die man inkom. Skielik was die doen van 'n ultraklank ondersoek nie om jou, die dokter, te orienteer oor wat normaal is en of daar afwykings van die normaal is nie, nee, dit word 'n vertoning. Die kamer staan vol mense wat elk gelyk praat en oe en aa oor die vingertjies, pielietjie se aanwesigheid of afwesigheid, en jy kry geen kans om als deur te kyk en net beskermende geneeskunde te praktiseer nie.

Die hele proses van verloskunde, van die eerste besoek tot die huistoegaan met baba het 'n sirkus geword.

Uiteraard het ek nie my bek gehou nie, uiteraard het ek veelvuldige klagtes by die "klachtenkommitie" van die Ziekenhuis op my blad gekry – gewoonlik oor stront soos ek kom drieuur in na 'n bevalling in 'n T-hemp en "spijkerbroek" en "geeft niet eens handje" voor ek ondersoek, en die baba "uit mijn gillende lichaam trekken". Ek kan boekdele skryf oor die mure wat skielik gebou is, omdat die pasiënt 'n kliënt geword het, die proses van swangerskap en bevalling 'n verwagting aan gekoppel het wat totaal onvanpas is, en waaraan nie voldoen kan word nie.

In SA moet 'n ginekoloog "gratis" bevallings doen tot diep in September, om sy mediese versekering teeneise te betaal, weens die eise wat ingestel word as iets nie goed gaan, of dan volgens die verwagtinge aan voldoen het nie.

Ek sê altyd, as jy sit en tennis kyk en jy durf praat as die speler afslaan is daar groot bohaai – ons slaan af terwyl almal wat eintlik paloekas is, jou gedurig vertel wat jy moet doen en hoe.

Genadiglik het ek hier van 2008 my begin toelê op een aspek van Ginekologie wat te doen het met die herstel van die skade wat kindergeboorte aan 'n vrou se onnerdele veroorsaak, soveel so dat ek van 2015 net dit kon doen en nie meer my "opinie" in die kraamsaal hoef te gee nie. Miskien is ek verlos van verloskunde omdat die wat hulle toedraai in die 85% van als kom goed ondanks jou mishandeling in verloskunde, daarom gevra het. Ek was 'n klip in die skoen. Het nie gevra nie, net geloop.

Terloops was my finansiële inkomste vir die hospitaal gelyk aan die inkomste wat die hospitaal gemaak het uit die hele praktisering van verloskunde. Ek was alleen, in die kraam en verloskunde afdeling was daar 15 werksaam. Jaarlikse bevallings was byna 500, my operasies alleen was 410 per jaar.

My roep van verlos my asseblief is verhoor in 2015 en kon ek my laaste 2 jaar in rus en vrede saans slaap sonder om na die klachte kommitie opgeroep te word!

-oOo-

## 24 Augustus 2022:

### Net dit

Dis vandag weer dat daar so 'n swarigheid in my gemoed is – ek is nie 'n depressiewe mens nie, maar soms kom daar tog so bietjie donkergeit in. Gewoonlik is dit gekoppel aan onthou. Hoekom weet ek nie, maar ek word wakker met Marion in my kop en voor my geestesoog. Dit was die jaar 1996. Sy was deur 'n vriendin gebring en die het haar bygestaan. Sy was Duits en het gekom met erge bloedarmoede as gevolg van verwaarloosde menstruasies wat maar die las is van vroue in hul klimakterium.

Die ou dokters het die groot naam gegee aan vroue net voor hulle in die oorgang ingaan. Destyds met die ontwerp van die vrou, was die afspraak blykbaar – ek was nie by nie – dat 'n vrou moet ophou op 50 jaar. Ophou kinners kry, ophou met ander goed gekoppel aan die maak van die kinders en ophou om droog te wees as hulle hoes. Ek dink so agter in die kop van die beplanner van die dinge – ek het nie seggenskap gehad nie – moes hulle ook nou nie by hul sell-by-date verbygaan nie. Toe kom die artse en neuk als op: die vrou se ophou het gerek geraak.

Wag ek dwaal af.

Marion kom sit toe daar by my – geen mediese fonds nie, moeilike Duitser van 'n man wat nie verstaan oor die ophou storie nie. In haar klimakterium (klimaks is veronderstel om hoogtepunt te wees, en die ou dokters het om een of ander rede gedink dis goed om 'n vrou soos Marion op haar hoogtepunt te klassifiseer. Sy het definitief nie so gedink nie). Dit was in die dae voor Marena spiraaltjie wat deesdae gebruik word om die poorte stil te maak. Alhoewel dit vir voorbehoeding ontwerp is, is dit een van sy groot funksies – die klimakterium se strome van segen van bowe gebeur nie. Net die warmgloede.

Weer dwaal ek: Marion. Ons besluit toe die beste is om die orgaan wat die simptoom van die klimakterium toon moet uit, en ek sal dit doen. In Hottentots Holland Hospitaal met sy 34 pasiënte per verpleegster, in plaas van die aanvaarde 5 per verpleegster. Omdat sy nie geld het nie, sommer verniet.

Langstorie kort: 36 uur na die maklikste 25 minute histerektomie word sy dood in haar bed in Hotties gekry. Die begin van een van die swartste en swaarste tye in my lewe wat eers gestop het toe ek al in Nederland werk, 8 jaar later. Ek gaan nie nou hieroor uitwei nie, maar dit was moeilik, met 'n moeilike man wat my hof toe wil vat vir "strafbare manslag". Sal later miskien ietwat hieroor sê.

Dis hoekom ek in my swaarmoedigheid die vrou vanmôre onthou het.

En toe gaan ek met my kemper na Rob toe, en sy vrou wat daar werk vertel my ek het jare gelede "haar lewe gered". Kan niks onthou nie, maar die swaar wolk lig toe. Dan onthou ek van die vroutjie met uittande wat in daai tyd vanaf Grabouw my kom sien het in Somerset-Wes, wat uit die bloute die volgende gesê het: "Weet dokter hoe goed praat die mense van Grabouw van u."

Sy was verbaas toe ek haar 'n drukkie gegee het.

Ek wil nie simpatie soek nie, ek wil net sê: moenie die swaar, donker dinge koester nie – daar is baie meer helderder dinge wat jy ook kan koester.

Meer as wat jy sou dink.

-oOo-

## Tussendoortjes

**Geheime van 'n lang huwelik:**

Moenie vir my vra nie – ek het een seëning loop soek en geklou aan die. Laat ek eers so begin. Dankie aan die wat ons geluk gewens het omdat ons na 48 jaar nog bymekaar is.

Die storie wat so lank al aanhou het 'n lang begin: Daar waar ek as skool laaitie agtergekom het meisies is beter vriende as seuns – jy kan met hulle gesels, terwyl die seunsgeselskap maar bestaan het uit voëltjies vergelyk en poepe aan die brandsteek.

Duidelik meer inhoud met meisies, en later aan kom man agter die omhulsels van die inhoud is ook nie sleg nie.

Ek het maar daar uit my klein visdammetjie in Hoërskool Namakwaland ge-uit na die groot dam in Stellenbosch – als was groen daar heeljaar, en nie net soos by die huis in die laat wintermaande nie. En die lekker dinge was ook nie net meisies alleen nie.

So kom dit dat ons Tygerberg toe trek en in huis Francie van Zijl beland toe ou Francie van Zijl nog gelewe het – mans en meisies saam in een koshuis. Ek het my profs in die 3de jaar medies so beïndruk met my gebrek aan kennis, dat ek gevra was om maar weer te kom vertel wat ek nie weet nie. D kom daar aan as fisio student. Ons het altyd 'n verwelkomingsbraai tussen die Port Jacksons voor die koshuis. Met die oor die vuurspringery van die dronkgat herhalers moes ek haar so beïndruk het, dat sy haar sorg oor my begin uitsprei het – en voor ek weet sit ek met die seëning.

Die hou my toe aan die leer en ek het daarna g'n niks meer herhaal nie. Getrou in my 5de jaar en so het ons huis opgesit en aangeloop met spore wat deur Windhoek gegaan het. In Oos Londen na 'n army-jaar al drie kinders in die lewe in geseën, weer terug Tygerberg toe, en toe gehol die wye wêreld in.

Tot nou toe.

Die geheim vir die lang huwelik: Leer om "yes my dear" te sê.

Jy word die "ons".

-oOo-

## Soms weet ek ook nie meer nie

Dis soos oudword: Jy word skielik een oggend wakker, kyk na jou hande, voel die pyn in die knieë as jy sukkel met 'n vol blaas om dit sukkelend te loop leegkry teen prostaat weerstand. En jy besef "fokkit, ek is oud en op!"

Dan kyk jy rondom jou en besef hier het ek beland – die hoe was ervaar, die hoekom is vergeet, en die waar maak eintlik nie saak nie. Jy het 'n kring geloop deur kronkelpaadjies en, net gewoon, als het verbygegaan sonder dat jy besef.

Terugloop op die pad so met die onthoulangs help bietjie om perspektiewe te kry, maar ook nie te kry nie. Die vaardighede wat mens gehad het, het so stuk-stuk afgeskilfer. Hol kan jy nie meer nie, ander dinge ook nie. Al wat man kan doen is om te spog dat jy nog kon.

Ook maar as jy kan onthou en een kan kry wat wil luister sonder om glasig in die oë te word.

Ek het hier in die "vreemde" kom nesskop – kan ook nie meer aldag onthou hoekom nie, maar, nou ja, dit het gebeur. Nes die oudword, sommer net.

Moeilike tye gewees – dié onthou, man. Ek het hier aangekom, denkende ek is nodig en welkom, gou beseffende dit is net ek wat so dink. Stampe en stote van gewoond raak aan ander manier van doen, en ervaar. Taalgrense is oorbrug, kultuurskokke is ervaar. Dinge soos leer om by die Bakker nie tou te staan soos die Engelse ons geleer het nie, maar net dophou wie het na jou ingekom en as net die wat na jou ingekom het oor is, is dit jou beurt.

Lank geneem om net in te pas en jou plek te kry, net om dan later so met die terugdink te besef: dit was maar 'n klein stukkie waarop jy kan roem – ook maar net jy, ander het gou dit vergeet.

Soms herken jy nie die nou nie, nog minder die annerdag se nou.

Weet ek veel.

-oOo-

**Sommernet oorlat ek daarvanaf is:**

Die gereelde leser hier sal seker al teen die tyd weet dat ek uit Namakwaland kom. Of sal ons dit nou netjies stel: Ek het waarskynlik deur 'n geboorteongeluk in 'n klein dorpie met die naam van Alexanderbaai as 5de geboorteling uit myse ma uitgepeul. In die streek en omgewing was in my jongdae en kinderdae nie veel wat is nie, en nog minder wat gebeur het. Ons mense moes onsself vermaak, en weens die afgeleënheid en afstande tussen mense, is daar maar aan mekaar stories vertel. Ook omdat ons nou nie juis veel gehad het wat gebeur het nie, en ook omdat ons mekaar maar min kon bekyk het, is die kuns ontwikkel om uit niks uit 'n storie te maak.

Die manier wat jy na ander kyk het ook die kuns laat ontwikkel dat jy dinge raaksien wat ander nie raaksien nie. Ook het ons die neiging gehad om die beeld van wat ons dan so sien met letters en woorde uit te beeld, sodat ander dan beter deur onse oë kan kyk. Ook omdat ons maar min kans kry om mense te sien, en min kans het om die woordbeeldskildery aan ander oor te dra, het ons die neiging ontwikkel om as jy kans kry, baie te praat. Ook omdat ons nie die invloede van buitetaalontwikkelinge altyd ervaar het nie, het paar dinge gebeur: Een was dat ons nie heeltemal die uitspraak van die Hollanders afgeleer het nie. Soms het die uitspraak selfs bietjie verwater geraak onder mekaar en het ons 'n ding begin ontwikkel wat streekuitspraak deur ordentlike grênd mense genoem word.

As mens dus om een of ander rede met buitemense te make kry, het dié met oopmond gestaan en luister as 'n Namakwalander begin praat om sy kopbeeld uit te druk van hoe hy nou dinge sien. Ook omdat daar in Alexanderbaai in die beginjare maar min vroue was – aanvanklik was dit net 'n mannewêreld – het die boontoe roep woord, die onnertoe verwys woord – onthou manne dink oor die algemeen meer onnertoe as boontoe – deel van jou taalgebruik geraak. Ook om die rede sal alles in Namakwalands as "hy" gesê word.

Ek wil nou hier afdwaal van my nie-verhaal verhaal: In my later jare hier in Nederland het ek weer met die Nederlander se onnertoe woord gebruik te doen gekry en hul aanvaarding dat daar wel 'n onnerdeel aan die mens is en nie net bo die belt dele nie. Hulle sal byvoorbeeld verwys na die ding wat die ordentlike mens moeite het om te noem en naam te gee om te noem as hulle dit wil noem om een of ander rede – dis nou daai oortollige deel wat nie in mens se bloed in is na die etery nie – te noem sonder om dit net in sogenaamde ordentlike geselskap te noem, naamlik poep - en dit is die vaste stof, nie die wind nie. So sal hulle ook van windjes of selfs skyt praat, wat die meer ordentlike mense as poep dink as hulle aan windjes dink. Ook is die algemene taalgebruikswoord vir snobs "om bekakt te zijn". Die Belge sal die poep woord weer vir iets heel anders gebruik.

Wag, ek dwaal nou so af dat die miskien ordentlike leser hier wil-wil opgooi, want sy ordentlikheid dwing hom weer weg van onneraf. My punt is dat ons Namakwalanders sekere gewoontes aangeleer het vanuit ons leefwêreld wat vir buitestanders soms afstootlik is of amusant, afhangend van hoe jy nou met boontoe roep en onnertoe dink/leef omgaan.

As die Namakwalander 'n verhaal vertel, vertel hy hom soos hy hom sien en in die taal woordeskat wat hy ken, en in kleurryke beskrywings soos geen ander hom dit kan nadoen nie. Veral in die uitspraak van woorde waar jy ook nêrens kan hoor nie. Dis egter moeilik om 'n ernstige verhaal te probeer vertel, want die mense lag waar dit nie snaaks is nie en kom ook nie altyd agter waaroor die verhaal nou konsuis gaan nie. Dis alles dinge wat ek as mens moes mee omgaan toe my pa my daai dag met my nuwe backpaddle fiets, nuwe koffer, nuwe en eerste langbroek, nuwe en eerste paar eie skoene, voor Huis Marais in Stellenbosch afgelaai het vanuit die bak van sy bakkie.

Op dié punt begin daar 'n storie wat later vertel sal word.

Ek wil teruggaan na my spore van waar my bloed sy oorsprong gehad het. Daar is baie Nieuwoudts so teen die Weskus op. Sit jou vinger op Kaapstad daar onneraan Afrika, en as jy die N7 kry neem dit dan op die landkaart na bo – uit die Boland uit, oor die Resseberg anderkant Piketberg en jy sal Clanwilliam en Citrusdal sien. Bietjie binneland toe is die Cederberge. Dit was die eerste staanplek van die Nieuwoudt voorvaders. Die wat kon lees het hier agtergebly en die bossies begin meng met water en dit Rooibostee genoem. Die ander is met die toekomstige N7 nog verder Noorde toe. By vandag se Vanrhijnsdorp het daar waarskynlik stamgenote weer binneland toe getrek en 'n dorp gestig – Nieuwoudtville. Volgens my wil nie veel Nieuwoudts daar wees nie, want vandag is hier nie veel Nieuwoudts te kry nie. Die meeste het nog verder noord gegaan vanaf Vanrhijnsdorp deur die Knersvlakte en op Nuwerus uitmekaargespat en in alle rigtings gegaan en plase probeer opbou. Mens vind nou nog spore van hulle daar, of in grafte op plase, of in sulke huisies waar hulle nog probeer bestaan maak op niks.

My voorsate kom vanuit die deel wat net na die binneland is van Nuwerus – in Kliprand se wêreld waar my oupa met klippe waarskynlik wou boer, want die plaas se naam was ook Klipfontein gewees.

Dit is ook nie waaroor ek my storie wil vertel nie – ek wil net by die Namakwalander bly: hy sal sy storie vanuit twee posisies wil vertel. Die een is met die een voet so dwars agter hom uitgeskop – op die been sal hy sy gewig laat rus. Die ander voet sal hy in 90 grade vooruit skop en met die vaste rus van sy onderlyf sal hy dan sy verhaal met pyp in die hand staan en vertel – met so nou en dan 'n onderstreep van hoe waar sy verhaal is van "voorGods" tussen in. Die is boontoe verwys en nie boontoe roep nie, en ek, as Namakwalander sal dit nie as afstootlik of aanstootlik vind nie. Die observasies wat hy dan uitdra is om meer beskrywend te wees, en die is gewoonlik raak en gevul met lewenswysheid wat net hy raaksien en die toehoorder mag verbygaan. Die ander posisie van liggaamshouding waarin hy sy verhaal vertel is om op sy hurke te sit – gewoonlik met sy hande voor hom oopgesprei na die vuurtjie wat daar brand se vlamme. Die toehoorders sit ook so en sê elke nou en dan "ja" of " ja, reggesê" as hulle heeltemal saamstem met onse man se storie.

Ek sluit af met so 'n observasie storie waar ek eendag op die stoep staan en kyk het hoe my een oupa en sy handlanger loop en aalwynblare afsny wat uit sy natuurlike rotstuin in die paadjies hang. Agter hom aan het die handlanger sy kruiwa wat hy stoot sodat oupa die blare so al sny-sny oor sy skouer kan gooi. Hoe dit nou kon gebeur het weet die handlanger self nie – hy het saam met oubaas grootgeword en die twee is maats van kleinsaf, maar ongelukke gebeur. Toe oupa weer eenkeer regop kom na so 'n afbuksnyslag, kom handlanger bietjie te vinnig met die kruiwa nader en slaan oupa in die waai van sy bene met die voorrand van die kruiwa. Oupa se gatval in die afgesnyde doringomringde aalwynblare, sy opstaan en sy praat was een. "Maar jou donner, wat gaan met jou aan? Hou jy jou nou spuls of wat? Kan jy nie sien wat jy doen nie, jy sal mos vandag doodgedonner word." Elke keer wat oupa asemskep sê handlanger – want hy weet hy drooggemaak het: "Reggesê baas, reggesê."

Dis my wêreld daai, dis waar ek uitkom, dis uit dit uit wat ek myself so moes aanpas dat die mense nie meer lag net as ek my mond oopmaak nie. Dis hoekom dit nou weer vir my moeilik is om hier in Nederlandse Zeeland weer Zeeuws te leer praat, want dis die uitspraak wat ek gaan afleer het toe ek die ontwikkelingswêreld na wat anders is moes deurmaak.

    Nou weet ek ook nie hoekom ek dat gaan doen het nie, en verlang weer na myse ma en pa.

-oOo-

**Wagtende wagter:**

Ek sit alweer en wag. My hooffunksie is om soggens die bed op te maak en te stofsuig as ons huisskoonmaak. Maar eers moet ek wag dat D opstaan en ook dat sy voorkom met afstof.

Terwyl ek so sit en wag raak ek aan die dink: My lewe lank wag ek.

In my werk het ek sit en wag vir pasiënte en later sit en wag vir 6 uur om huis toe te gaan, of wag vir een wat in kraam is om oop te maak daaronder dat die baba uit kan peul, en dan wag om te kyk of die pasiënt my gaan "sue" omdat ek nie handjie gegee het of nie net genoeg met haar gepraat het, of die vader weet wat haar verwagtinge ook al was waaraan die uwe nie voldoen het nie.

Ek wag my lewe om buite openbare toilette vir D om klaar te kry – sy wag weer vir die een daarbinne om klaar te kry, wat weer wag vir 'n ander om klaar te kry – jy weet wat ek bedoel.

Deesdae, vandat ek maar op genadebrood maandeliks moet sit en wag, gaan die wagtery ook voort. Die wagtery vir die kleinkinders om te kom kuier, of die wagtery dat hulle koers moet kry sodat ek net bietjie rus en vrede kan hê, die wagtery vir 12 uur sodat ek kan eet en die wagtery om dan my middagslapie te kry, maak maar deel uit van die daaglikse bestaan.

Daar is uitsien wagtery natuurlik ook – soos wagtery vir die nuwe kar wat gekoop is, of die wagtery om weer te kan loop toer, en dan weer die wagtery om huis toe te kan gaan as die toerplek nou nie so lekker is nie.

Meestal is die wagtery 'n toets vir geduld, en die het ek nie.

En natuurlik die wagtery vir die ding wat oor nie gepraat mag word nie – met die deurloop by die begraafplaas verby sien jy net klomp wagtendes, of is hulle gewag al verby? Hier by ons word jy net 10 jaar toegelaat om daar op een plek te lê en wag, dan word jy opgeruim of 'n vars wagtende beland bo-op jou.

Ons wag maar ...

# *Deel 2*

## *Demensie*

*Huil vir my,*
*want ek kan nie, saam huil nie.*
*Bid vir my,*
*want ek kan nie nou al saambid nie –*
*daar is teveel waaroms en hoekoms wat*
*beantwoord moet word,*
*eers.*

**Danette:**

**Die lang afskeid**

Ons het dit deurgemaak met twee van die mense in ons lewens – toevallig susters, en toevallig my skoonma as die een. Die twee het persoonlikheidsgewys van mekaar verskil.
    Tannie Elize: minsaam en stil en vredeliewend. Kan een besoek aan haar onthou waar sy net gesit het (toe skoonma van haar gesê het sy is net 'n asem nog), waar sy skielik tussenin gesê het "whatever". Ons onthou haar so.
    Skoonma, die teenoorgestelde. Het al skoppende die verstand verloor aan demensie en later skoppend sonder verstand gewees. Ons probeer haar nie so onthou nie.

Nou is dit hier by ons in die huis. Insig is daar en besef ook wat gaande is – ons neem afskeid sonder om afskeid te neem. Ons groet nie, ons leef en beleef elke dag soos hy voor ons kom sit. Die opstand is daar, en die doodslaan van vure ook. Die geduld word deur beide van ons beproef tot op die nippertjie van moordgedagtes. Tog is die liefde ook daar as kombers, al verflenter dit soms bietjie deur die skerprandte van demensie.

Hoe kyk jy saam na series op die TV of selfs enkel episodes, as die een nie kan byhou met die verloop van die storie nie? Hoe verduidelik jy met geduld dit wat jy netnou gesê het? Hoe hou jy jou herinneringe skerp as die hulp daarvoor nie by is nie – raak die insette te veel is daar totale verwarring. Dus moet jy in eenvoud bly met een inset per keer. Vergeet wat verdraai word na beskuldigings van dit was jy.

Daagliks soektogte na goete wat iewers gesit is en nou gekry moet word, al is dit nie nodig nie.
    Om afskeid te neem met een enkel groet is maklik – selfs is afskeid neem in retrospek makliker om te verwerk, as om daagliks te sien kwyn.
    Die swaar is nie jy wat swaar het nie, die swaar is daarin dat jy sien hoe daar eintlik gely word, veral as die besef deurslaan dat nie onthou is wat onthou behoort te gewees het.

Miskien verstaan ek die een wat skoppend deur die ding is nou makliker. Miskien is die sagte een die een wat ek nie weet hoe sy dit kon doen nie!
    Miskien moet mens net kan sê: "Whatever!"

-oOo-

**20 Junie 2023:**

**Wegraak**

Mense, ek skryf bietjie uit die hart uit vandag. Ek kom maar uit 'n hoek van nie veel werd wees nie – ek het maar met die nodige geluk en met die nodige DNA myself kon bevind op universiteit en dit het so op 'n doodloopstraat beland in my 3de jaar daar.

Die anker wat toe rigting gegee het was 'n rooikop uit die Transvaal uit.

Die was my anker tot onlangs toe – en toe begin sy wegraak. Nie fisies nie, net die spook van demensie het kom insluip en die spook groei by die dag.

Van anker hê, het my lewe begin verander na anker wees.

Die gewone, bekende, konfrontasie met die tipe swart hond is dat een of beide ouers van jou – gewoonlik op 'n gevorderde ouderdom – die ongenooide gas inbring in die familie.

Dis op so 'n omgedraaide manier: Jy skuld hulle byna, want was dit nie hulle wat jou herhalende selfde vrae gedurig moes beantwoord nie, was dit nie hulle wat jou daagliks moes help op soveel terreine met geduld nie? En nou het hulle jou nodig.

Wat egter die swarthond van demensie na 'n heel ander vlak neem, is as jou lewensgenoot dit inbring en jy moet hier dra. Natuurlik al staan jul kinders as beskermingskring, en as latere opvang ook daar in die skadu, is jy egter die direk berokkende. Dit verg liefde en geduld om hier die daaglikse onthouwerk, help soekwerk, om die gesprek aan die gang te hou, en die insig wat daar is te help versag met versekerings dat als goed sal kom.

Dinge wat deel was van saamwees en saambind val stuk-stuk weg, onderweg na niks om oor te bly nie. Medeverantwoordelikheid word net jou verantwoordelikheid. Enigste behoudende krag is dit wat tevore gebou was in liefde en vorige ervarings. Wat die ergste is, is die verlies van intellektuele stimulasie en die wete dat jy alleen dit moet dra en voortbou. Vir nie net jouself nie, maar vir haar ook.

Jy kan nie verwag dat ander dit kan doen nie, jy weet die aanvanklike steunkragte is daar, maar hul motivering taan ook maar. Dis natuurlik en te verwagte. Hierdie kruis dra mens self, nie ander nie!

Die toekoms van die swarthond is bekend. As jy dink dit maak jou bang, dink net wat in die gemoed van die draer van die demensie aangaan. Die uitdaging is nie in hoe jy jou geduld en liefde in stand hou nie – die uitdaging is hoe mens haar ondersteun as hierdie draer besef van wat nou aangaan en wat wag.

Demensie is nie vir sissies nie.

Iets wat ek baie dankbaar voor is en iets wat ek met groot graagte en plesier dra, tog is dit soms moeilik. Veral omdat ek nou 'n fabrieksfout het in die vorm van geen geduld.

En geduld word gevra, daagliks.

Om dieselfde oor en oor te moet herhaal, om opdragte te moet gee as die verlorenheid inkom met 'n leë blik in die oog. En om te besef jy dra alle verantwoordelikheid sonder dat daar gedeel kan word. Gesprekke is alleenspraak, met herhalend weer die storie terugneem en na vore bring.

Waar sy altyd graag kon lees, kan dit nie meer nie, want die verhaallyn word eenvoudig nie onthou nie. TV series kan nie gekyk word nie, want gister en die vorige episodes word nie onthou nie, met voortdurend die herhaling van die storielyn wat gevra word.

Gister en eergister bestaan byna nie, wel die tye voor dit, met selfs hier gate van vergeet.

Dit is nie maklik vir my nie, maar dit is eenvoudig baie moeiliker vir haar – en dit gee natuurlik frustrasie as die besef kom dat jy die skerp potlood was en nou is jy skielik die stompste een. Hierdie nota is juis om haar, en begrip vir wat sy deurmaak. Ek het voordeel gehad en ek gee graag terug: dus is dit nie om my eie beswil dat ek hier ontlaai nie. Miskien 'n bietjie, maar ek soek nie simpatie nie.

Dit gaan egter redelik vinnig tans en wat die eindpunt is weet mens, maar wil nie daaraan dink nie.

Daarom het ek en sy vir 3 maande net in die kemper geklim en gery – elke dag net ons twee en elke dag anders as die dag daarvoor, tot die besef kom dat selfs dit verwar. Die herkenning vir my hoe om om te gaan hiermee is egter versterk en dit maak die pad vorentoe aangenamer en iets om na uit te sien selfs.

Die wegraak is nog daar, die wegwees nog nie.

-oOo-

**2 April 2024:**

**Demensie en ek**

Mense, ek is nou die laaste tyd vasgevang in die ding. Meer seker maar saam vasgevang in dit.

Het paar dinge so op my eie besluit. Die hoofding is om te doen wat ek in my kliniese lewe altyd gedoen het:

As ek kennis opdoen dan raak ek ontslae daarvan – in die geval in jou rigting, die leser hier.

So in die sonder vooraf oplees en deel manier, meer die ervaar of observeer en deel manier. In die geval het dit 'n selfbeskermende en selfbehoudende funksie by my en hopelik met 'n ervaringsdeel 'n kennis verbetering aan ander wat of lotgenote is, of wat eendag ook hiermee te kampe gaan kry.

Suiwer motiewe van my en nie soeke na simpatie nie, wel miskien 'n klein bietjie empatie.

Wat ek en my lewensgenoot in die helderder deel van dit vooraf besluit en deurgepraat het, is om deursigtigheid toe te laat. Ons gaan nie wegsteek nie en gaan openlik daarmee omgaan. Bure en vriende en selfs vreemdelinge moet weet wat aan die gebeur is.

Toe kom daar gister een, nogal met Bybel onder die arm, en vertel my ek soek simpatie en dit wat ek doen doen afbreek aan die lydende partye – die pasiënt en familie! My reaksie was so pavloverige de moer in raak en my sê toe gesê – met latere besinning dit liewers doodgevee met die man se reaksie ook.

Nou weet ek nie meer nie.

Is die manier om in stilte alles alleen te ervaar en deur te loop, of is die manier om te steun met ander se steun?

Ek neig om die laaste nog te wil. Ek kan nie alleen nie.

Of soek ek nou simpatie of pryseninge? Ek dink nie so nie.

Wat interessant is, is as ek met my slim seun wat GP is die simptome en tekens bespreek, gooi hy kennis in en dui op die duidelikheid van die fases van demensie in. Dit help vir my.

My deel hier is om te wys hoe ek saam met die mensie omgaan wat demensie ervaar, en hoe sy omgaan met dit. Dis anders as dit met ouers en vriende gebeur as wanneer dit met jou huweliksmaat gebeur. Die pyn is erger.

Sê maar as ek verkeerd is.

**17 Oktober 2024:**

**Wegraak: Demensie 2.0**

Ons is in die ding ingetrek, ongevraagd en onvoorbereid. Ons weet, soos almal maar, van demensie 1.0: Dis onthou wat by die nou begin wat wegraak en uiteindelik lei tot totale vergetelheid.

Dis egter nie die volle verhaal nie.

My kleinseun hier diagnoseer dit so: "Oma heeft early stage demensie."

Dis waar mens nou sit. Hierdie nota is my eie observasie en is miskien vir ander van waarde.

As jy by die totale vergetelheid van demensie uitkom, is dit byna die selfgenesing vir die draer daarvan. Die mense rondom staan verbaas en is gewoonlik diep getref deur die wegwees. Dis egter gedurende die wegraakproses wat jy nog dinge kan doen sodat jy nie in die eindstadia spyt is oor wat jy moes en kon doen.

Dis waaroor dit hier gaan.

In hierdie stadium is daar oomblikke van helder genoeg wees om rasioneel met die dementiewe slagoffer om te gaan – gesprekke is moontlik sodat probleme

uitgepluis kan word. Die ergste wat jy kan doen is om met 'n kop in die sand die probleem aan te pak.
Ons het 51 jaar van saamwees en dis die grootste wapen. Ons gesels oor 'n glas whisky van hoe en wat aan die gebeur is, pluis frustrasies aan beide kante uit. Natuurlik vergeet die hoofrolspeler in die proses soms, dan doen ons dit weer oor. Soms is dit duidelik niks gaan in nie, dan lei jy die gesprek oor alledaagse frustrasies, veral anderland politiek is een van die gewildste onderwerpe!
Demensie 2.0 is nie net vergeet nie. Dit sluit breinfunksies in wat wegval wat jyself nie bewus is van nie. Ek noem 'n voorbeeld: Gister kom die verpleegkundige wat die skakel is met die georganiseerde demensie zorg in Zeeuws Vlanderen. D gaan maak koffie – ek moet daagliks haar dinge laat doen waarin sy tuis is. Ons drink egter nie suiker in die koffie nie, die verpleegster wel. Ek moet haar help om die suiker te kry – om net te sê "kry die suikerpot langs die koffiemasjien" het te veel detail. Sy loop tot voor die koffiemasjien, die doen sy daagliks, maar dan haak dit vas: die nuwigheid is te veel. Mens moet gaan wys na die voorwerp voor sy reageer. So ook as sy vergeet om die teelepeltjie saam te bring. Sy is nie in staat om te besef wat om te doen as jy beveel: "Gaan na die kombuis, die teelepel is in laai so en so en bring dit." Te veel bevele en dan die herkenning van die teelepel, selfs met die laai oop voor haar.
    Die uitvoer van bevele of aanwysings raak verwarrend, so ook die herkenning van onderwerpe. Saam daarmee die afwyking van bekende roetines. Als dinge wat frustrerend inwerk, op haar veral as sy besef sy het 'n beeld van verwarring na buite gegee. Rustig gaan help, rustig ondersteun, en veral rustig gerusstel dat dit nie saak maak nie.

Dis jou rol.
Die laaste ding wat jy moet doen is om die bevele te veel opmekaar te herhaal, en veral harder praat. Staan op en gaan help en stel gerus.
 Dis nou maar my klein stukkie uit 'n leke posisie van herkenning van demensie 2.0, of soos Mr T sê "early stage" demensie.
Ek wil nie later spyt wees ek kon nog help en het nie besef hoe nie.

-oOo-

**Helingstoer met Demensie:**

Dit bring ons dan by die punt waar ons in besit was van 'n camper, nuutgekoop, aan die einde van 2019. Hiermee het ons vanaf Maart 2023 vir drie maande gereis deur Europa se oostelike dele, vanaf Pole afwaarts tot in Kroasië. My vrou, D , was al gevorderd in die wegraakproses van demensie en kon nie meer bestuur nie. Ek het dit egter gesien as 'n vorm van wêreldjie klein hou vir haar met wisselende beheerde stimulasie.
 Dit het gewerk en het ons baie avonture so saam kon deurmaak.

-oOo-

**Op Reis in die vreemde met Demensie van self en my reisgenoot:**

Ek is nie 'n ou wat kla nie, inteendeel, daar is altyd salfies te smeer aan die pyne van die lewe, veral as jy wegkyk van jouself en ander se ellendes sien, en of as jy die humor in die lewe om jou heen kan herken en waardeer.
 My bondgenoot – aanvanklik my regophou na ek platterig was in my jong dae – moet nou deesdae al hoe

meer regop gehou word. Dis nie dat sy so weg is dat sy nie weet wat om haar aangaan nie, dis meer 'n kwessie van die gee word al hoe minder en die moet ontvang meer. Eenvoudige dinge is nie meer eenvoudig nie, en moet ek agternaloop om seker te maak als is nog in plek – en dan maar telkens help regop hou as die ou agterkom sy was nie by nie.

Ons is nou so pas terug van 'n week lange rondry – letterlik sommer net gekoers landuit en in Duitsland in, so al teen die besige deel van Wes Duitsland af tot ons besef het omdraai moet ook, en toe maar teruggery. Die weer het natuurlik ook maar rondry en omdraai plekke bepaal. Dit kon gaan met D met die ryery – die sit net en observeer wat sy sien en ek laat die backseat ryery op die passasiersitplek maar toe sonder teëpraat. Die inkom by staanplekke en die dag of twee staan daar kon beheer word deurdat ons simplisties "gekamp" het in veral kemper staanplekke met harde oppervlaktes.

Kommunikasie was met die kemper bure beperk tot alledaagsheid wat haar gepas het – per slot van sake was hulle ook maar mense soos ons.

Ek haal so 'n stukkie van ons rondreis so in die begin van 2023 uit as voorbeeld van hoe dit was, teenoor hoe dit nou is. Toe was blaaskanker nog aan die wegkruip en nou is die ding redelik onder beheer om later bekyk te word of die weg is of terug is sonder om ooit weg te gewees het. Ten minste voel dit nou weg en is dit lekker om dit net te vergeet.

Ek haal aan uit die toertjie van die begin van 2023:

"Dis nou so dat reis nie toer is nie. Met reis gaan jy gewoonlik na een of twee plekke reis en is dit 'n kwessie van ry, daar kom en doen wat jy daar wil doen, dan sak die son oor jou reis en jy gaan huis toe.

Toer is ietwat anders. Dit is ry en stop, ry en stop, en so aan, tot jy gatvol gery en stop het en dan gaan jy huis toe. Met die een wil jy nog, met die ander wil jy nie meer nie. Op die oomblik toer ons nog en dis letterlik nattevinger reis – weetie waarheen môre nie, of weetie of ek nog gaan/wil bly nie.

Ons sit nou sedert gister hier in 'n plek waarnatoe ons nie oor die plek gegaan het nie, maar eerder as beplanning hierheen gekom het omdat dit reën en nogmaals reën met die lokkertjie die harde staan oppervlakte, die toilette en die Wi-Fi. En daaraan is als voldoen. Hier is paaie wat in die veld inloop, dis geteer en net goed vir fietsry – en ons wag vir die reën om te stop.

Intussen kyk ons om ons heen en sien net van D se familie (en my aangetroude familie) – sit in hul kempers met oop gordyne, bekyk almal en soek geselsies, tot hulle agterkom die lot praat nie Duits nie, praat Hollikaans en hulle praat rare taal uit Afrika.

Dan hou dit op. Engels?

Laat ek dit só vertel: Saam met my in Mediclinic Vergelegen het Suzie Hendersen van Concordia so duskant Springbok gewerk – baie goeie teatersuster en ook die sameroeper van die ander om gees te bou. Sy neem eenkeer 'n klompie van die Kaapse nurse saam Concordia toe, huis toe. Een was 'n Engelse Palm wat net daai taal gepraat het. Suzie vertel sy en haar ma staan en skottelgoed was en die klompie nurse sit op die stoepie voor die huis. Daar ver sien hulle oompie aankom en Suzie sê hier kom moeilikheid. Oompie kom staan voor die mense uitie Kaap uit en begin in keurige Namakwalandse Afrikaans die spulletjie welkom heet.

Waarop Palm sê in keurige Kaapse Engels: "Sir, this is very kind of you ..." Oompie gee so 'n sprongetjie en draai met 'n "oooo goooooodd" om en hol! Dis hoe dit hier gaan as jy Engels praat met die Duitse familie van D.

Miskien is dit môre droër en kan ons so bietjie die omgewing loop kyk.

Ons gaan waarskynlik Maandag of Dinsdag koers, dalk meer suid, dalk meer ooswaarts in Tjeggië in. Sal nog sien.

D praat darem nog met my, al raak haar goete aanmekaar weg en is soekaksies deel van in die kemper sit en niksen.

Ons lewensreis gaan nog aan en is nog nie by voltooi nie. Dis net dat jy bewus bly van die reis en die ding in en om jou wat gedurig vingerwys van dit wat nou is en jy bewus is van wat kan kom, sonder dat jy die tyd en spoed daarvan kan beheer.

Dan weet mens ook: dis nie net jy wat dit als ervaar nie – dis maar deel van elkeen se lewe.

Ons maak maar die beste van die hier en nou.

-oOo-

**Avignon en die verlore vrou:**

Die moeilikheid is waarskynlik omdat ek met 'n Transvaalse vrou loop trou het, haar geverkaaps het, en toe met haar Suidelike Halfrond brein, loop Noordelike Halfrond toe neem het.

Daai breins is helemaal deurmekaar hier. Toe ons hier kom het sy die berg gesoek – Helderberg en Tafelberg. Dis die merkers vir rigting in die Kaap in. Dis plat hier waar ons beland het en g'n berg nie – jy kan ver sien, want daar's nie berge in die pad nie.

Maar vir dié vrou sit die son verkeerde kant en wes is waar oos veronderstel is om te wees – dit help nie ek draai die kop om nie. Hy neuk weer terug na Suidelike Halfrond se links en regs.

Met die verduideliking is ek nou waar ek vanmôre byna my vrou verloor het in Avignon. Ons het agter neuse aan gefiets en in Avignon se Khayalitsha (D se woorde) beland en weer daar uitgegaan. Toe maar op gister se spore al teen die mure van die Pouslike Babilon gery – dis om die ou stad en dis rond – ons weet die rivier met die kemping is eenkant en jy moet net lank genoeg aanhou, dan's jy daar. Ek voor, D agterna in goede geloof en vertroue en ook maar soos altyd backseaterig soos sy my beskerm van agter met "pasop vir die karre, fietse " en wat ook al in my pad kom. Sien, ek is mos blind volgens haar.

Toe ek na 14 km 'n skaduplek kry wil sy met alle geweld weer die Pous se blyding van daai tyd loop kyk. Ons was gister daar, maar sy wil nou weer loop kyk. My voet wat ek verstuit het met die uitklim hier is te seer en ek sit met sittende gat en rustende bene – loop jy maar. Ek gee haar selfoon en wys op die kaart waar dit is – so 600 meter van ons af.

Gelukkig is dit 'n iPhone met "findmyfriends" op en is sy nog my friend.

Ek sit en menskyk saam met so 'n vet antie met 'n blaffende hond en loer op Facebook waffer kak praat die spul weer oor die virus en vaksienes.

Later kom ek agter maar my friend moes darem nou al hier gewees het.

Kyk op my iPhone spioen Big Brother (my dogter vertel al ek is 'n afloerder – wil weet waar almal is, al is dit in NZ) en, my fok. My friend het skoon verkeerde kant toe gedraai na sy die kasteel ding gekyk het – sy trek toe al amper by die annerkant van die oustad uit.

Ek het al vir haar gesê as jou kop sê draai links, draai dan regs. Maar luister mos nie.

Nou probeer jy oor die telefoon vir een beduie hoe om te loop as jou foon net so elke 2 minute wys waar is die een nou, en as sy stry met jou oor watter kant regs is en watter kant links is.

En hier is mense, hoor - 'n mannetjie uit die Kalahari het dit eenkeer beskryf as die hele mensdom is hier.

Ek beduie, D "huh" net en ek beduie al harder. Die vet antie se hond blaf tussenin en die antie probeer my kalmeer – wat ga ek maak as ek vir D in die spul gaan verloor.

Moes seker maar saam geloop het en ander verwyte en beloftes van sallie weer nie word gemaak.

En dis warm, en die Cicades moes mos nou vanjaar besluit om hul 17 jaar uit die grondkom seksdrange met 'n ge-gierie gierie uit te basuin in Provance.

Toe D by die poort uitkom, kry ek alle skuld.

Vra: En, het jy die kasteel darem gesien? Nee, weetie hoe dit lyk nie, jy was mos nie by om te vertel nie.

Ek ga sommer huis toe.

-oOo-

**Wegraak en wegloopraak:**

Ek het vanmôre die storie van doer in 2021 se wegloopraak van my vrou in Avignon vertel.

Dit maak toe dinge los in my kop: als met gatjeuk en reis en kamp te doen.

En met my Transvaalse vrou wat geverkaaps is.

Sien, dinge staan so met haar: Sy is van ons beginjare altyd aan die soek van goed wat weg is. Soos ons gegroei het in materiële dinge kry, het haar goete wat kan wegraak meer geword.

In die bekende omgewing innie huis gaat dit nog – ek stuur haar op haar spore terug, eers vanuit my TV stoel en later maar opstaan en help soek, al mompelende aaagfoktog.

Maar nee, ek wil mos gat hê wat jeuk. Neuk met haar Noordelike Halfrond toe waar jy na onnerkyk op die aardbol en nie na bo kyk nie – die son kom verkeerde kant op. In kort: D is heeltemal rigting bedonnerd hier.

Saam natuurlik kom die rondryery waar nie bekende omgewing elke dag is nie.

Saam natuurlik elke ander dag in nuwe kemping met anner taal mense om jou.

Saam natuurlik D wie se eie kop binne in wegraak met die demensie.

En sommer baie anner veranderlikes wat man nie oor uit die huis mag praat nie – ek dink julle weet nou wat ek bedoel.

My vrou is verlore, sy self, en haar goete nog meer. Haar wegloopraak en wegraak is een.

As jy nou eendag hier in Europa by 'n kemping beland, en 'n vet ou mannetjie sit voor sy kemper en stront praat, en 'n vrou is eenkant met so 'n laang tou ommie middel vasgemaak aan 'n boom – dis nou ons daai.

Kom groet maar.

-oOo-

# Deel 3

## Die Normaal

**Reis in die vreemde:**

**Die Sydelike lande se mense**

As mens in SA se isolasie sit en al wat jy sien en gesien het is diegene van annerland wat daarnatoe kom, dan kry jy 'n skewe beeld van hulle.

Ek, as Namakwalander, wat ook maar eenkant in Suid-Afrika my groei en ontwikkeling gekry het, het natuurlik destyds in die kleine dieselfde beeld gekry van die mense buite my ontwikkelings groeikring. 'n Swartmens was raar en het ons net gesien in die mynkampong van destyds, 'n Jood was die ou wat in verhaaltjies van vertel word wat met sy smouskarretjie rondgetrek het, of was die dokter se kinders wat op annerplek geskool is as ons, of die eienaar van die kafeetjie op die hoek, 'n Griek was die ou in die viswinkel, of die Portugees die ou wat die ander viswinkel het – snaakse mense wat snaakse tale gepraat het en katoliek was.

    'n Transvaler was die vyand. Hulle kom net en vat mens se geld en wen ons op die rugbyveld. Ook het hulle snaakse Afrikaans gepraat.

    So grootoog-grootoog beland man later buite die Namakwalandse kring en besef jy skielik maar jy is anders as hulle, en vra jou af of jy ook later so gaan word.

Met die inleiding wil ek by my eintlike rede van sit en mymer hier bring – die sydelike (lees suidelike) lande se mense. Ek en D toer nou al 'n aantal jare al, of na die noorde of na die suide en selfs paar keer na die oostelike kant van Europa. Die mense van wie ons ons kopbeeld oor die meeste moes loop verander is die sydelike lande se mense. Dis nou die Franse, Spanjaarde, Portuguese en Italianers – oor laasgenoemde het ons nog nie veel van belewe nie, want om een of ander rede het ons nog nie veel daar gekom nie. Dis nou met die kemper of karavaantjie in tou.

Die beeld van die Spanjaard was dat hy so half haastig in sy langbroek gespring het met die broek omkyk wat so halfmas hang oor die kuite, met 'n strooihoed op sy kop en wat smiddags lê en siësta – dis nou asof sy heeldag besigheid nie gevul was met niksen nie. Luigat was die beeld van hulle. Als ook so half oud en nie reggemaak nie met Gods water wat maar loop oor die akker. Ook manne wat hulle nou nie eintlik aan reëls gesteur het nie.

Ek weet nie of dit die EU se invloed was nie, maar met elke keer wat ons diékant toe kom, is hulle plek elke keer beter en meer georden. Ons het eerste in Spanje gekom so 15 jaar gelede en vir 10 jaar elke jaar in Estepona saam met die kinners gekuier. Kan wees dat man maar so geleidelik gewoond geraak het aan hulle omgewing en hul menswees (soos die paddatjie in die warmwordende water). Wat wel nou weer uitstaan is dat hulle baie effektief is, baie vriendelik is en die broeke sit deesdae soos ons ander s'n (vroue uitgesluit!) nie meer oor die hoogwatermerk nie. Strooihoed dra die toeriste meer.

Die Fransman wat in my in Europa aankomkop van 20 jaar gelede was, was ook die van 'n onbeskofte, nors mens. Kan onthou dat ek destyds in Parys gesien het hoe 'n kelner die hele bakkie soetgoed in een ou se bord omkeer toe hy 2 in plaas van 1 aangebode soetigheid gevat het. Okey, die kelner in Parys was altyd maar 'n spesie op sy eie. Selfs die spesie het met ons herhaaldelike komste in Parys versag in beeld en meer vriendelik geraak. Ons woon net so 300 km van Parys, en het aanvanklik met die mense wat toe nog gereeld kom kuier het na Parys gegaan en dus dikwels daar gekom. Nou ry ons maar verby: die Eiffeltoring is genoeg gekyk, die plekke in Parys het bekende plekke geraak en nie weerkyk werd nie. En die mense kom nie meer kuier nie.

Dis met die meer en meer kontak met die Fransman op die platteland wat ons ook besef het die Fransman is ook al hoe meer deel van ons EU mens landskap en meer identifiseerbaar – ek kyk byvoorbeeld hoofsaaklik France 24 nuus.

Die "Franse slag" is ook minder van knoeiwerk en sit die dinge deesdae met meer presisie aanmekaar. Selfs die toilette van die kampplekke sien ek deesdae het brille en deksels – tevore het jy maar direk op porselein loop sit. Die omgang met die natuurlike fisiologie van die mens se produksies as nommer 1 en 2 word hier nog altyd duidelik herken. Ook dat manne staan en piepie en vroue sit, maar die manne se krip is orals, selfs op straat – sonder om aan te dui dis net vir manne se gebruik (ek neem aan vroue kan dit traai as hulle die regte mik vermoë het). Maar jy sal in die kampe nie kry dat daar altyd eenkant manne en eenkant vroue kante is nie. Soggens kan man jou biblioteek behoeftes loop bevredig met mevrou wat langs jou sit in die hokkies wat se sykante oop is na die bure se kant toe. Het hier agtergekom die geure en klanke wat vrou produseer soms goed vergelyk met die manne s'n!

Die Portuguese het my ook baie beïndruk – was verlede jaar vir die eerste keer daarlangs gewees en hulle

is vriendelik, bedagsaam en behulpsaam. En deeglik ontwikkel. Het ook nie baie viswinkels daar gesien nie! Die suidelike lande se mense was anders as nou, hulle is ook deesdae maar soos ons ander. Weer dink ek die EU het gehelp.
Hoekom dan is die Britte deesdae al hoe meer anders as wat ek hulle geken het?
Of is dit ek wat verander het en soos hulle geword het?

*Ek sit hier so 'n paar inskrywings uit my reisdagboek van reise – net ter illustrasie van hoe ons met mekaar en met toer deur Europa interaksies gevoer het.*

## Dagboekinskrywings

**Toer Ooswaarts:**

**25 April 2023:** Land: Tjeggië

Eers net dit: Ek het my storie klaar uit my kop uit getik en so wragtig gaan vee die liewe FB dit dood – so dood dat dit weg is.
   Dus wat nou volg is 'n poging tot herindink in die indink van tevore en mag dalk nie so goed wees soos die vorige indink nie: maar julle sal nie weet nie. Net ek.

Met wakkerword vanmôre reën dit! Tot 7 uur toe en toe stop dit – hopelik heeldag neem ons aan en dit was so.
   Op Sprinkaanfietsies gespring en die paadjie hier langs die spoorlyn geneem. Beland weer by Tesco en my besluitnemer besluit ek moet nuwe broek kry.
   Nou, as daar een ding is wat ek nie mee gemaklik voel nie, is dit om klere te koop – nie die koop nie, maar

die aanpas van dit wat van die rak af vir my gegee word. Ding is, manne oor die algemeen moet klere aanpas voor koop, want sien, hul lywe verander redelik aanhoudend. Dit help nie D kyk by my broek in op die label wat die grootte was van vorige keer se koop nie – nee die trombose (of trom oor die bose) groei, die onnerlyf krimp, die beentjies ook, ens. Proporsies is dus gedurig aan die verander.

Dus: manne moet klere aanpas om te kyk wat pas nog. Vroue daarenteen pas klere aan om te sien hoe hulle lyk in die ding wat aangepas word – niks met grootte toets en depressief raak, ens nie.

Ek haat die aantrekhokkies weens die spieël in die ding wat jou gedurig vertel jou vrou is reg met die "jy moet dieet" storie. Amper so erg soos die fênsie hotelle met hul baddens en die volmuur spieëls bo die bad.

In Tesco's vandag word daar broeke van die rak gehaal na kyk op die label agter die jeans wat ek aanhet en in die trollie gegooi. Onthou, ons is in annermens se land. Die winkel moet nuut wees of so, want daar word orals nog rakke opgesit en gebou. Die aantrekhokkie is in die middel van die winkel met net 'n gordyn wat jou dinge daarbinne afskerm van die ander wagtendes met aanpas klere in hul trollies. Ek en D was voor in die tou met 'n jong dame en haar kleintjie van die "ek is twee en ek sê nee" grootte.

Daarbinne het die vrou klomp aanpas dingetjies en die kleintjie is lastig, hoor mens so deur die gordyn. Soms trek die mannetjie die gordyn oop en mevrou binne word aan die wagtendes tentoongestel in verskeie vorme van aan/uittrek. Op 'n gegewe oomblik glip die klein stront uit en ma hol agterna om te vang, net met haar panty aan! Ek laat die storie daar.

Ons is in Annermens land, herinner D my toe ek wat wou sê.

Die rede waarom ek broek soek is mos omdat my gatsak nou die dag gehaak het aan die sprinkaan se saalpunt en afgeskeur het. Ek mag glo nie met geskeurde jeans loop nie – help nie ek wys op die jong kinners wat rondloop en lyk asof 'n groot hond hulle gejaag het nie.

Dis nou die hoogtepunte van die dag – verder was dit maar aan en af reën en kemper sit. Môre gaan ons oor die grens na Slowakye – so bietjie ooserig en daar gaan ek tot na Sondag se Grand Prix sit voor ek verder verskuif.

Die kemping is net 70 km weg, en heet Pullman kemping. Die slag staan ons op gras en is ek benoud of die besluitnemer daar sal wil bly tot Maandag.

-oOo-

**28 April 2023:**

Met sonsondergang was hier 4 kempers, met opkoms nou 13, met ondergaan 30! Dus vandag gaan menskyk voorrang geniet.

Ek het gister probeer om iets hier op te sit, maar als is traag – die denke en die komper, met die geduld wat ook nou nie so geduldig is nie!

Ons is tans letterlik toegesak deur mense en kinnertjies wat rondhol en met sulke kort beentjies klein fietsies trap dat die buile huil. Die veiligste is om onder die voortent te sit en menskyk – die is daarvan baie en skielik kom hulle soms ook by jou wegkruip om te beduie praat.

Selfs die Duitse familie is ook hier en skielik gesels hulle met mens. Nie dat ons veel te vertel het vir mekaar nie. Hulle lag nie vir my grappe nie, want hulle verstaan dit nie, of ten minste het hulle geen begrip waaroor dit gaan nie. Dus ...

Hier kom toe so wragtig nog 'n YouTuber aan – ek het al tevore vertel van Allan Heath. Die twee se naam kan ek nie onthou of spel nie, hulle is waarskynlik van hierdie nasie – Slowakies, of wat ook al hulle genoem word.

Toe ek na die kemping gesoek het en meer oor dit wou weet, het ek hulle gekry – meer selfies as wys en net in hullese porrataal wat g'n hond verstaan nie. En dis veral die vrou wat haarself verewig in die YouTube clip – mooi is iets anders.

Die mannetjie het so 'n T-hempie aan wat oor sy maag hang. Ek dink die YouTubers maak ook nie soveel geld nie – ek sit hulle ry/slaap ding se foto op waar hulle hier langs my kom neerstryk het. Alles lyk maar armgatterig.

Die mooi vrou by die ontvangs het nie eens geweet hulle het 'n YouTube clip al opgesit oor haar plek nie – die mooi vrou is nou iets wat my dag volgemaak het (Verstappen moes, maar toe kom George Russel, die drol, en jaag 'n gat in Max se Rooibul se sy). Sy het die pragtigste oë, loop met die seksie lyf in een van die swart knypbroek tweede vel goete rond soos sy mense kom wys waar hulle moet staan – te mooi om te aanskou daar van onner my tent af!

Gisteraand gaan eet in die kafee besigheid hier. Spareribs wat natuurlik 'n verrassing was om twee redes: Die menu was in hullese taal en dis maar nattevinger werk om te kies wat daar is, en die een wat bedien dra een van daai tweede vel swart pantyhose tipe onnerding wat niks aan die verbeelding oorlaat nie.

Jy moet weet, 'n Gine ken van en herken van. D sê die mens kon maar kaal rondloop, want selfs die wat nie ken van en herken van nie, sal ook kan sien wat dit is – voor en agter en onner ... Dis nie ek wat dit gesê het nie, dis my liefde in my lewe!

Die sparerib was lekker, al was daar nie tjips by nie. Seker het ek my tjips gehad as ek so kyk na die mooi goed om my – op my ouderdom kan man kyk sonder om lus te word. Net die lewe waardeer.

Ek moet seker maar die nuwe dag aanpak, het al te veel dinge uit die kop uit laat losraak – netnou verloor ek nog die sedebewaarders ook as lesers.

-oOo-

## 7 Mei 2023:

### Land: Hongarye

Mens kan ook nie van als wegkom as jy wegloop nie. Nie van die meulstene in SA met die gehollery Europa toe (smaak my man moet op water kan loop om hier te kom – het soms so gevoel terwyl ek nou so daaraan dink), en ook nie as jy die kemper bestyg en koers ooswaarts. Die dinge wat man ook wil doen en dit "vir plesier" noem!

Ek het probeer om van rugby en die Stormers en WP en kleinlettertjie sprinbokke – wat springboks geword het – wegkom, kan nie. Selfs probeer om die Engelse en Franse rugby en onlangs die Japanse rugby te volg, maar beland elke keer in spanne waar SA-kaners in speel!

En toe sleep my dogter en Engelse kleindogter my in F1 in, en natuurlik kies ek toe die Hollander en hy het vir plesier gesorg toe hy so wegjaag vir almal ... tot ook hy begin papwiele kry.

Met die ompad kom ek by gister uit – 'n dag in Hongarye in 'n kamp met die naam Eldorado (sic). En sy swak Wi-Fi wat wegval elke keer as dinge net spannend raak D: "Andri hou op vloek, as die goed jou irriteer, moenie kyk nie."
    Die een goeie ding wat ek gedoen het was om vir een wedstryd in te skryf op URC TV en kon ek die Stormers kyk – huiwerig aanvanklik, want elke keer as ek die manne kyk, loop verloor hulle. "Andri, hou op vloek ..." Nie gister nie – eers probeer met die Eldorado Wi-Fi, en later G4 (beeld onduidelik) en met die loop sit op die stoep van die restaurant hier tussen klomp raserige Hongare kon ek die wedstryd kyk – die slag het die manne my nie laat vloek nie.

En toe kom die innie rondte ryery (D se woorde) in Miami – en Leclerc loop ry in die muur vas juis toe Verstappen sy aanloop neem om weer bo te eindig, en eindig hy op P9!
    Vanaand is dit weer sukkelende Wi-Fi kykery as hy probeer om eerstens onder George Russel se voete weg te bly (die tjankgat is gedurig besig om ander uit die pad te stamp en weet van g'n water as hy daaroor voor die bors gegryp word) en om die ander van agter in te haal – het dit al uit slegter posisies gedoen.

In my WP seisoenkaartjie het ons altyd op Nuweland loop sit met Hopeful, doubtful en eindigend as fools. Ek kry daai gevoel weer as ek aan vanaand se spulletjie dink.

Wat het verder in die dag gebeur? Ek het dit al oor die Charles se III kryery gehad. Sowat van 'n gedoe met Middeleeuse gebruike (het 25 miljoen pond glo gekos vir die regering van die land wat nie geld het nie) om 'n ou drol 'n septer en kroon te gee langs sy old bag wat darem 'n kroontjie en titel gescore het vir haar jarelange liefde vir 'n bakoor mannetjie wat die kortste vuurhoutjie getrek het destyds terwyl ons twee sit en wag het om in 1949 'n uitkans te kry.

Lekker warm kry terwyl ons op die kemping sit, lekker Dorado's gebak in my kemper oondjie. Dorado's is baie soos die hotnotsvis wat ons destyds teen die Weskus gevang het. Of is dit deesdae Khoivis?

Vandag is die laaste dag en gaan ons môre Zagreb toe – D wil net kan sê sy was ook in Kroasië. Volgens haar wil almal uit SA weet of sy al daar was. D gaan so by so vergeet dat sy daar was, maar dit is mos die demensie toer!

Ek kan nou al vir julle sê, ons gaan waarskynlik nie na die see toe nie en waarskynlik ook nie daar op die planke loop tussen die watervalle nie. Sal nog sien waarheen die AWSW ons sal neem.

-oOo-

**19 Mei 2023:**

**Vroegop**

Tot die ewige verdriet van nasate het die klomp Hollanders gekgeskeer met Napoleon toe hy hulle destyds opdrag gegee het om vanne by hul Jan namen te sit. Ons weet almal van die snaakse vanne wat die nasate nou nog moet mee sukkel, tot vermaak van ander. Die een van wat ons teëgekom het was Vroegop. D het dit natuurlik gegryp en vertel dat dit my eintlike van behoort te wees en nie die belaglike koppeling van Nuut en oud nie.

Ons huwelik hou nou al byna 50 jaar (van 23 Junie 1973 af al) – aan skei nooit gedink nie, maar moord redelik soms. Een van die moordgedagte veroorsakende sake is dat sy saans laat wil gaan slaap, ek saam met die hoenders al wil bed toe. Soggens is ek saam met die hoenders wakker en sy raak de hoenders in as ek durf geluide maak voor 9 uur soggens. My grootste vrees is om bedsere te ontwikkel as ek te lank wakker lê in die bed – dus vroeg op.

Vanmôre sit ek op my kampstoeltjie voor my kemper – strategies geplaas op die De Aar van die kemping – by die straathoek voor die sanitêr. Almal moet verby kom en gaan – benoude boude eenkant toe, met behaaglike gesigsuitdrukkings anderkant toe. Met g'n lus vir groet en gesels eenkant toe, met baie lus vir groet en gesels anderkant toe.

Ding is, dat die mense in so 'n kemping gedurig wissel. 12 uur moet hulle uit en nie voor 3 uur kan hulle inkom nie. Die De Aar sittery is dus op sy beste soggens voor 8, en veral na 3 uur smiddags. Ek sit al soggens van 6:30 af op my stoeltjie en na my middagslapie smiddags na 3. Oumens gewoontetjies en oumens dinge sou jy sê – miskien, maar dis my dinge en ek laaik dit.

Dit het gister al duidelik geword – die gemiddelde leeftyd in die kemping het gedaal – oumense eruit, jonger mense erin. En vanmôre is die wêreld anders hier van my stoeltjie af. Niemand wat verbyhol met geknypte boude –

doodse stilte. Die spul lê nog en doen wat jonger mense soggens doen – sallie weetie, vergeet mos van dinge. (In kempertaal is die gesegte "don't come knocken if the camper is a'rocken").

Vandag het nie planne nie – miskien kuslangs gaan fietsry na die stad (Rovinj). Met of sonder winkelen en eten. Die besluitnemer slaap nog, dus wag ek maar.
En hou myself en vir jy wat lees besig met strontpraat.

-oOo-

## 22 Mei 2023: Kroasië:

Tans staan die kemper stil en al wat beweeg is ek so vroeg in die oggend, en die twee sprinkaantjies later. Ons het die kusroete nou ontdek en ry met plesier die 7 km op die paadjie.

Net 'n paar probleme. Ek mag nie loop eet as ons in die dorp kom nie, ek mag nie kyk as ons by die nudistestrand verbyry nie. Help nie ek sê vir D ek soek my FB passasiers wat nou nie saam ry nie, ek is seker hulle lê lekker kaalgat met handdoeke oor hul koppe onder die bome ... Die groot probleem is die ou lyf wat begin pyne kry oor die geryery.

Die Kaalbas oord is net so buite die groot kemping hier onder by die see. Eers het ek niks gesien nie, maar gister toe ons verbyry sien ek so uit die hoek van my oog twee kaalgatte wat mekaar staan en olie insmeer. Val byna van die fiets af – dis moeilik om te loer as jy nie mag kyk nie en nog te maak of jy nie kyk nie. Ek wou toe stop om ook bietjie die dinge lug te gee, D skop teen. Ek belowe ek sal my T-hemp aanhou, maar selfs die konsessie help nie. Moes toe so oor die skouer rykyk en

praat met D wat agter my sorg dat ek nie moet/mag stop nie. Sy verduidelik dat ek 40 jaar my kyke gekyk het en hoef dus nie, help nie ek vertel dat ek weens my trom oor die bose nie meer weet hoe dit lyk nie ...
"Hou op!" maak my toe maar stil en in stilstuipe gaan ek toe maar verder. So de moer in oor die sensor agter my, dat ek te vinnig ry en vir D verloor in die proses. In die bosse! Roep, help nie, maar later met die "findmyfriends " gekry waar sy in die bosse sit en kyk na van die ander manne! Wil nie herken dis wat haar laat agter raak het nie. Ek los maar die storie hier.
Ons gaan vandag weer daarlangs, nou weet man wat om te verwag. Sal nie kyk nie, nog minder skrik.
Ons gaan nog 'n week hier bly en dit gee baie dinktyd. Miskien deel ek die gedagtes wat suiwer is met julle, miskien nie.

-oOo-

**Vervolg – Verbygery en toe val D:**

Gaan mos toe vanmôre weer verby gister se nudiste FKK plek (FKK staan vir "Freikörperkultur") en weet mos vooraf om op die uitkyk te wees met die verbyry sonder stop. Ek sien toe net twee oues daar – soort van poepolverdriet mensies. Moet van die slaai eet soort wees – maer. Daai wat hulle sê nie regop kan loop nie, dan val hulle deur hul foefolle. Nie dat die twee gestaan het nie. Ek het mos verbygery en net geloer-kyk, D agterna, al bestuurlik wat ek mag en nie mag nie.
Die antie lê op haar rug met die ou borsflappe wat weerskante tot teen die grond gegravitasie is. Die omie sit wydsbeen rondom sy ou plooisak wat so versprei lê

tussen die plooi boudjies. Die ou worsie is ingetrek van die koue seewater, seker.

Dis al wat ek kon sien om te beskryf – nie tyd gehad om die gesigte te kyk nie.

Ek ry nog so met my gedagtes toe hoor ek agter my "Oepla!" D het seker geskrik of meer gesien as ek, want toe ek omkyk lê sy en sprinkaantjie plat in die pad geval. Die omie spring op en hy en die antie kom flappende nader om haar te help …

Verder mag ek nie vertel nie.

-oOo-

**24 Mei 2023:**

Ou Vallende siekte is beter en sien weer kans vir fietsry! Gister was maar op een plek sit op de kemping en hertel/selfbejammering doen.

Net tog om die prentjie duidelik te kry – die val was nie by die kaalgatte nie – daai een was 'n liegstorie en poging tot vermaak. Die val was amper in die dorp op 'n sementstrook voor 'n hotel waar twee manne gestaan het en die gemors van die sement afspuit. Ek voor (as D voor ry verdwaal ons op die eerste draai). Ek het destyds in Dansk geval toe ek skuins teen 'n nat randsteen wou op (die storie en die nagevolge is al vertel hier met daai trippie) en weet jy ry reghoekig oor nat stene of pype. D nie, en sy gly toe net daar, val gelukkig sonder keer en beland plat op die maag op die waternat sement.

Nou is dit uit die weg.

Met die sit en niksen en kyk hoe die son opkom en hoe die son, so al skuiwende met die skadu's langs, kom ons op een of ander manier by families uit. Dis nou een ding van oudwees – jy praat al hoe meer oor dooie mense.

    D se familie is gou opgepraat – haar ma het net een suster (geen broers) en haar pa net een broer (geen susters). Die vier trou toe met mekaar – een dogter by die eenkant en net D en haar een broer aan die anderkant. Dis dit. Almal. Haar een ouma was 'n Stofberg en die het klomp mense in hulle bloedlyne.

    Aan my kant? Hoeveel tyd het julle? Sal later hieroor moet skryf want D sit nou hier reg vir dinge. Dus ...

Die soektog na ander mense in Namakwaland is maar beperk – almal ken mekaar en mekaar se stories. Name vir kinners raak op en dan eindig hulle met dieselfde name en vanne en weet ook nie of hulle familie van mekaar is nie. In sommige streke is die kennertjies deur ondertrouery nou nie meer so mooi nie. Ek het gesien met sproete oppie kop. My pa het gesê daar is van hulle wat so lelik is dat jy die kleintjie eers met die doekspeld moet steek sodat hy huil, dan weet jy watter kant die doek moet aankom. Hyself het rooi hare gehad en gesê as hy 'n rooihaar kindjie sien gee hy hom 'n sjieling, want hy weet hoe swaar is dit om rooihaar te wees!

    My pa hulle was 5 – almal rooihaar. Ons was 8, nie een rooihaar nie. My ma hulle (Meyers) was ook 5, dink ek. My oupa was Witsarel Meyer om hom van die Swartsarel Meyers te onderskei. My ma se een suster was met my oupa aan Pa se kant se broer getroud. Die Meyers is klomp. Die Nieuwoudts nie so klomp nie – behalwe ons en my pa se jongste broer. Hy het geskeide vrou loop trou en ek weet nie of almal syne was nie, maar hy het ook klomp gehad.

Om dus van my te verwag om almal in die klompe se stories te vertel (en daar is baie) sal veroorsaak dat ek in die moeilikheid kom. Dus liewers nie.

Ek hou my dan maar by toer. Miskien gebeur in my niksen dag iets om oor te skryf – miskien val D weer, of ek dalk.

-oOo-

*Ek het begin met die Demensie inskrywings op 20 Junie 2023. Dit is dus vanpas om die inskrywing van 21 Junie 2024 ook in te sit – presies een jaar later.*

## 21 Junie 2024:

### Wegraak, Nog daar

Na 'n jaar is ons op 'n meer rustige vaarwater. Ek deel graag my ervaring met die demensie wat ons huis kom binnesluip het.

Oor een dag sal ons 51 jaar getroud wees. Wat op 23 Junie 1973 daar was in ons beide, is min oor na soveel jare se groei. Daar het egter soveel meer gekom en skerprandte is afgeskraap. 3 Kinners wat al drie nou die middeljare vat (D se pa het gesê jy besef jy raak oud as jou kinners middeljarig lyk en is). Al drie het elk vir my 5 jaar harde arbeid gevonnis met universiteitsgeld wat betaal was (vonnis was 3x5 jaar swoeg en sweet). Al drie nou in hul beroepe gevestig en daar is 4 in my kleinkind fanclub ingebring – alhoewel die laaste een ook besig is om uit die fanclub weens puberteit te ontsnap. Die oudste is deur die woeljare van selfsug en klop weer aan die deur!

Met veel geduld en liefde is die kwaad van demensie nou onder beheer – deur fases van eers ontkenning, dan opstand en tans aanvaarding. Meer van D se kant, maar ook by myself moet ek herken.

Sy is tans meer liefdevol, minder kwaad as sy besef daar was weer dinge weg wat daar moes wees, minder soekend na haar goete. Die gemoed is baie soos 'n kind en met geduld kan mens dit rustig hou, ferm wees waar dit moet sonder om opstand te wek. Oor en oor dieselfde vraag soms met wisselende antwoorde. Tydsbegrip bestaan byna nie: die hier en nou is sterk in die bewussyn, die lang terug geheue ook nie meer so fris nie. Take wat roetine is, net soos omgewing wat roetine is, bring rustigheid. Wil gelukkig nog reis, solank ek by is.

Afhanklikheid aan my is soms vir my 'n groot las, so ook die feit dat geen sinvolle gesprekke moontlik is sonder dat ek dit byna soos 'n eenmangesprek moet lei nie. Opdragte moet eenvoudig wees en nagegaan word of dit uitgevoer word. Onnodig om te noem dat die kyk van TV wel nog kan, maar met reekse moet soms eers die vorige gebeure hersien word. Lees probeer ek aanwakker, maar sy kan nie lank konsentreer nie.

Ondanks dit als, kla ons nie. Daar is rustigheid en liefde wat als omring.

Byna asof mens dit nie anders wou hê nie.

# *Deel 4*

## *Die aanloop vir dit wat wag in 2023*

**Ek en Nederland:**

Dit is nou gewoon so dat as 'n mens met die konserwatiewe agtergrond soos hierdie Namakwalandse geskoolde hom in die "vreemde" bevind, dan moet hy sy siel ook water gee – ons het baie vroeg begin met Church hopping.

Dit het 'n tydjie gevat om uit te sorteer hoe die kerk dinge werk.

Blykbaar begin dit met die Gereformeerde Kerk en dan splits die groepe af soos hulle stry kry – elke keer word dit benaam om so op die randjie van die Gereformeerdheid te bly. Waar jy sou dink dis die progressiewe deel wat afsplits, is dit juis die broeders wat dinge wil behou en teen enige verandering is wat koers met name soos: Hervormde, of Vrijgemaakte Gereformeerdes, Christelijk Gereformeerdes, Oud Gereformeerdes, en nog baie name by.

'n Klein dorpie soos Zaamslag het drie kerke!

Ek het met van die verpleegsters in die teater gesels en begin by die Vrijgemaaktes, daar in die moeilikheid beland toe die dominee met 'n afgevaardigde kerkraadslede my kom sien het. My sonde was dat ek ongenooid die nagmaalbeker gebruik het! Toe bietjie geskok dwalende 'n rondte selfs by die Evangeliese groepe beland en die konserthouery het my ook nie aangestaan nie, veral hande opleg dinge. Uiteindelik by die Hervormde groep beland, en toe die saamsmelt met die Gereformeerdes om die Protestantse Kerk te vorm, my tuiste gevind. Was baie soos wat ons gewoond was met die NG Kerk – net die dominee het rok gedra!

Sosiale aardighede was baie en man het soms gevra of jy ook so gaan word na 'n tyd. Wat my altyd opval van die optrede van ons buitestanders as jy by 'n ander land ingaan, is dat jy basies twee dinge kan doen: Jy kan of soos hulle word – en sommige raak meer Hollands as die Hollanders of meer Brits as die Britte – of jy kan 'n klein SA skep waar jy beland. Beide is nie eintlik my ding nie.

Nou moet ek byvoeg dat ek in SA al te doen gekry het met hierdie vreemdeling wees in die ander plek – as Namakwalander staan jy altyd maar bietjie uit tussen die mense en hul gewoontes in die nuwe omgewing. Ek ken dus van anders wees en om dit te verdoesel of nie. Van vroeg af was my verweer dat ek myself wil "bewys". Ek wil my identiteit behou en wys dat ek net so goed is of selfs beter is, as die standaarde wat heers waar ek beland. In Nederland het dit ingesluit die feit dat ek Afrikaans is en dit nie wegsteek nie, en ook in my vakgebied het ek myself gehandhaaf om sodoende die respek in myself en deur ander te behou.

Sommer van vroeg af was daar gereeld aan my gevra: "Hoe geval Nederland u?" waarop ek 'n teenvraag gegooi het: "Eigentlijk moet men vragen hoe ik Nederland geval?"

Dit was dus aan my werksomgewing tot ek die dag afgetree het na 16 jaar duidelik dat ek Afrikaans sprekend is en dat ek uit SA kom. Uiteraard het ek taalgewys my tipe Nederlands of dan Hollikaans so aangepas dat ek kon kommunikeer met my omgewing.

So het dit gebeur dat een antie by my kom met 'n spreekuur, voorbereid om die man uit Afrika te ontmoet. Sy het selfs 'n lang gedig vir my geskryf soos sy haar voorstel hierdie "swart" man hom in die nuwe plek moet inwerk – iets van gam en so aan was in die gedig gewees. Haar binnekom opmerking was: "Maar u ben dan blank!" Ek het haar dus sommer in die ontmoetingsoomblik teleurgestel!

Waar daar in SA kortlyne van kontak was tussen pasiënt en dokter, was dit hier heerlik omdat daar heelwat tussen hekkies is voor 'n pasiënt by jou uit kan kom. Dis die sisteem en dit word eerbiedig. Uiteraard was ek gou in die probleme omdat ek nie skaam was om my kontakbesonderhede weg te gee nie. Later agtergekom dit is een van die redes waarom Nederlandse geneeskunde orals dieselfde standaard het en SA geneeskunde nie. Inteendeel, in SA het ek gereeld prokureursbriewe moes antwoord – in Nederland nie een nie. Daar was 'n ding soos die Klachte Commissie in die Ziekenhuis, maar die was lokale uitsorteerbare probleme wat aandag gekry het. Nooit met mediese kwaliteit dinge te doen nie, eerder met dinge soos: ek het nie handje gegee nie, of ek was nie voldoende vriendelik nie, ens.

Een so 'n klagte was die mevrou wat om 3 uur in die oggend hulp benodig het met haar bevalling, en ek kom glo in met 'n T-shirt aan en spijkerbroek, trek haar baba met 'n vacuum "uit haar gillende lichaam". Niks van die chaos wat geheers het omdat sy nie wou saamwerk met die verloskundige nie, en ons groot moeite moes hê om haar man te kalmeer wat rondgehardloop het, en sy met 'n "ik kan niet meer" nie eens op die bed wou klim nie. Dit 3 uur in die oggend. Natuurlik was die baba sonder probleme en sy ook nie te veel "verwond" as gevolg van die geboorte nie.

Ek was bevoorreg om goeie opleiding te kon kry in vaginale chirurgie en ook dat ek redelike vryheid kon hê in die vakgroep in die ontwikkeling en uitbreiding van vaginale rekonstruktiewe chirurgie. Verloskunde kon ek eenkant skuif omdat dit rerig sy glans binne die Nederlandse sisteem verloor het met die koms van die Verloskundiges in ons hospitaal. Hieroor het ek al baie geskryf en wil dit liewers eenkant sit.

Die oproep kom weer in die kleinure van die nag – soos ek in die gang afkom kom suster van der Plas van voor – 'n mens wat al vol plooie is en vol ervaring. In die verbygaan sê sy: "Ik heb dat nog nooit gezien."
Die "dat" was duidelik toe ek in die kraamkamer kom. 'n Redelik gewigtige dame sit op so 'n komoutjie tipe ding – uiteraard kaal. Voor haar sit die huisarts gehurk, van agter oor haar staan, wat ek aanvaar die man moet wees. Hy het Rotterdam op sy een arm getatoeëer en Fyenoord op die ander arm so van skouer na voorarm. Die verloskundige hol rond sonder raad. Die vrou skree: "Ik kan niet meer!" Die man skree: "Godverdomme pers!" En die huisarts probeer verskoning maak waarom dit so erg is, die kraampyne ding. Met moeite probeer ek kalmte inbring, die mens op die bed kry met haar bene in die stiebeuels en die vacuum cup aan die baba se hofie wat al kroon, te sit. Twee trekke en die baba is uit, maar die slagveld was redelik verwond.
Terwyl ek besig is om die puzzlewerk onder bymekaar te kry, hoor ek net die vrou, met die baba nou op die bors, die man beveel wie om almal wakker te bel oor die wonder wat gebeur het. Hy begin met 'n "felliciteer oma", waarop die baie onlangs histeriese, min saamwerkende vrou. die telefoon gryp en vertel hoe

maklik die bevalling was. Hulle het rustig aangekom, rustig in die kraamkamer ge-in en die mense het haar so mooi gehelp, maar eintlik was sy die ster van die proses.

Ek dink toe by myself ek moet eendag vir elkeen in die kraamkamer vra om direk na die bevalling sy eie ervaring van die onlangs afgelope proses neer te skryf!

Dis hoekom ek my laaste aantal jaar in die vakgebied eerder spandeer het aan die herstel van die skade van kindergeboorte.

Ons was gelukkig om in 'n woonbuurt van goeie mense te beland wat veral vir my vrou baie beteken het – en in 'n dorp soos Terneuzen. Ons sou nooit aard in 'n groot stad nie.

-oOo-

## *Tussendoortje*

**17 Augustus 2023:**

**Ouman Joppies**

Die 6 Saterdae een Sondag weke is nou al so 6 jaar op pad na 7 jaar, aan die gang.

Voor ek in die fase ge-in het, het D my in die dae toe sy nog helder was, gevat na die lokale biblioteek, die ouman koffie en koeranttafel gewys, en aangedui dis waar ek soggens moet loop niksen in plaas van by die huis te sit in haar pad. Die naaste wat ek aan die biblioteek besoeke gekom het was toe ek die camper na Etten-Leur na die Fiat garage vir sy dinge geneem het – ek het toe in hul biblioteek loop sit en niksen terwyl ek gewag het.

Sedertdien het ons 'n nuwe biblioteek gekry en ek was nog nie daar nie. Net dit: In Nederland het elke groot dorp 'n biblioteek – dit het boeke in en smaak my die biblioteek deel wat boeke deel moet wees, is meer en meer 'n online besigheid. Tog het hulle rakke vol boeke, die kinnertjies word gereeld daarnatoe geneem (dis nou laerskool ouderdom) en aan boeke voorgestel deur vrywilliger moeders.

Die biblioteek is egter ook die bymekaarkomplek waar gratis koffie en koerante is – ben je een Nederlander of niet, beteken as jy iets gratis kan kry vat jy dit! Daar is dinge ook wat jy kan eet, maar die betaal jy voor, so ook koeldranke.

Dus 'n regte oumens bymekaarkomplek om by te praat – natuurlik sit daar ernstige manne en gratis internetten as kleinsake ondernemings – ietwat versteurend sou ek sê, want dit hou die oumanne se bypratery stil.

In Terneuzen sit die hang oupas op banke op die esplenade en is doenig met hul dinge (oumansklier klagtes en so aan) en natuurlik op en aanmerkings sonder inhibisie van verbygangers.

Ek het nog nie oud genoeg geword vir die kultuur nie.

Dus is my ketting om my nek, maar hier by die huis rond – geen handyman nie, geen tuinman nie, geen ... Hier moet ek ophou, want ek is handlanger van jy weet wie. Ek is nou al 50 jaar getroud met my eerste vrou en om dit goed te hou is "yes my dear" die wagwoord.

Net die een wat tevore besluitnemer en rigting vassteller was, is nou besluitloser en moenie rigtings vra nie: dis net nie daar nie. Ons is gedurig op soek na goete.

Haar grootste fabrieksfout (by haar ma geërf) was om altyd haar dinge te check. Ringe, kredietkaarte, rybewys, sleutels – noem maar op, enige ding wat getel moet word. Die eerste breinbane wat geval het was die vermoë om te tel en somme te maak. Iets soos pilletjies (ja, dis mos maar oumens dinge die pille soggens en saans) tel en inpak in die bokkies wat soggens smiddags en saans op staan met die weekdae se name, is 'n krisis. Soos ook om dit te onthou om te drink. My joppie dus.

In die ou dae was ek herinner om my baadjie, beursie, en dinge te vat as ons iewers was, nou is dit myne om my eie en hare te onthou. Demensie is nie vir sissies nie, die oppas van so 'n een ook nie. Luister, ek doen dit vir plesier, maar dit is baie liefde en geduld wat nodig is, daai een.

Verder is my niksen dae, behalwe kop bo water hou, ingeperk met doktersbesoeke. Ek het altyd mense gerig gevra om vir herhaal besoeke te kom – baie keer was mense kwaad omdat ek dit nie altyd nodig gesien het om elke jaar papsmere en vroue te ondersoek wie se gearbox en dinge binne alles uit was – nou kom ek agter hoeveel kere ek rerig onnodig moet loop sit vir niks wat toegevoegde waardes het nie. En my lewe word beplan rondom doktersbesoeke – as dit nie die oog is nie, is dit die hart, as dit nie die hart is nie, dan word 'n bloeddruk geneem wat nog nooit bo 120/80 was nie, en so aan. Fietsproewe in iemand wat elke dag 60 minute fiets ry sonder simptome is mos onnodig.

Ek begin protesteer. Ek is 73 jaar oud – g'n dokter se dinge gaan my langer en beter laat lewe as ek nie klagtes het nie. Gesond eet, gewig verloor gaan my lewe net onaangenaam maak en nie juis verleng met kwaliteitsjare nie.

Ek het 'n kat wat ek moet loop kos gee – oumens plig roep as die kinners op vakansie is. Die klein stront

het my gebyt toe ek hom in die huis wou kry – 'n storie vir
'n ander dag.

# *Deel 5*

# *Kanker*

Dis die agtergrond waarom ek my op **30 September 2023** op reis in Europa (eintlik spesifiek Frankryk, en meer spesifiek met 'n Wêreldbeker Rugby Toer sonder kaartjies) in Lyon bevind met simptome van blaaskanker – op daardie stadium net verdagte simptome.

Langstorie kort: Onmiddellik teruggegaan en het deur die diagnose en die hele emosionele proses van diagnose en ook die mishandelings van die behandelingsproses daarvan deurgegaan.

Hierdie is die dagboek verhaal van die tyd wat gevolg het op 30 September 2023. 'n Verhaal van nie net wat deur my kop gegaan het met die hele drama rondom kanker en sy behandelings nie, maar ook inkleur verhale van die jaar self. Uiteraard sal dit vir die leser net 'n fragment wees as ek suiwer fokus op die ellende van kanker en sy randgebeure in my lewe. Ek is in Europa en ek reis.

Dus sal u voor en gedurende die hele proses ook fragmente vind van die stopplekke in my lewe gedurende die rondreis. Ook sal u vind dat daar hier en daar filosofiese insetsels is, deels om die spanning rondom kanker en sy ellendes te breek, maar ook om te illustreer die lewe staan nie stil nie en als draai nie net om siektes en verdriet nie!

Dis my gesprek met vriende en familie wat u by ingetrek word en u, die luisteraar, is baie welkom om saam te reis deur die jaar 2023 en 2024.

-oOo-

## Die Pretbederwer slaan toe:

Dit was egter met die Rugby Wêreldbeker in Frankryk wat ons van begin September letterlik op 'n toer deur Frankryk gegaan het om die gees te ervaar - ek het dit die Frankryk Rugbytoer sonder kaartjies genoem.

Het met kampeerdery die hoofstoppe gekies waar daar wedstryde was en die rugbygees kon opgeslurp word saam met rugbymense uit alle lande so ver ons gegaan het.

Ek het egter 'n suspisie gehad van iets wat nie lekker is nie, sommer met die begin van die toer in September - my uriene het soms donkerder gekleur. Daar was egter geen simptome nie en het ek myself gebluf dit is my verbeelding met verskonings van dis warm en die urine is net gekonsentreerd.

Dit was egter aan die einde van September toe ons in Lyon was, wat ek tog bloed in my urine gesien het - nie veel nie, net so effe pienk gekleurd, maar ek kon myself toe nie meer bluf nie.

Op die vooraand van my 74 ste verjaarsdag (30 September) het ons besluit om terug te gaan na ons woonplek in Terneuzen - kon een van my vorige teatersusters in Terneuzen kontak wat 'n afspraak met 'n uroloog gereël het.

Met enkele reisDagboekinskrywings neem ek u deur die opbou tot die pretbederwer toeslaan.

-oOo-

## Dagboekinskrywings

**4 September 2023:**
'

Ek gaan die volgende week op reis – Frankryk sonder rugbykaartjies toer sal ek dit maar moet noem!

Is beman met 'n Springbok vlag, Springbok kepsie, Winnie se deurtrekkertjie vlag, Knaus kemper, vrou wat saam ry en hopelik teruggebring word, IPTV app, en IPTV inskrywings, F1TV app, Viaplay as backup vir die F1, twee vouwfietse (elektries) en paar sente.

Het net plek bespreek in 'n kemping by Lyon vir die tyd 28 September tot 1 Oktober. Rede is dat die All Blacks teen Italië op die 29 ste speel, ek verjaar op die 30ste en daar's plek in die kemping in die stad.

Vir die res gaan ek maar rondry – die plekke naby waar die Bokke speel is almal vol en baie duur, soos die kaartjies ook.

Dus sal ek maar so weg van sleg weer en na goeie weer toe rondry van klein plekkie na klein plekkie, al agter Wi-Fi seine aan.

-oOo-

**8 September 2023:**

**Groen en Goud**

Wat my die meeste irriteer in die lewe – en daar is baie ander dinge wat dit ook doen, onder andere irriteer ek myself ook soms, is die benaming Groen en Goud.

Nie omdat ons daai naam aan ons Bokke gee nie, maar omdat daai lot op hul eiland waarheen destyds kroeks gestuur is om nasie te bou te midde van uitwissing van ander, hulself deesdae ook Green and Gold wil noem. Dis meer geel en bietjie groen mannetjies maar g'n niks goud nie – nie in maniere, nie in manier van Engels praat dat g'n hond hulle verstaan nie, en dan het hulle nog vir Eddie Jones ook voortgebring.

Al wat Eddie nog reggekry het, is om die Engelse span heeltemal op te neuk – miskien iets goeds? Weet ook nie, want daai lot sal hulself so by so uitroei. Ek trap maar versigtig rondom die Engelse Rose onderwerp, want die ander baas in my lewe bly daar en is so dankbaar – tereg ook, hoor – vir dit wat die land hulle gebied het en nog doen. Elke outjie het mos maar sy foutjie.

My Engelse kleinseun het my al gevra: "Oupa, why do you hate the English so much?"

Laat ons maar eerder na die doer onner spul kyk. Ek was al twee keer daar en was nog nooit so bang nie – die plek is mos vol gifgoed, van vroumense tot jellievisse. Hulle speel ook al wat 'n ding is as kompetisie – eie soort football, en dit tussen rugby en union en league en tennis en swem. Seker moet jy kan swem as jy op 'n eiland bly aan die annerkant van die beskawing – en ook gedurig moet motiveer waarom jy daaikant moet bly, weg van die beskawing.

Laat ek dit duidelik stel – ons voorsate is ook loop los op 'n puntjie van 'n plek waar jy toe en nouwer nie heeltemal welkom was nie. Tog bly die verskil – hulle s'n was loop straf daar, ons s'n het weggeloop van onderdrukking – en het so goed geskoold geraak in dit dat ons dit getraai het. Sonder sukses moet ek sê.

Maar ons het dit herken, en ons maak dinge reg. Kyk net na die gees in ons voorbeeld span, ons eie Groen en Goud.

Ons is geen witspan, soos Engeland met hulle van nie weet watter kleur hul truie moet wees nie, en maak dit toe wit. Ons is geen blouspan wat behoort aan Frankryk, en Italië, en Skotland wat ietwat donkerder is. Ons is geen vaalgroenspan soos die lere nie, en ons is geen swartspan soos die All Blacks wat vrede probeer bewaar deur danse te doen vir die wat weggemaak is, sodat hulle die moerasse kan tem nie. En wat hulself en hul land skoon verkeerd benaam – Nieu Zeeland word New Zealand (is daar ooit 'n woord soos zea?) en wat eintlik All Backs is wat verkeerd verstaan is. Hullese Engels is hoeka nie altyd duidelik nie en mens kan dus verstaan.

Ons is Groen-en-goud, nie Geel en bietjie Groen nie.

Dink julle hulle sal nou verstaan – die doer onner mense? Seker eers as hulle kan leer Afrikaans verstaan.

-oOo-

**20 September 2023:**

Ek en D is tans in die kemper op reis deur Frankryk – geen rugbykaartjies, wel met die gees en soekend na die gees van die rugby. Tot nou toe nog nie veel gekry nie, maar moet bysê dis nog maar in die Noorde waar ons bietjie ronddwaal.

Kry enkele Britte en die weet van rugby, maar volg nou nie eintlik nie – ek sou ook nie as ek Engelsman was! Die Franse parlewoe net en hol weg as jy Engels praat, die Hollanders weet niks van die dinge en die Duitsers wat ek sien hol ook weg as jy durf Engels praat.

Ons is tans in Tours en dis langs die Loire met die Loire velo roetes in die Loire vallei.

Gister fiets gery na Tours. Enigste ding was dat D weer vallende siekte opgetel het op pad.

Ons ry by 'n antie op haar fiets verby wat rammelend in die paadjie af fiets. en net toe ek verby is, kom ons by 'n vernouing in die pad met sulke twee skewe hekke om die vinnige manne te laat stadig ry. D dink toe sy kan net so effe kronkelry en hoef nie af te klim nie. Ek is al 'n end weg, die antie kom deur en toe D wil deurkom oorval die vallende dinge haar. Ek hoor die kommosie agter my. Die antie skree in Frans wat vir my na kwaai woorde klink. Ek dog sy het geval toe D by haar verbykom en sonder omkyk skree vir vir D: "Kom, netnou slaan die antie ons!"

Toe die antie harder skree en ek hoor iets soos asseblief in Frans, kyk ek om. En daar lê D vir dood. Antie was die hele tyd besig om my te keer dat ek wegraak en sy moet met D alleen sukkel. Toe ek teruggaan was D aan die opstaan, soek seer en stukkende plekke, kry nie en stof net sitvlak af, klim weer op en met merci's gaan ons verder. Alleen haar ego was gekneus as ek so na haar stiltes geluister het.

Antie smile, want sy hoef nou nie meer ambulans te bel nie.

Ons het haar later met die terugry weer gekry waar sy haar fiets stoot en met beduie Frans vertel sy was by die oogdokter in Tours en sien nou sleg (seker druppels in die oë gegooi gekry, want pupille was wyd) en daarom stoot sy maar die fiets. Fiets is nie kapot, antwoord sy op my vraag. Ons groet en ry verder – D nou 'n baie versigtige agterryer.

Ding is, D was uitgehonger vir fietsry met die sportkyk oorstaan tussen niks en nêrens en niks fietsry moontlikhede die afgelope 4 dae. Vandaar die vervaardheid ('n woord van my ma) en vallery, dink ek sonder sê.

-oOo-

**21 September 2023:**

**Sommer oor als**

Daar is baie voordele in waar ek nou in my lewe sit: oor 70 jaar oud, sonder enige werklike worries, behalwe dit wat jy self najaag. Dit sluit in dat man nou die ouderdom bereik waarin jou pa en oupa en die ander ouens voor jou weggegaan het, en dit dus 'n muur is waarheen jy jaag in wat die werklike onbekende is. Al probeer jy dit verjaag met godsdiens en redenasies, bly dit maar net dit: onbekend – en natuurlik tyd en ruimte vir niksen en sport en politiek.

Als eintlik dinge wat niks beteken en waaraan jy niks self kan doen nie!

Die werklikheid van die nou vir my is dat ek iewers teen die Loirerivier sit in my kemper ... en dit reën dat dit bars (die voorspelling is vir die volgende 6 uur kan jy nie neus by die kemper uitsteek nie).

Vandaar dat ek kan sit en vingers oor die laptop se syfertjies gooi en julle verveel met my praatjies.

Die naweek wat verby is het die tafel gedek vir die naweek wat begin. Rugby – is ons reg vir Ierland? Afhangend na wie jy luister is die Iere oortuig hulle is reg vir ons en daar is weer aan ons kant wat beweer die Bokke is reg vir Ierland.

Natuurlik kies ek kant en wil net hoor wat ek wil hoor, maar man is so bietjie senuagtig. Ons het ons patroon en dit lyk al hoe meer dat ons ander wil dwing met ons patroon om in te pas in die verloor slotjie. Ek moet sê, ons het nie net 'n plan A deesdae nie, en die neutrale kommentators wil-wil vir ons die voordeel gee.

Die lere het so by so al die beker gewen so 6 maande gelede en dit sal lekker wees om hulle bloedbek te slaan – tog is mens so bietjie senuagtig. Hulle het 'n plan A en ek dink nie daar is ander planne nie. Neutraliseer jy daai mannetjie met die dunbeentjies, dan is jy al ver op pad na wen toe. Die Sexton mannetjie irriteer my soos Clive Rice dit nie kon regkry nie.

Ek gaan môre so bietjie meer na midde Frankryk beweeg en sal die naweek daar sit en kyk en wonder met alle hopeful doubtfuls in tou. Hopelik eindig man nie as 'n fool nie, weereens.

Dan het Verstappen se Redbull sy vlerke verloor die afgelope naweek en hoop ons die vlerke is weer heel die naweek in Japan – gelukkig is die Japan jaery vroegmôre en is die kat uit die sak al vroeg. Dit reën daar ook, alweer.

Ons was eergister in Tours op die fietse en het ek net Ierse en Franse vlaggies gesien – vandag uitgevind dat Tours die Iere se hoofsetel vir oefen is. Dus ...

Lekker paadjie aan ons kant van die rivier gehad en lekker gefiets na Tours so 10 km van ons kamp. Twee dinge gebeur: Eers 1,5 km met benoude boude saam met die karre en lorries op dieselfde pad, ek voor en D agterna (ek het 'n spieëltjie op my fiets sodat ek kan sien of die ou nog kom) en die ander ding was, D val iewers op die paadjie teen die rivier – net klein skaafwondjie en gekneusde ego behou daarna.

Gister was ek opsoek na 'n power ding om my te help as my foontjie se battery pap is – dit was 'n proses waar D na die tyd met "nooit weer" redenasies gekom het. Moes oor twee brûe gaan, saam met die hele Frankryk op lorries en laat vir werk karre, met geen egte fietspad. Na 3 km kon ons uit die spul kom en ry op die Loire Velo (velo is fiets in Frans) roete, pragtig geteer. Op en af langs die Loire. Kom toe agter ons het aan die verkeerde kant van die rivier kamp opgeslaan! Te laat.

Kry 'n omie langs pad wat sy plek aan ons verkoop en vertel hoe om by Leclerc uit te kom – dis nou die winkels hier wat als verkoop, van kos tot kondome. Weer effe deur 'n dorpie saam met verkeer kon gaan, dan op 'n sypaadjie van Franse formaat (vol takke en onkruid wat inslaan op jou fietsryvaardighede) So 'n vorm van fietspad vol onkruid en tekens van min gebruik en kom toe by die Leclerc uit.

Toe kom die moeilikheid – ons moet eers op 'n besige pad gaan en weer oor die brug en sy maatjies met benoude boude (die Hollanders noem dit "met geknijpte billen") vir 4 km. Ek voor en D al klaende – en die gebruik van "nooit weer" kom dikwels van agter – oor die brug. Hele Frankryk nou weer op pad saam met ons en almal haastig.

Lewendig hier aangeland en kan nou weer salige niksen sit en doen en kla oor goed waaroor ek geen beheer het nie.

Die binnekant van die kemper gaan vandag krimp so met alle reën om ons heen.

-oOo-

**25 September 2023:**
**Fokkit**

Ek is mos nie 'n mens wat vloek nie. Ek is wel op my oudag makliker gatvol, en kannie stilbly nie.

Dis nou weke wat ek my besighou met die oplees of nalees van kommentare en die galge pogings van mense om grappies vir duimpies te ruil.

In 'n poolgame wen Ierland met moeite, skop Manie twee keer mis, word Faf gevra om vanaf ver pale toe te skop, faal die Bokke in wat hulle goed is – gebeur met enigiemand – en begin die sleutelbord vegters met hulle stront.

Die Iere, wat nie eens hul eiland kan bymekaar kry nie, dans op die gebeure asof die WK gewen is, en skyt die "my bloed is groen" brigade van verlede week op Faf en Libbok en sommer almal wat beter rugby speel as die manne wat van die pawiljoen af weet, se koppe. Saam met die jubelende Iere en kwassie Iere.

Laat ek vir julle en hulle vertel: Dit is nog nie die finaal nie, en beide spanne het ewe drooggemaak. En julle en hulle was nie op die veld nie – hulle, en hulle, is ewe verstront, daarom is julle, en hulle, nie op die veld nie.

Julle, julle, julle en hulle: Aag fok julle. En hulle.

Kyk nou hoe laat julle en hulle my nou byna vloek.

Op 'n Maandag.

-oOo-

**25 September 2023:**

**Die oudag**

Daar was 'n tyd waar ek (gedink het ek) belangrik was. Het besluite geneem en dinge gedoen wat ander beïnvloed het – miskien nou nie altyd positief nie, maar darem.

Vanmôre lê ek in die bed en wonder wat ek nou vandag moet aantrek, wat ek moet doen – die is maklik, D beveel en ek doen – en die belangrikste besluit is wat kom eerste: eers die plas en dan aantrek, of eers aantrek en dan die plas.
 En die vraag kom op: Wat word van my?! Of dan wat het geword van my?
 Daar was tye waar ek saam met die groot honde kon blaf en waar ek selfs die voorblaffer was – ek kon dinge regmaak wat ander verrinneweer het en ander weer wil reg hê – en ek het dit goed gedoen, dink ek.
 Dan weer kon ek ander se boggerops regmaak, want ek het goed geoefen om my eie boggerops reg te maak. Dit alles op die plek wat my werkplek geraak het en ander se speelplek was. Selfs artikels geskryf en lesings gegee in Engels hieroor. En nou? Net 'n gejaag na wind as mens so terugkyk.
 Daar waar ek geswoeg het vir 16 jaar, is als oorgeneem deur jongeres wat
"dink" hulle weet beter, en my spore is nou so te sê als doodgevee.

Dan dink ek aan Zuma: Hy het begin met skape oppas vir die "base" en so verneuk-verneuk later die "base" se baas geword. En nou? Ek raai maar, maar is seker sy grootste besluit deesdae of hy die morning glory (as dit die slag gebeur) moet kalmeer met waffer van sy klomp vroue – en die raak ook ouer en meer teësinnig.

As hy die ouer word en minder belangrik word kan hanteer, ek ook.

Ten minste het ek (nog) kleinkinners wat my as belangrik beskou – behalwe die jongste wat my nie na sy verjaarsdag wil uitnooi nie: wil konsuis daaroor dink. Oma mag wel.

Nou die dag praat hy oor sy toekoms (hy is 9 en baie wys – opa se beste vriend), en vertel my hy wil ook eendag 'n pappa word. Ek wys daarop dat dit so ver in die toekoms is dat opa waarskynlik nie meer sal lewe nie. Hy skrik so bietjie, want hy het nog nie so aan dit gedink nie, tot die wysheid kom: "Daar is mos te veel mense op aarde." Dit is dus okey as opa doodgaan.

Sommerso word opa opgeoffer aan die mensdom se voortbestaan.

Weer: wat het van my lewe geword?

-oOo-

## 30 September 2023:

Verskoon die nostalgie en die filosofie wat volg: ek eien maar die reg daartoe.

Vandag is ek met 'n 7 en 'n 4 geseën.

Die pad tot hier was net vreugde, maar met die vreugde moet mens maar besef 'n sonsopkoms en ondergaan lyk maar dieselfde, dis net in verskillende kante van jou – as die een nie daar is nie, sal die ander ook nie daar wees nie.

Soos sovele maal al op die lewenspad tot hiertoe het ek maar net weer Vrydag by 'n stilstaan en dink plek beland. Die stilstaan gee tyd vir dankie sê vir dit wat jy gekry het, en ek het baie gekry om voor dankbaar te wees. Soms voel dit dat jy dit "verdien" het, maar die is maar net genade dat jy die wapens het om te kan. En om te probeer kan het ek wel!

Elke jaar wat gemerk word met jou geboortedag het roetine geword, maar nou weet jy daar is nie meer baie van die dae oor nie – daarom geniet mens miskien meer die dag as wat dit was die afgelope 73 merker dae.

My huidige alles oorheersende "ding" is om te besef daar is 'n einde omdat daar 'n begin was: die einde is daar en word helderder in fokus gebring deur die hier en nou. Elke hartklop is vorentoe en elke hartklop is letterlik die hier en nou oomblik. Ek voel dit en geniet dit.

Wat die uitkoms van dit wat wag, is rerig onbelangrik: as dit die muur skerper en nader bring – die sou in elke geval daar wees. As die muur bietjie aangeskuif kan word, dan gee dit net tyd om die hier en nou beter te gebruik en te geniet.

Een daarvan is natuurlik die geniet van diegene wat rondom jou versamel is – jou familie en vriende. Dankie daarvoor.

Die res is ook belangrik, maar nie eintlik so belangrik nie – sonder die reste is daar nie die kern nie en die kern is net daar omdat jy dit van die reste kan skei.

Jy wat hier lees is die kern. Dankie vir jou en dankie dat jy in my lewe is.

-oOo-

**4 Oktober 2023:**

**Kan dit wees, of is dit nie?**

Hierdie is net 'n klein privaat beriggie aan belangstellendes: My uroloog besoek gister.

Ding is, as mens vir paar weke kuier in kemperplekke staan jy meer dikwels voor 'n krip, of in Frankryk 'n pissarium genoem. Jy staar dan vas teen 'n muur, of as tweede keuse, jou stroom. Met my trombose (trom oor die bose) sien ek nie verder die bron van die stroom raak nie.

Dus of muur kyk of stroomkyk – aanvanklik, want uiteraard raak die stroomvors swakker soos die blaas vulling sak. Als net om te sê ek het bewus geraak die mellow-yellow is donkerder as wat dit moet en selfs gedink dis portwynrooi – in mediese terme, hematuria. Bloed in die urine,

Dit is op my ouderdom – deeglik onder my neus gevryf omdat ek Saterdag die rype ouderdom van 74 bereik het – 'n mediese noodgeval wat dadelik aandag benodig. D se pa is aan blaaskanker oorlede op, ja, 74!

Dus het ek alle toer en rugby kaperjolle gelos en huis toe gedraai. Kan later verder loop toer.

So in die terugry een van my betroubare bronne uit die verlede, 'n teatersuster kon kontak en op 'n Saterdag al 'n afspraak by die uroloog gereël gekry vir Dinsdag.

Hom gister gesien, vresend vir 'n sistoskopie – 'n kykbesigheid deur die oog van die naald, lewendig met net lokale verdowing!

Gelukkig nie nodig gehad nie, net sonar gedoen en als bekyk – prostaat vergroot, normaal vir oumanne, die oumansklier wat swel. Verder kolletjie op nier – nie verbandhoudend, sal CT scan kry en as dit okey is, klaar en terug op pad Parys toe.

Ding is, as jy die bel trek (Nederlandse uitdrukking) en dit kom uit op onnodig, wees bly. Die kuns van geneeskunde draai om: pasiënt ervaar iets vreemd aan sy lyf, gaan na dokter vir objektiewe opinie, kry antwoord vir afwyking, of net afwyking van die normaal, en kry antwoord of gerusstelling.

-oOo-

**5 Oktober 2023:**

**Gereisd en bereisd en berust**

Net sommer so die t en d's deurmekaargegooi – daar is 'n Nederlands reël oor wanneer 'n d en wanneer 'n t aan die einde van 'n werkwoord moet kom. En wanneer nie.
Duidelik weet ek nie – mens spreek die twee tog dieselfde uit en dus maak dit mos nie saak nie!

Ons het die jaar 3 maande gery. In die tyd het D so soms by gek uitgekom, en dreigende houdings ingeneem ... wat haar niks gebaat het nie. Die draai was groot en die tussenin stoppe kort. Vir 'n ou wat besig is om weg te raak is dit seker moeilik, die gedurige aanpassings by nuwe plekke, en die onthou van waar is ons nou, waar was ons gister en eergister. En, natuurlik, die onthou van hoe dit nou weer was. Als verwarrende dinge wat ons maar so stuk-stuk optel en mee saamleef. Dieselfde vrae en dieselfde antwoorde gee het begin gewoonte raak – uiteraard het ek begin antwoorde afwissel met ander antwoorde net om myself bietjie in balans te hou – sy onthou mos nie als nie!

Ons was die afgelope maand op reis deur Frankryk – 'n plek waar ons talle kere al was en elke keer nuwighede ontdek. D sê net gedurig, maar hier was ons mos al. Smaak my die ontdekker was dus net ek. Ons het gesoek vir rugby en dit eers gekry op 'n klein leë rugbyveld in 'n klein uit die pad uit dorp, en later in Lyon in die kamp waar klomp verskillende rugbylande se mense sit en wag het vir die aand en wedstryd om te begin. So al sittend op hul stoele voor hul tente met vlae en vlaggies en petjies. Lekker gees tussen die mense, lekker gesels sommer so by die pissariums en in die strate.

Net toe dit begin lekker word tref ellendes my – ook maar omdat ek te veel weet en onthou van gister se mediese dinge. My straal by die pissarium smaak my is rooi en die vrese van ouman met baie jare agter met minder voor, slaan toe. Binne twee dae is ons terug in Terneuzen, voorlopig klaar gereisd.

Nou is dit weer van vooraf beplan, want die lewe vorentoe is weer beter sonder sluiers wat wil sak. Als skoongemaak – die kamikaze letsels van vliegende goggas is afgewas van die kemper se voorkant, sy sykante is skoongewas en die yskas weer volgepak met biere.

Daar is drie dae bespreek in Parys in 'n kemping – uiteraard ook al betaal – en dit rondom die eindwedstryde, nog steeds geen kaartjies, maar die gees van Lyon sal ook daar wees.

Dus na die berusting van nou en die rus ook agter die rug, sal ons op Woensdag 12 Oktober weer die kemper bestyg en sommer net ry – rigting Parys. Op soek na Engelse om voor te lag, Iere om grond toe te bring en natuurlik Kiwi's om gat te krap met gesegdes soos 35-7.

En D? Die gaan saam – natuurlik. Onthou darem ons was weg, is terug en die tuin het sy liefde en aandag gekry.

Hoop die bok bly befok tot einde van die maand, anders moet ek maar vlaggies afhaal en petjie weggee. En huis toe kom – klaar gereid en bereisd en kom berus.

-oOo

**8 Oktober 2023:**

**Wat weet ons van hulle?**

Dit vul my toe ook met onthou en vrae uit die onthou uit.

Ek het maar so in die bondel grootgeword – 8 kinners waarvan ek die 5de was, met pa wat sy hele lewe gesukkel het om koers te kry. Hy was die oudste van 5, sy pa het met klippe op Klipfontein in die Kliprand omgewing onsuksesvol probeer boer en uiteraard was hy die uitverkorene om Landbouskool in Clanwilliam te moet loop leer "boer". Net een probleem, hy was g'n boer nie. En harregatgeit het hom laat wegloop uit die skool in standerd 7, en myne toe laat gaan vir werk, in Alexanderbaai.

Hoe hy by my ma uitgekom het weet ek nie, maar hy het haar oorrompel met ek weet nie wat nie. Sy was ook maar uit die kontrei daar rondom Garies/Nuwerus – ek dink sy het tot standerd 8 op Nuwerus geskool geraak en is toe iewers in die Kaap, Stikland dink ek, om Verpleegkunde te loop doen.

Ook nie klaar gemaak nie, is agter pa aan Alexanderbaai toe en vandaar kind na kind gekry en so aan.

My pa het sy werklewe op klomp stoele probeer sit, maar gebrek aan die geleerdheid papiere en beman met genoeg verstand om dan dit te kon kry, het hy gewerk in die administrasie deel van Alexanderbaai se diamantmyne en bykomstig op al wat 'n komitee ding gesit – uiteraard voorsitter van baie – en assuransies vir Sanlam, na selfopleiding, uitgeskryf.

Hoof motiveerder was: Geleerdheid is wat "hulle" (ek dink hierdie hulle was die Engelse) nie van jou sal kan afneem nie, en ons oudste seuns moes loop leer – drie van ons is Stellenbosch toe gestuur. Oudste suster is Paarl Handelskool toe, ons ander naaste hoërskool toe.

Dis maar die storie van ons almal hier in die veertiger, vyftiger jare.

Die mense voor dit het ook maar almal dieselfde storie – armoede wat nie gevoel was deur die kinners nie, maar wel deur die voor en na oorlogsjare mense. My en almal van my se ouderdom, se oupas en oumas. Armoede het nie ellende beteken nie – daar is gesorg met ordentlikheid vir kos op die tafel en liefde in die huise – nou nie soos vandag se sorg nie: manne was die baas en so aan.

Tog as dit by kleinkinners gekom het was die kleinkinners die hoof fokus van liefde. Ek het twee oupas gehad – die een was dementief toe ek verstand gekry het en die ander een was die liefde en sagtheid vanself.

Ek lees nou die dag oor die generasie Z-kinners van vandag. Nou is dit so dat ons geslag die kinners van vandag redelik skepties bekyk, maar die objektiewe stukkie vertel oor die andersheid van hul benadering tot loopbaan en werk en ingesteldheid wat net anders is.

Die toekoms is hulle s'n, nie ons s'n nie. Al wat ek kan sê is dat ek net bly is ek hoef nie groot te maak aan hulle nie, nog minder sal ek tyd hê om te sien waarheen hulle gaan.

Tog as ek na my kleinkinners kyk – 2 in Engeland in daai sisteem, en 2 hier in Nederland in die sisteem – sien ek die genes van die mense in my voorgeslag. Dis verantwoordelik bo verwagting vir hul ouderdom en drome is daar van vorentoe en beter.

Ek is trots om oupa te wees en fokus maar net op een ding – liefde en aandag gee en ondersteun met my vlak van "wysheid".

Soos my pa en oupa gedoen het.

-oOo-

**10 Oktober 2023:**

**Taal as kommunikasie**

Die verweer met die beheptheid met Engels, hoor ek nou die dag weer uit Ierland, is dat taal net 'n kommunikasiemiddel is.

As jy so ver is in jou gevoel oor die taal wat jy praat, dan sal ek maar aanbeveel dat jy maar Engels moet loop praat. Die taal van jou kop is die taal van jou hart en moet dit daaruit kom – en dit kan net gebeur as jy die taalgevoel kry van sonder dink praat.

My vrou het om een of ander manier die manier in haar om 'n negatiewe vraag te vra wat jy nie met ja of nee kan antwoord. Kom ek verduidelik: As sy my vra of ek wil koffie hê, sal sy vra: "Wil jy nie ook koffie hê nie?" Die twee "nie's" beteken hier nie negatief nie, maar is 'n hoflikheids invoegsel in die vraag. Dis iets wat mens net verstaan as jy in die taal in is en dit deel is van jou.

Toe ek nog kennis probeer najaag het in my vak het ons op kongresse in Europa Engels gepraat – kommunikasie taal, sien. En so baie het verlore gegaan. Die Griek sal sy voordrag soos 'n geoefende resitasie staan en opsê. Sonder nuanses of enige ontspanningsfase – dit laat hom dom en onkundig lyk, veral as die gladdebek Engelsman opstaan en sy kennis bevraagteken, met nuanses en met humor soms. En nie in eenvoudige verstaanbare Engels nie, maar in die taal van die koningin. Geen wonder die Griek antwoord dan net met 'n "Yes, Yes".

Taal kan 'n kommunikasiemiddel wees, maar jou eie taal is meer as dit. Besef dit en leef dit uit. Ons wat in die omgewing van ander tale ons moet laat oorleef, kan dit doen, maar dan moet jy nie jou eie taalvaardigheid laat sterf nie.

In my reise deur Europa is die gewone mens kommunikasie nie moontlik in Engels nie – jy kom verder met beduie Afrikaans.

-oOo-

**12 Oktober 2023:**

**En toe is dit waarskynlik Blaaskanker!**

Die bom ontplof onder my: Daar was 'n CT scan gedoen en ek en D is weg vroeg oggend op die 12de onderweg na Parys en rugbygees.

Pas aangekom in Arres in 'n kemping toe sien ek daar is 'n boodskap op my selfoon dat ek die uroloog moet kontak. In kort, daar is duidelik 'n letsel of verdikking van my blaaswand van 6 cm breed, 0,8 cm dik: ek moet dringend 'n blaaskyk prosedure (sistoskopie) kry en daar is sterk suspisie van blaaskanker! Met haas teruggegaan.

# *Deel 6*

## *Die wag vooraf*

**Die onsekerheid van geen diagnose teenoor die sekerheid van 'n diagnose**

*Ek weet dit wat nou volg kan vir die leser swaar lees wees. Ek vra u egter om met my te bly. Ek sal die swaarmoedigheid, veral dit wat aanvanklik in die kankerlyer se gemoed is met die eerste skok van wat is en wat wag, probeer verlig met nou en dan stukkies tussendoortjes.*

<u>**Dagboekinskrywings**</u>

**13 Oktober 2023:**

Die gaan nie net oor myself nie, inteendeel, dit is eerder 'n eie ervaring wat netsowel enigeen van die lesers se ervaring ook kan wees.

My heen en weer ryery met – dan is ek op soek na gees vir die rugby, dan o fok, daar's fout met my lyf koers terug huis toe. Dan weer gerusstelling – of gewaande gerusstelling – en weer gaan soek na gees, net om weer terug te storm, is bekend en deel van my die afgelope 3 weke.

Ek het daar onder in Lyon gesien die straal is nie meer mellow-yellow nie maar meer rosé-josé en gesonde verstand het alarm geroep. Kemper gepak en 800 km huis toe, uroloog toe laat storm. Die doen 'n sonar en vertel my die blaas is okey, benodig nie 'n kykoperasie nie, net 'n CT scan, en het hier dus 'n week later gelê in die ding wat met geraas al om jou onderlyf draai.

Die man het met die aanvraag vertel die CT hoef maar eers end van die maand te wees – hy is nie bekommerd nie, ek dus ook nie. Kon dit egter op eie aandrang binne 'n week gedoen kry.

Met vals gerustheid dus vir D ingelaai en sommer weer afgestorm voor die Bokke uitgeroei is deur die Franse, net om met aankoms so 180 km suid van die huis, te moet hoor, daar is tog fout met blaas – dus kom dadelik terug!

Is terug, is bekommerd en moet nou weer so Hurry-up and waiterig wees vir die kykoperasie wat al 2 weke gelede gedoen kon word, en eers oor 2 weke geskeduleerd is! "Ons het druk en het geen tyd nou nie".

Op en af spring maak mense kwaad, dus probeer ek so saggies sonder sukses, en berus. (Ek het jare saam met die uroloë gewerk in dieselfde ziekenhuis en omdat ek rekonstruksie werk van die vagina gedoen het en dit so digby die blaas is, het ons saam die Uroginekologie vak gedoen)

Die CT scan wys 'n blaaswand verdikking van 5x6 cm en 8 mm dik, die duiwel met sy beperkte Gine kennis van blaasdinge se binnekant wys kanker en al die duiwelse dinge daarvan, met een syfer wat uitstaan – 95% 5 jaar oorlewing. My verstand sê ek is 74, ek sal gelukkig wees om nog 5 jaar hier die mense te kan versuur, dus wie is eerste, die hart of die groot K?

Dit net om die realiteit aan mense van my ouderdom uit te spel: Die dood sal 'n oorsaak hê – om depressief te raak daaroor is tyd van die hier en nou mors. Ons ou lywe raak maar op, en sal stuk-stuk stukkend raak tot als op is. Realiteit, en gelukkig is mens realistieser soos jy ouer word.

Wat my pla – en glo my ek het as arts dit nooit aan ander gedoen nie – is dat mens moet besef die onsekerheid van geen diagnose is erger as die sekerheid van 'n diagnose. Ons kom almal een of ander tyd voor die muur te lande – en afhangend van jou eie kennis, of dit wat dr Google jou vertel deesdae – kan jy jouself erg in die verdrietigheid in dink en maak. Helderheid tussen die arts en pasiënt en eerlikheid in die helderheid is wat nodig is.

En dit kry ek tans nie – die man is te besig om net 'n minuut van sy kosbare tyd af te staan en net met my, as mens te praat. Dis die fout in Nederlandse geneeskunde – die mure is dik tussen arts en pasiënt. Selfs vir my as oud kollega.

Ek het altyd my e-posadres en telefoonnommer aan pasiënte gegee om die eenvoudige rede dat sy nie te veel in die onsekerheid van geen bekendheid te moet leef nie.

Nou weet ek waarom ek dit gedoen het – ek is nou aan die stompkant van die mes!

Dankie dat jy tot hier gelees het: ek soek nie simpatie nie, ek weet net ander kom ook teen die muur van onsekerheid en miskien gee dit bietjie helderheid – jy is nie alleen nie.

**19 Oktober 2023:**

**Daar was ...**

Daar was soveel drome en daar was soveel van hulle wat weggeraak het, omring deur die vergetelheid van die jare verby.

Daar was ook soveel wat uitgekom het.

Daar was soveel goeie tye, wat soms bedek geraak het met die slegte tye wat daar was.

Daar was soveel om te onthou noudat onthoutyd daar is.

Daar is ook soveel om voor dankbaar te wees, nes daar soveel is wat mens nie verstaan hoekom dit daar was nie.

Daar was soveel dinge wat jy uitprobeer het, net om dit te sien as 'n doodloopstraat. Tog het baie daarvan gelei tot nuwe dinge wat nie anders daar sou wees nie.

En daar is die hier en nou – 'n liggaam wat verrinneweer is oor dit wat daar was, en stuk-stuk uitmekaar val.

Verhoudinge en stopstrate langs die pad wat nou in fokus kom, en mens bly laat voel dit was daar.

Om nou te geniet in die onthou daarvan.

Dit hou die jare vorentoe vasgevang, omdat was wat was en is wat is.

Tog is die hier en nou te geniet omdat als tevore daar was.

**20 Oktober 2023:**

Liewe Vriende,

Daar het maar net so 'n huppel in my pad gekom – en wat ek sal kan oorbrug. Dankie vir jul ondersteuning en liefde – dit help.

Vir volledigheid is dit bevestig dat daar op my blaaswand 'n groot gebied is wat klinies kwaadaardig voorkom. Tans is dit op eerste aansig wel behandelbaar en volledig behandelbaar (5 jaar oorlewe in meer as 95% hiervan – uiteraard is ek al 74 jaar en daar is ander oorsake vir doodgaan wat waarskynlik voorrang gaan geniet!)

Die trajek wat ek moet deurloop is duidelik en sal ek kan aanpak, so stap vir stap. My grootste bekommernis is D en vir die het ons ook al so stukkie vir stukkie beplanning neergesit.

My eerste brug gaan op 7 November wees waar 'n TRUT blaas (dis 'n prosedure waar die tumor letterlik stukkie vir stukkie afgeskil word van die blaaswand deur die urethra onder 'n spinale verdowing – die verwyderde weefsel word vir ontleding gestuur waarop die verdere besluitneming gebaseer gaan wees – dit loop ek nie vooruit nie).

Ek sal uiteraard – deels om my eie voete plat op die grond te hou – gereeld iets te sê hê oor hoe dit is en gaan. As julle dus verveeld raak oor dit wat ander as persoonlik beskou, gaan maar verby en vergewe. Ek ervaar egter in myself dat openheid en praat oor dit wat is altyd help, vir my altans.

Laat die wat nie vriende wil wees nie saggies kamer verlaat en laat ander bly en net so nou en dan iets doen om te wys hulle is daar!

Selfbejammering bestaan nie by my nie en julle hoef nie te probeer om dit weg te weer nie! Depressie ook nie.

**21 Oktober 2023:**

Verwarring, selfverwyt, kwaad wees – vir myself en die andereen, plus vir gesonde mense om my heen, bang vir wat kom en pogings tot rasionaliseer. Geen depressie, meer insig en helderheid soek oor waarheen die toekoms gaan, godsdiens se gryp na vertroosting en behoud, denke oor wat is na dit, soeke na oplossings van dit wat is: alles emosies en bewustheid omgang met die diagnose.

Geen donderslag uit die bloute, meer 'n deur die oppervlakte breek van wat in die onderbewussyn was. Herken aan jouself die feit: jy het kanker, daar wag die einde in die toekoms – ek het dit geweet, nou is dit egter realiteit.

Verwerp gaan nie help nie, tog probeer mens dit. Aanvaar wil jy nie, tog moet jy anders kan jy nie aanbeweeg nie.

Als is niks nuut nie – ander was en is daardeur, ek kan ook, en sal.

Tog is die hier en nou van soms geen beheer oor wat kom, moeilik om te aanvaar. As ek kon, sou ek nou al die ding uit my lyf wil kry.

Tog weet ek als neem tyd. En tyd sal heel.
Alles.
Kom ons gee tyd kans, en berus.
Vir nou.

Naskrif vir later: Dis nie net ek wat ly nie – my wapens is daar. Dis D wat verward probeer aanpas by 'n moontlike ander toekoms as die een wat ons gedink het daar is. Tog nou moeilik om uit myself te beweeg na buite om te ondersteun. Weet dit sal wel kom en goed kom.

**Uit Prediker:** *(Pred 12:1-8) En dink aan jou Skepper in die dae van jou jonkheid voordat die ongelukkige dae kom en die jare aanbreek waarvan jy sal sê: Ek het daar geen behae in nie — voordat die son en die lig en die maan en die sterre verduister word en die wolke terugkom ná die reën, dié dag wanneer die wagters van die huis sal bewe en die sterk manne krom word en die malers die werk staak, omdat hulle te min geword het, en die wat deur die vensters kyk, verduister word, en die deure na die straat gesluit word, terwyl die geruis van die meul verswak; en hy opstaan as die voëltjies begin sing en al die tone van die lied dof sal word.*

*Ook sal hy bang wees vir 'n hoogte, en verskriklike dinge sal op die pad wees! En die amandelboom sal in bloei staan, en die sprinkaan sal homself met moeite voortsleep, en die kapperkruid nutteloos wees; want die mens gaan na sy ewige huis, en die rouklaers sal op die straat rondgaan.*

*Voordat die silwerdraad verwyder word en die goue oliekruik stukkend val en die kruik by die fontein gebreek word en die wiel stukkend in die put val en die stof na die aarde terugkeer soos dit gewees het, en die gees na God terugkeer wat dit gegee het.*

*Alles tevergeefs, sê die Prediker, dit is alles tevergeefs.*

**22 Oktober 2023:**

Afleiding sorg vir net dit, afleiding, en dan kom dit maar weer terug – gedagtes wat jy nie wil hê nie, maar tog hul weg vind in die klein ure van die nag. Dit groei daar soos wat dit vir jou vertel van die ding in jou wat groei terwyl jy wag ... wil dit weg hê en egter nie op my tyd nie, maar wanneer die tyd vir dit daar is.

Wa span voor die perde en die.

Vandag is dit herfs hier en is dit buite, wat die Nederlanders dit noem "mieserig" soos wat man met die dinge om jou wil-wil voel.

Met die rondtrekkery totdat mens tot rus kom op een plek is daar so baie wat jy sien en beleef – die verandering in insigte en die verandering in omgewings insette verander saam.

Die een veranderde verandering wat mens hier in die Noordelike Halfrond beleef is die seisoen veranderinge.

Die lewe en dood en heroprysing tussenin, kom telkens opeenvolgend met nie veel veranderinge in aanbiedinge nie, maar tog is dit elke jaar anders.

Ek het my voorkeur seisoene met herfs bo-aan – al wat my hier pla is die son wat gedurig in jou oog is – byna heeljaar. Dit maak weer dat die halfbewolktheid van grysweer hier met gereelde tussenposes verwelkom word – ek is van Namakwaland en reën en seën is vir my 'n eenheid. Dit pla my dus nie as dit nog reënerig ook is nie.

Die Ysweer net na Desember is ook een van die hoogtepunte hier waar ons onder die randjie van water sit met net sandwalle om die boosheid van die Noordsee te tem. Die rede vir die ysweer is juis dat die wolklaag van Desember wegtrek om die flou sonnetjie deur te laat sonder dat dit die aarde behoorlik verwarm: water word ys en selfs riviere hier by ons rond verys – meer noord sal die mere en so aan verys.

Die deeglikheid van die Hollander stel reëls vas wanneer die kindertjies toegelaat word om op die ys te mag gaan – 3 dae van pal onder die vriespunt is hoofrede om die yslaag te toets en as dit 3 cm is, dan mag uitgegaan word. In die tyd wat ek hier is het nog net een jongetjie in die ys weggesak en dit was 'n mannetjie wat nie wou luister nie. Ongelukkig ys dit nie elke jaar nie en is dit een van die teleurstellings as die lente kom sonder ysweer.

Die sneeu van die winter moet ons maar gaan soek in Winterberg Duitsland (4 uur se ry) of verder suid in die Alpe. As die wit goed hier val is dit 'n dun lagie en nie langer as 'n week op die grond nie, net soms langer en dikker, maar dis die uitsondering en nie die reël nie. Natte sneeu wel – dis as die sneeu val, maar nie bly lê nie en dadelik smelt.

Somerweer is vir die Nederlander die hele rede tot bestaan – ek is nie heeltemal deel van dit nie. Wat wel lekker is, is die soel aande waar jy buite vleisbraai tot laat met die son wat eers wegval om 11 uur en om 4 uur raas die voëls weer die nuwe dag tegemoet. Ons maak blindings toe, en soms vensters, want die terras sitters kan tot laataand kuier en "bijpraten". 'n Hittegolf word hier definieer as 3 dae bo 30 grade – praat dan van "tropische" weer – en saam daarmee gewoonlik hoë humiditeit wat jou laat sweet op plekke wat jy nie gedink het jy het nie.

Die huise hou die hitte in en dan sit mens maar oopketel, en waai met als wat lug kan laat beweeg. Onaangenaam.

Die toertjie deur die seisoene kom elke jaar in my kop in as die herfs hier is, seker omdat ek dan sien hoe dinge saam verouder, afval en verdonker om later weer op te kan helder. Sonder die winter sal die somer nie daar wees nie, nog minder die herfs en lente tussen in.

Het rugby gisteraand saam met die kleinkinners gekyk – die twee het later geslaap en nie eens wakkergeword toe hul pa opspring van vreugde toe die man met die snaakse haarstyl die drie druk.

Kop weer binne beheer vanmôre – twyfel oor wat is en wag bestaan minder – realiteit neem oor en dit raak die anker en haakstok: 74 jaar, blaas karsinoom is wel behandelbaar, eerste tekens wissel tussen goeie voorspelling en slegte voorspelling – dan weer wat is goeie uitkoms en wat is slegte uitkoms?

Weer 74 jaar en die einde was al daar gewees in helder letters toe ek 48 jaar oud was: 5 hartomleidings, Frans nog op universiteit, praktyk was werk en inkomste was werk afhanklik – onbekendheid van toekoms was baie erger as nou.

    En die nou is 24 jaar later met helder vreugde wat ingekom het in die 24 jaar. Dus die hierdie en nou is nie te sleg nie en kan miskien nog goed kom.

    D: "Jy loop dinge te ver vooruit."

Ervaar wat die ding aan ander doen toe Mr T gisteraand met groetslag my bestorm met: "Het opa kanker?" Dus is ek nie alleen nie, nog minder al wat "swaar" kry!

My beloftes boontoe raak nou op met al die gebyna verloordery van die Bokke – dink nie daar sal na my geluister word volgende naweek nie – maar weer dan vlag afhaal in die hoop om dit die volgende dag weer op te sit. Hoop beskaam mos nie.

Soos die een ou gesê het, die toekoms is maar net 'n gereformeerde toekoms – als is net genade.

Die genade deel het ek ook al redelik opgebruik!

Babatreetjies is al wat nodig is tans.

Eerste mikpunt is 6 November vir die uitskraapdeel en dan wat is, is en wat voor is, is afhanklik van wat die "is" is.

## 23 Oktober 2023:

Kudu Smit *('n FB vriend wie se vrou ook demensie gehad het en sy is later oorlede):* "Net oorlat daar aan die agterkant van ons lewenspaadjies 'n paar strontstrepe lê, beteken dit nie ons hele lewenspad is verstront nie
 – *kyk verder*
 – *kyk vorentoe*
 die pad is wawyd oop en wag angstig op ons splinternuwe opwindende ... ditwatsaakmaakspore ..."

Met my kop vol van die strontstreep wat die lewe weer voor my kom gooi het – juis toe ek besig was om "ewe onskuldig" met my kemper deur Frankryk agter rugbygees aan gereis het – is dit so dat mens weer helderder kyk na jouself, die lewe om jou en natuurlik die

tyd van nou en die tyd voor my, en soek jy na woorde van troos. In die Bybel en by ander.
En toe kom Kudu in sy onderwyserlike self en sê dit.
Ek kan net byvoeg: juis!

Daai Carlisle meisie van Seattle sing in haar Story lied van die plooie op die gesig as lewenslyne van ervaring: ek het baie sulke lyne. Mens raak lief vir daai lyne – elk vertel sy verhaal wat net jy soms ken. Ook besef jy dat elkeen daar is om 'n rede. Dit het jou geplooi om jou te kry wat jy nou is.

Of jy nou van die plooi se vorming gehou het of nie – dis jou plooi en hy is deel van jou.

Ek het paar plooie wat soos wonde gevoel het aanvanklik, en met die littekenvorming van die genesing sy lêplek kom kry het in hart en gees. Ander sien net die nouse plooi, ek ervaar dit daagliks.

24 jaar gelede was die verwonding by my 'n hartding wat byna so verwond het dat plooi nie sou kom nie: die groot einde was byna daar. Gespaar gebly om met sy plooi die lewe verder te kon in, en 'n verbeterde ek gevorm in die toekoms in. Sonder daai bergplooi sou ek nie vandag kon terugkyk en besef sonder sy plooi sou ek nie van die lewe se lewe geweet het nie.

Die gelykplooie wat nou in my vorm met D se ding en my nuwe ding sal dieselfde gebeur: dit weet ek nou.

Maryna Annandale wys nou die dag daarop dat kanker net by God se witbroodjies gebeur: die mense kry waarskuwing en word helderwees tyd gegun oor 'n geleidelike eindepad. Mens moet dit reg gebruik.

My skoonpa het gesterf aan die ding en wat my bybly, is sy laaste dag, Hy het op sy sterfbed gelê met die swaar asemhaling kenmerkend van die verdowing van nierversaking – ureumie. Skoonma lê by hom en sê herhalend: "Frans, het jy nie iets om vir ons te sê nie?"

Ons het nooit geweet of gehoor wat sy wou hê hy moes sê nie.

Dit my liewe vriende en ander is die rede waarom ek tans hier my sê sê.

Ek gebruik (of is dit misbruik?) my witbroodjiegeit hier om my sê te sê.

Of jy luister of nie, my plooivorming, of miskien strontstreep, trek ek nie in stilte nie.

Dis nie sommer vir vat nie.

**24 Oktober 2023:**

Stadig maar seker kom die aanvaarding van die realiteit na vore – uiteraard is daar oomblikke van opstand wat afwissel met vooruitloop gedagtes van opstand en vrees vir wat wag.

Realiteitsdenke help, verbreding van kennis oor wat is maak dit moontlik om tog deur te druk, alhoewel D vertel ek loop dinge te ver vooruit.

D is egter duidelik besig om meer en meer gate van niks in die kop te kry: korttermyngeheue soos in netnou se onthou raak al hoe meer. Dit verg natuurlik geduld om by te hou – met hande werk soos huisskoonmaak en tuinmaak is sy op haar gelukkigste, ek moet net nou en dan kom wys waar dinge gebêre word en hoe dit werk! Gesels is eintlik eenrigting met 'n kort geheue bruggie.

Dit maak egter dan mens besef jy is nie al wat die laste dra nie: interessante samestelling die twee van ons.

My liggaam val uitmekaar, haar kop doen dit. Hoop net ek hou tot die oomblik kom waar sy my nie meer nodig het nie ...
Feit bly dat ons mekaar regop kan hou en sal hou.

Môre gaan ek die narkotiseur sien en kom my besigheid stadig aan die gang – my ongeduld is groot en wat wag moet aan die gang kom.

Wat is genesing en wat is wat mens sal beskou as die goeie uitkoms, of wat is slegte uitkoms? Als dinge wat mens maar stap vir stap neem. Sonder om sinies te wees besef mens dat dit definieer word deur jouself. Jy trek die grense rondom gegewe situasies. Deur dit maak jy self wat jy verwag, en as dit te veel is gaan jy teleurgesteld wees. Trek jy dit egter weer na die anderkant toe, wag daar miskien meer hoop en vreugde, maar die neiging bly van hoop en vertroue dat als goed kan kom met groter verwagtinge.
Interessant in my is dat ek agterkom ek raak kwaad as ek gesonde mense sien wat hul gesondheid opneuk met rook, en ander risiko optredes. Daar is dinge waaroor jy beheer het en dinge waaroor jy nie beheer het nie. Trek die grense van die oor beheer het wyd!
Dankie vir die luister na die gebabbel van 'n deurmekaar kop.

Die vasgevangheid in die onsekerheid van nie weet nie en die vrees van dit wat in jou is en groei, laat mens weer terugdink aan nie so lank gelede toe ons vasgevang was, en gevangenisse was in eie huis deur 'n onsigbare vyand, die corona virus.
Jy wil uit en net vergeet dis jou huidige lot.

*Ek sit as 'n **tussendoortje** my gedagtes van daardie tyd op:*

-oOo-

**Om te uit:**

So met die feit dat mens se bewegings- en kontak vryheid ingeperk was met die pandemie, kom sekere gevoeltes na vore.

Die belangrikste is dat man wil uit. Gisteraand sê ek vir D dat ons waarskynlik in "normale" tye ook maar tuis sou sit en doen wat ons nou doen, maar omdat jy gedwing word, wil jy uit.

So terugdinkend aan die opgroeityd kom mens agter daar was sulke vasbindtye in die verlede – die koshuislewe op skool, en natuurlik die army tyd. In beide kon jy nie doen wat jy wil en gaan waar jou begeertes jou heen wil vat nie.

Ons was van 13 jaar tot 18 jaar in die koshuis in Springbok gewees: daar gebeur baie dinge met mens se menswording in daai jare. En dit was juis in die woeligste tyd van mensword wat ons gedwing was om op te staan wanneer gesê word jy mag maar opstaan. Ons moes saans studietyd van 7 tot 9, stiltetyd van 9:45 saans tot 10:00, en dan ligte uit, en in kamer bly tot die klok weer om 7 uur soggens lui. So is jou lewe gemaak sonder seggenskap.

Uiteraard het ons verkeerd geneuk. Toe man begin woelighede hier onder ervaar en meisiekinners nie meer goed is wat jy met kys wil slaan nie, het ons weggeloop. Ek het iewers 'n dorpsmeisie gehad en saans daar gaan gebakte eiers en toast eet en die dinge gedoen wat man voorberei het op 'n lewe later as Gine. Gevang, gatbrand gekry en weer weggeloop agter die hormoonlus bevredigingsaksies aan.

Ek sal maar liewers nie oor die anner dinge vertel nie. Ons het myle geloop Sondae en Saterdae agter 'n swembad aan op O'Kiep, en sommer net soms gaan sit op een van die klipkoppies net oorlat ons kan.

En in die army was dit nog meer ernstig. Ek was eers army toe na ek klaar gestudeer was en as goedkoop arbeid orals gestuur was – was toe al getroud met een kleintjie. Die opstand teen waarom ons dit moes doen en hoekom is nou nog nie beantwoord nie.

D vertel van die dogtertjie wat saam met haar ma van Kanada af op pad was na ouma toe in Kaapstad, ons het hulle teëgekom op die vlug Kaap toe na hulle alreeds ure gevlieg het. Die dogtertjie staan en huil by die venster en beduie sy wil so graag net bietjie op die vlerk gaan rondloop.

Nou hier op my oudag sit ek alweer en moet sit en niksen – nie lat ek nie laaik van niksen nie, maar ek wil besluit wanneer en hoeveel ek moet niksen.

Hopelik is dit nie vir niks nie, hierdie sit en niksen.

-oOo-

### 25 Oktober 2023:

Die geveg tussen die arts in my en die pasiënt in my is tans hewig – ek het beweeg van die stompkant van die mes na sy skerpkant. Kante wissel om die leser, letterlik – die een wat sy broek aanhou na die een wat sonder broek hom moet oorlaat aan die genade van 'n ander.

Ek wil myself oorlaat aan die lot van die pasiënt, maar stoei daarmee.

Sonder om tog iets te sê is nie moontlik.

Ek sit as voorbeeld iemand anders se probleem neer. Soos met als hier in Nederland is daar natuurlik "lotgenote" groepe, ook vir kanker. Ek kyk gisteraand en vind dit op die webtuiste, kanker.nl. Daar kan jy as pasiënt vrae vra en "professionals" antwoord jou. Sien dit as grashalmpies waarna gegryp word deur die pasiënt. Tog sien ek die vraag en reaksie tot dit wat gegee word. Is ek verkeerd as ek dit as onaanvaarbaar vind dat iemand wat duidelik kankerselle van 'n hoë graad kwaadaardigheid sommerso afgewys word as "die landelijke norm is 6 weken" voor verwydering! Jy moet dus sit en wag, wetende die ding sprei in jou, want die behandelaar het "druk" of dan is so besig dat jy maar net 'n nommer is op die waglys!

En ek is bekommerd – my urien-ondersoek toon darem geen selle nie, en ek wag nou van 2 Oktober tot 6 November!

Die arts in my het dit nooit aan enige kankerpasiënt gedoen nie, die pasiënt in my wil die ding uit en gedefinieerd hê – en hier het die arts in my ooreenstemming.

Ek dink die houding is onmenslik om pasiënte net oor te laat aan dr Google as so 'n swaard oor die hoof hang. Wees gerus, die Andri Nieuwoudt in my gaan werk maak hiervan. Eerste pyle het ek al geskiet na die kanker.nl "professional"!

Na die afblaas: Ek voel goed, ek is op bloedverdunners waarop ek nie sommer kan laat sny nie, en moet 7 dae voor die prosedure na goeie ou Disprin oorslaan. Dis gedaan, en sien die narkotiseur vandag. Kry hom jammer!

My beskermengel in die teater het alreeds vir my een uitgesoek en sal self saamskrop as ek plafon lê en kyk op 6 November.

Destyds in Mediclinic Vergelegen toe ek my koronêre vatomleidings gekry het, het ek sulke engeltjies gehad. Blykbaar, hoor ek later, was ek al aan die slaap toe 'n kateter ingebring moes word. Zoeri, een van my gunsteling staf nurse assistente in die teater, het alle ander nurse uitgejaag met 'n "dis dokter Nieuwoudt die, ga staan julle meide in die gang. Charles ('n male nurse), kom hier en sit die kateter in!" Dit terwyl Zoeri dwars oor my gelê en toehou het!

    Ek weet ek sal goeie diens kry in die teater. Wat jy insit kry jy terug.

    Tog voel die arts in my die pasiënt in my word bietjie geblokkeer – rigting, die behandelaars. Al is dit die "norm", beteken dit nie die menslikheid moet agter gelaat word nie.

-oOo-

**26 Oktober 2023:**

Gister het die zorgverlener vir D langs gekom vir kennismaking. D het gelukkig gelyk omdat sy en die vrou goeie kontak kon maak. Dus rustiger.

    Ekself? Grensend boos sou mens dit kon definieer. Probeer rustig bly, net om voor die kop geslaan te word met die realiteit. Ongeduld oor moet afwag, ook besef dit kan nie anders. Die hoof obstruksie is die bloedverdunners wat eers moet uitwerk – sal volgende week Woensdag uitgewerk wees. Dus, niks tot dan.

Die rugby hou man se kop besig en al die pogings tot nuusmaak orals met eintlik net skinderstories waarmee jy bombardeer word. Eenkant tjank die Engelse, met al hoe sagter wordende Franse tjankers. Destyds met Rhodesië in hul Zimbabwe ruïnes vervallery is gesê die verskil tussen 'n Rhodesiër en 'n Boeing is dat die "Boeing stopped whining at Cape Town Airport". Die Engelse se Boeing is nog nie op die lughawe nie.

Om teen die All Blacks te verloor ken ons, om teen hulle te wen ook so 'n bietjie: ons hou van klomp All Blacks wat verward rondstaan aan die einde en haat klomp All Blacks wat glimlag. As ek eerlik moet wees hoop ek vir een en weet dit sal seker die ander een wees - miskien nie. Hopeful, doubtful en eindig as 'n fool gemaak deur 'n klomp mannetjies.

Was gister by die hurry-up and wait plek. Pasiënt is afgelei van patience. Wagkamers in en wagkamers uit as geduldige in die geduldkamers. Dus ...

Ek sien een van die terugpraters hier praat van toutjies trek. Nog nooit myself gesien as so iemand, maar miskien is dit as jy jou ongeduld laat voorop loop en bek oopmaak, dit soos toutjiestrek lyk. Sal nog moet dink oor die beskuldiging wat grens aan net dit, 'n beskuldiging. Te emosioneel om nou daaroor uit te wei.

Die normale reaksie van dit wat nou gebeur met my is dat jy deur die bekende fases van skok, verwerping van die realiteit, verdriet, kwaad wees, ens gaan. Die eindfase is aanvaarding en dis waar jy wil wees. Miskien haas ek my te gou deur die fases om by die aanvaarding te kom. Dis nie net jyself nie, dis ander om jou wat dit ook moet deurmaak, met soms spore van bejammering te speur. Hoef nie, maar dit is egter normaal. Solank selfbejammering nie deel word nie.

Intussen sit ek maar in die geduldkamers, of dan wagkamers vir pasiënte, en ja, wag geduldig, ongeduldig.

-oOo-

## Nadink:

Gewoonlik skryf ek sonder dink. D beskuldig my altyd van praat sonder dink – dis dus deel van my fabrieksfout samestelling.
Tog gebeur dit soms, soos nou, dat man begin dink na die skryf en dis wat ek nou wil uitgooi.
Altyd gevaarlik as ek aan die dink gaan en sal dit miskien raadsaam wees om nie verder te lees nie!

Ek het altyd probeer om my artsenvak met empatie vir die pasiënt te doen. 'n Pasiënt is in ou Namakwalands gestel, 'n ongedurige mens.
Om duidelike redes – jy voel onseker oor jou eie lyf en daarom val jy in die vakkie van "pasiënt wees" en is grensend aan kwaad/ongeduldig/onredelik te wees.

Kom ek klim in my pasiëntelyf en vertel die gewaarwordinge gister met die "gewone" zorg toedien in die zorginstelling wat hier 'n Ziekenhuis genoem word. Die Duitsers praat van Krankenhaus, as ek dit reg het.
Die kranklike, ek, moet die POS gesoek – POS staan vir Pre-Operative Spreekuur. Toe ek hier begin werk het in die goeie ou tyd van 2002 was daar nie sulke dinge nie. Jy sien die kranklike, besluit tot operasie – hopelik saam met die kranklike, of pasiënt – en stuur haar dan vir kontrole by die internis om te kyk of sy gesond genoeg is om die aanslag van narkose en chirurgie te kan aanpak.

Toe kom die Belgiese inval van die jong slim mense vars uit die universiteite en hulle wil toe die besoek oorneem – nie omdat die ou manier foute laat gebeur het nie, miskien om ander redes wat nie aan ons verklaar was nie. Die POS het sy ontstaan – eers net die "narkose assistente" of die hulpnurse van die narkotiseur in gewone taal. Later, soos nou, sit 'n regte narkotiseur daar – narkotiseurs is mense wat nie baie praat nie, en nie baie kontak met die terugpratende pasiënt duld nie – dis hoekom hulle jou gou slaapmaak voor hul geduld op is met jou terugpratery en vrae vraery.

Gister kom ek daar aan en word eers deur 'n aptekersassistent en die se stagiêr (lees stagiaire wat leerling beteken) deur my hoop hartpille geneem en vertel van dinge wat ek weet. Gelukkig is die een 'n pasiënt van my seun en kan ons gou duidelikheid kry ek is nie onnosel met mediese pille sake nie en hoef nie alle kronkels in die maak gesond, maak siek proses wat "geneesmiddels" genoem word, geneem te word nie.

Terug na wagtende ongeduldige kamer met 'n toegekende nommer.

Narkotiseur is so 'n maer vroutjie (my binne informant het gesê sy is 'n brawe vrou en lief) met loshangende teaterklere. Toe ek wil Hollandse handjie gee word dit geweier – sy is of Moslem, of sy groet nie, of – nog gevaarliker – dink ek is vol kieme en sal haar kanker gee of watter siekte ek ook al het. Okey, ek is pasiënt en is mos boos/ongeduldig/onredelik, en hou myself intoom.

Weer neem dit 'n tydjie om aan haar gewoond te raak. Sy is wat die Nederlanders sal klassifiseer as "serieus". My grappies makery kom nêrens nie – ek kan hoor hoe D, in my onthou, vir my sê "gedra jou".

Gaan deur al my siektes en pille, asof ek die goed nou nie al jare deel van my lewensproses het nie, maar vat later darem kortpaaie toe sy agterkom ek weet iets oor die goed.

    Daar uit met bloed vorms in die hand op pad na die laboratorium waar jy 'n afspraak moet maak om bloed te trek! Kwaai antie agter haar komputer en Covid beskermende afskorting vattikakki van die boos/ongeduldige /onredelike "pasiënt". Kry nommertjie wat my laat wag tot daar geen afspraakgemaaktes meer oor is nie en kan ek my sit gaan kry om my bloed te tap.

    (Ek het eenkeer in die gang afgekom met 'n seuntjie van vooraf wat in 'n rolstoel sit. 'n Ouerige vrou het langs hom geloop waar sy oupa die rolstoel stoot en ek hoor net hy sê in 'n huilstemmetjie: "maar Oma, ze gaan mij bloed aftap!")

My bloed is getap en voor ek verder ongeduldig kon wees staan ek buite die Ziekenhuis: bedient deur die Zorgmedewerkers en wonder waarheen gaan ek met my lyf.

    In my dae – ek weet ons oumense sê dit gereeld – was daar 'n ding soos 'n Onkologie verpleegkundige wat alle kankerpasiënte se aanspreek punt was vir enigiets wat onduidelik is. Ek soek so iemand maar kan nie by haar kom as ek nie verwys word nie – die een agter die venstertjie by "my dokter" blok my as ek enigiets buite "gaan sit en wag" bevel wil doen. Veral as jy nie 'n afspraak het nie.

    D: "Jy loop dinge te vooruit, wag jou beurt af."

    Fokkit dit is moeilik vir die boos/-ongeduldige/onredelike, nou skoorsoekende "pasiënt".

    Genoeg gedink – gaan nou slaap, dis 6 uur vm.

-oOo-

## 27 Oktober 2023:

Kyk, ek is nou al gatvol vir in myself indink oor negatiewe goed – kon nog nooit te veel negatief wees en dit smaak my die hele kanker besigheid het nou sy draai in my kop begin maak. Slim mense sal dit aanvaarding noem.
    Bietjie ongeduld sal bly, want die is deel van my fabrieksfout.

Dis vol herfs hier met regent en regent en nogmaals regent rondom ons in die Hollandje. Die goue blare van die bome wys en waaier grond toe soos die winde opkom en loop lê. En plak op die nat teerpaaie en fietspaaie.
    My naaste familie loop in die son rond – en op die Kanariese eilande (daar is blykbaar geen kanaries op die Kanariese eilande nie, nes daar ook geen op die Virgin eilande is nie – ek bedoel kanaries) en die ander een in Portugal. Word uit die bed gejaag oor dromme wat vergeet was om uit te sit – ten minste nog 'n funksie hier rond, sien ek.
    Verder is my orige lewe vol van rugby en dra ek vandag maar groen – smaak my dis vir oulaas as jy so luister oor die voorspellers, Rassie het hoeka ons sommer uitgeboul met sy span vir Saterdag. Slim, maar slim kan sy baas vang, weet ons mos ook.
    Al troos is dat ons ongerustheid oor die finaal is ook by die NZ ondersteuners: niemand wil windgat nou al wees nie!
    Al wat man weet is dat ons gewoond aan verloor teen die dans manne is, en wil so graag wen ook, veral teen hulle. Daar is niks mooier as klomp verdwaasde manne

in swart as hulle verloor nie, en niks so lelik soos klomp manne in swart wat glimlag nie.

Tog loop verloor ek liewers teen hulle as teen die Engelse – niks so mooi as die geluid van hulle gekerm en weeklaag nie.

Hoe gaan dit met my lyf? Nie veel nie – piepie rooi as ek te veel fietsry, en geen pyn nie. Eet voorkomend vir die gewigsverlies wat kom ... dus dit gaan goed. Sal Maandag met die uroloog praat en hoop om vroeër as die 7de geholpe kan word. Ook nou nie 'n ramp as dit nie kan nie.

Dit is wat dit is en wat kom moet maar kom – al is dit op of af.

Die optes en aftes vat man maar een een.

Lewe verder net in die oomblik van nou en maak die beste daarvan.

-oOo-

**28 Oktober 2023:**

Engeland het gisteraand op tierietjiesegat langs gewen. En ek sien een Engelsman vertel dit was 'n fantastiese wedstryd. Huh? Hulle sal ook victory laps hol op als. Farrel was weer Farrel-entertainment, die klomp high five vir 'n aanslaan van die Pumas, die driedrukker van hulle slaan die ou wat hom tackle ... en almal sien dit behalwe die TMO en sy handlangers ... Is dit nou nodig dat ek my moet ophou met die klomp wit kante? Ek wil nice wees, maar ai tog dit neuk maar.

Sit en doen wat ek deesdae my niksentyne mee volhou – video clips op YouTube kyk – preview en review van die rugby. Beland teen my sin – het al die ander deurgekyk – op die the Good, The Bad, the Rugby show

(GBR) en raak so vies dat ek amper nie 'n TV vir die rugby van vanaand het nie (my skoen het gelukkig die TV gemis). Ek wil julle nie ook kwaad maak nie en sal dus nie als vertel nie. Die man met die skewe neus wat reg gemaak is na hy ophou rugby speel het – dis reg, daai een wat in die royalty ingetrou het – Trindall – sit en vertel dat dit darem nie netjies is dat die Bokke spot met die arme Curry se onvermoë om Afrikaans te verstaan nie. Dis mos strooi die Afrikaans pratery op die veld. Skewe, nou reguit neus, het ander dinge ook gesê – ek wil julle nie ook kwaad maak nie, dus los ek nou die kwaadraak ding van my. Loop kyk self, maar wees gewaarsku, gooi jou TV mis.

Ek sien oom Paul is in groen gehul in Pretoria – weetie wat die plek se nuwe naam nou is nie. Oom Paul staan darem nog. Wonder wat oom Paul sou sê as hy agterkom dat op sy nuwe groen jas staan Engels geskryf, net Engels. Hier is ek alweer by die nasie wat orals oor wil vat en probeer vat. Het gisteraand loop slaap voor die brons medaljes uitgedeel was. Wonder of daai Nigeriese lang klos op die kop "Engelsman" die slag sy brons medalje om sy nek gehou het.

Wag, ek sit en praat nonsens. Julle wou seker weet hoe gaan dit nou in ons huis van ellendes: D gaan agtertoe en is nogal opstandig daaroor. Baie kort geheue is hopeloos. Ek kan haar nie stuur nie, sy loop kombuis toe en vergeet wat sy daar loop soek het. Ek moet wag tot sy in die kombuis is en skree dan "maak vir ons koffie", en dan vra sy "hoe". Toemaar ek maak 'n grappie, dit gaan goed met haar. Is net bang vir vreemde mense en veral as mense met haar 'n gesprek wil voer.

Met my? Geen probleem. Wag maar, hoop maar. Ongeduldig, maar nou ja. Moet seker ook.

Ek weet sekere dinge en hoop ander uitkomste. Soos weet die bleddie swartspan sal wen vanaand, vlag dus af en nie weer op nie. Hoop die vlag kan weer op met hangbek swart kant spelers. Nes dit was met die wit kante – selfs 'n halwe punt voorsprong is genoeg.

Ek vra nie veel nie.

-oOo-

**29 Oktober 2023:**

Wat kan man sê? Kan ek vertel van die beloftes wat ek gemaak het oor als wat goed moet uitkom – as die Bokke wen, as die wetenskap my moet help om al die dinge te doen wat ek sal doen as die positiewe dinge uitkom – sommer als wat ronddwarrel.

Sleg geslaap gisteraand met oumens lyfpyne orals en natuurlik die euforie van gisteraand na al die spanninge. Kopseer en dooie wange is al wat vanmôre oor is, en natuurlik die beloftes wat aan voldoen moet word noudat die anderkant Sy kant gebring het!

Kom ek vertel eerder my storie van Rugby Wêreldbeker 2023. Al lankal die droom en plan gekry om af te ry in Frankryk in, en so al om Parys te ry van wes na oos en die gees van die wêreldbeker te soek. Vrou in die kemper gelaai op 6 September en so kuier-kuier gery tot in Lyon waar daar paar wedstryde sou wees, onder andere die AB's – nie om hulle te loop kyk nie, maar om hul ondersteuners te loop sê "35-7".

En toe slaan die duiwel toe. Ek kom agter waar man teen die muur moet staan en straal dophou onder die trombose uit, dat dit nie mellow-yellow is nie, maar meer Rosé. Eers probeer ignoreer, maar man het mos darem 'n groot deel van die vorige produktiewe lewe blaas dinge en dinge rondom die blaas – nou wel in vroue – mee besig gewees. Geen simptome, bloed in die water beteken net een ding: sorteer uit hier kan groot fout wees.

Dit verg redelike self oortuiging om als net daar kort te knip en terug te kom huis toe.

Langstorie kort: Op my verjaarsdag (30 September) in die kemper geklim en binne twee dae terug gewees in my tuisdorp. Sal nou nie die res hier weergee nie: 10 dae gelede is gesien daar is "wat" in die blaaswand verdag van kanker en dit moet uitgeskil word.

Rugby Wêreldbeker sal nie wag tot ek weer kan loop gees soek nie, en dus maar hier tuis als gevolg tot die euforie van gisteraand. Dit na die spanning/euforie, ens van met 1 punt wen in die kwart finale, half finale en nou die finaal: een punt elke keer! Dis soos oopmondsoen met wat jy dink jou ouma is en op die end wakker word terwyl jy die seksiestse meisie so sit en soen!

Meer as dit kan mens nie vra om te ervaar in wat as jou lewe uitgestippel is nie! Die wen van 1995 was so onverwags dat man dit nie eintlik waardeer het op daai tyd nie, die een in 2019 ook maar. In 2007 was ek al hier in Nederland, maar moet eerlik herken ek was so vasgevang met ander dinge dat ek nie veel registreer het oor daai een nie. Die kersie op die koek waar ek oomblik vir oomblik saamgeloop het van 2023 se beker, is definitief 'n voorreg om te kan ervaar.

Die 2019 euforie in SA is doodgesmoor deur Covid net 2 maande later. Hierdie een se euforie sal hopelik deurwerk in die SA samelewing in, hoop ons. Al klad op die hele aand van gisteraand was die drietal politikusse van die ANC wat gisteraand probeer het om dit hul ding te maak.

Dis die 10de dag van my lewe met moontlike blaaskanker, dis nie 'n doodsvonnis nie, dis net 'n pad vorentoe wat vol obstruksies is – ek het al deur erger gegaan en is dus nie bang of skrikkerig vir wat wag nie. Lees gisteraand iets wat ek geweet het maar ietwat vergeet het van – die mRNA tegnologie van die Covid vaksiene was geleen by die immunologiese behandeling van vinnig verdelende selle en dit het, waarskynlik danksy die groot omset van Covid, veroorsaak dat dit ontwikkel het tot groot hoop en dankbaarheid by kankers wat uitgesaai het.

 Die byeffekte is min in vergelyking wat chemoterapie doen, inteendeel dis maar wat mens sien met die vaksinasies. En die eerste studies op blaas maligniteite gee alreeds 'n 22% beter uitkoms van kanker met uitsaaiings!

 Ek sal later die hele ding bekyk teen die lug en miskien meer uitlig hier.

 Al my wegloop kinners en kleinkinners is vandag weer by hulle huise, dus is die Holland weer Hollands.

-oOo-

### 30 Oktober 2023:

Ding is, hier in Smaragdboog 11 Othene, Terneuzen gaan nie veel aan nie – twee oumense wat op mekaar se senuwees werk, een wat vergeet watter kant van die argument sy was en dan my kant (gewoonlik die wenkant) vat. Paar minute later is ek aan die verloorkant. Weet self ook nie aan watter kant ek is nie, om die drol wat minister van Sport(s) in SA is aan te haal! Moordgedagtes kom soms op maar moord nie – dit sal dan die verkeerde kant opgaan.

Dis Maandag van nog 'n week – het Saterdag ons boosters gaan haal om Covid buite kant te hou, griep kom die naweek aan die beurt. Wil my nie laat onkant vang nie, en sal eers moet uitvind of dit nie beter is om daai een te kry na die skillery wat in my onderkant se voorkant, deur die noukant, wag volgende week!

Gelukkig het ek nie 'n annerkant nie, of Curry se verstaan wat kant beteken – as jy verstaan wat ek bedoel.

Ek lees bietjie op – dis soms gevaarlik en probeer dit verantwoordelik doen, oor die immunologie verhaal rondom kankerbestryding. Soos gewoonlik begin mens eers net met feite van toepassing op jouself en met die stimulus wat gebeur, beland jy heeltemal buite jou eie storie en beland in algemene taal oor die onderwerp. Enigiets om 'n ou brein mee te stimuleer. Probleem is ook dat ek nie kennis vir myself kan hou nie, en sal dus hier oorspoel met wat ek bygeleer het. Fabrieksfout en al daai.

Die man wat my eerste gesien het sal vandag terug wees van sy Namibië ekskursie en sien ek hom vanmiddag – sal my gedra en netjies wees. Ons ken mekaar al jare en het nou saamgewerk met my dae van aan die onderkant grawery toe ek nog die kant dokter was wat die skade van kindergeboorte en manne se dade herstel het. Verstaan mekaar dus.

Verder draai die wêreld deur, gaan die Bokke môre terug SA toe en sal van Donderdag af met 'n bus hul victory parade hou orals in SA, beginnend in Pretoria.

En D moet vandag beskuit bak – klink maklik, maar toesig is nodig anders word vergeet wat al in is en wat nog nie in is en wat moet nog inkom. Die Hollandse meel is bietjie te fyn vir beskuit en moet mens meel soek orals waar Hollanders nie meel koop nie!

Wens my sukses toe vir die week – ek sal later laat weet watter kant toe die week gaan, of gegaan het.

## *Tussendoortje*

**Manne sonder hemp:**

So 'n paar jaar gelede was ek en D in Malaga gewees vir die eerste keer wat ons in Spanje 'n Augustus "seevakansie" gehad het. Dit was so lekker dat D 'n sluipfoto van my sonder my hemp afgeneem het en aan die kinners gestuur het met "ons hou so lekker vakansie, tot Pa het sy hemp uitgetrek." Ek sal liewers sonder broek loop as sonder hemp.

Die aanloop bring my op wat ek hier waarneem in die kampeerdery in Frankryk: oumanne sonder hemp. Hulle stop skaars dan is die hemp uit en loop hulle rond asof die afgesakte bors en die uitgesakte maag en die voorskoot onder die maag iets is om na te kyk, en dit terwyl jy moet sit en eet! Hoe ouer die man is hoe meer lyk dit of die hele lyf besig is om af te sak, veral by die maeres.

Die Franse omie hier langs my het tieties wat in 'n bra tuishoort, met witstrepe onder arms en waar die tieties die son wegkeer. Sy hangpens bedek die kondoombroekie se beskermdeel voor en agter steek sy holle uit, as hy buk. En die doen hy baie soos hy water tap, water aandra en potjie van die antie leegmaak. Dié sit heeltyd op haar stoel en praat Frans wat meer na uitkakbevele klink as gesels.

Gister kom hier twee Nederlanders aan met 'n vouwwagen. Ek het, toe D my budget bekend gemaak het, ook planne vir vouwwagen gehad en die goed so bestudeer dat ek selfs een bestel gehad het. Vir die wat nie weet nie, dis so 'n waentjie van 750kg met 'n oopslaan kapasiteit waar die deksel afvou op die grond en 'n tent vou oop om als te bedek. Die wa deel word bed en die agterkant word kombuis goed. Die twee van gister het duidelik die ding tweedehands gekoop en vir die eerste keer kom opslaan. Om te beskryf hoe die huwelik getoets was sal boeke opneem. Laat ons volstaan: dit het 3 uur geneem om als op 'n manier staan te kry, en as dit nie vir die bure langs hulle was waar die oom sonder hemp als kom regruk het nie, was dit die skewe huis van ons kinnerstories.

Gelukkig het D in 'n replika van Erfporsie geklim en dadelik is haar gedagtes ontvou weg van die vouwa – volgens haar was dit omdat die vouwagen nie 'n deur het wat kan sluit nie.

Dit pak nou hier rondom my, want môre moet ons huis toe: as ek nie nou ophou nie word ek waarskynlik ook ingevou in iets en weggepak.

-oOo-

## Dagboekinskrywings

**1 November 2023:**

Nog 'n dag, nog net 'n week se die ding in my hê – om te sê dat die afskeid swaar gaan wees is om te lieg. Hopelik is uit = uit, weg = weg, maar weet ook weg kan ook wees om terug te kom sonder om nooit weg te gewees het nie. As jy verstaan wat ek bedoel.

Optes en aftes is nou in gees en gemoed, wat wag sal ook optes en aftes wees waar mens jou nou al op voorberei. Hier is die kop die vyand en moet mens die whatever pad volg. Sê dit nou vir een wat als wil beheer!

Probeer met gewone dagtakies besig bly en beland met dink dinge elke keer op die rand van wanhoop. Kennis maak mag, sê hulle: dus lees ek maar op en volg verskillende scenarios. Wat wel waar is, elk het sy eie morbiditeit en sit jy op die einde met dieselfde belasting.

Kortpaaie kan langpaaie word. Nie te ver vooruitloop nie.

Hoop en wens en vra vir net geloof in, net vir daar wees sonder om te sien en tog te wil weet of dit daar is, want hoe anders kan dit wees omdat niks sommer gebeur nie. Dit word volbring, hoe dan anders? Saam bid ek vir verstaan deur my, dis tog net genade om te kon hê, te mag kry, en te wil wens om krag te hê om aan te gaan. Tot die Lig daar is, eendag.

Gister weer die foto van die vark met sy klosse op pad slagpale toe gesien: dis hoe man lyk as jy op daai teaterbed lê soos 'n braaihoender op 'n spit – of so dink ek, kan myself gelukkig nie van onder sien as ek daar gelêmaak word nie.

-oOo-

## 2 November 2023:

Dit voel na 'n terugdink dag, ietwat gevaarlik, die terugdink dae, want dit word gewoonlik 'n terugwees wensdag, wat mos nie kan nie. En wat nie is nie, want sulke dae is gewoonlik nie waar dae nie.

Jy kleur in wat was met dinge wat nie was nie. En vergeet dit wat jou terugdink nie wil onthou nie. Onwerklik raak lekker en werklik bly agter.

Moenie my vra hoekom nie, maar die beeld van sit langs die koshuisdraad tussen die seunskoshuis en die meisieskoshuis van twee jongmense wat handjies vashou sonder praat, saans so tussen die aandete en die studieklok van 7 uur, kom aan mekaar in. Die terugverlang van terugwees in daai jongmenslyf wat jy toe nie eens bewus was van, en nou wil terughê vanuit hierdie oumens lyf met sy skete en kwale. Toe nie waardeer nie, maar nou wel.

Moenie my vra waarom selfs die aansit vir matriekeksamens weer iets is waarna terug verlang word. Miskien omdat daar soveel andere was wat die een wat soos 'n berg gevoel het, nou so nietig laat lyk.

Moenie my vra waarom die soggens om 6 uur uithol en teen Spookhill in die donkerte op sukkel nou so lekker voel ... seker omdat dit toe kon, en nou nie meer nie.

Moenie my vra waarom net die afstap elke oggend om 7 uur in die hospitaalgang met 'n witjas aan, nou nostalgies lekker klink, en toe nie die lekkerte waardeer was nie.

Moenie my vra wat van die handjie deur die koshuis ogiesdraad geword het nie. Die onthou bring net die pyn van toe se liefde wat verdof en verdwyn het deur die jare daarna. Weggeneem en oorspoel deur ander dinge, met nuwe dinge wat kom lê het in hul plek, en ook deel kom word het deur nuwe dinge om oor terug te dink.

Dis tog genade wat als gebring het sodat nou se terugdink, nou se nie oor wil dink se dinge, kan bedek.

En selfs aangenaam en moet kan oorwin, bedek.

-oOo-

**3 November 2023:**

Met die wag vir iets om te gebeur – die mooi woord is waglys, en die nog mooier sleutelwoord is pasiënt (soos tevore gesê afgelei van "patience").

Kombineer die twee dan is dit waar ek nou is in die tydsmoment van nou.

Die geduldige wagtende ongeduldige ek moet my besig hou en omdat die fokus op myself en die groot lot van kanker in my, die vernietiger van lewe, is daar net een ding wat ek kan doen in my wagtyd – vul my kennis aan om dit te verstaan en my te bewapen om dit te "beveg".

Miskien tot die ewige verdriet van my huidige en toekomstige behandelaars! En u as leser.

Ek het altyd gepraat van die omie met sy lêer uitgehaal uit die kennisbron van dokter Google oor die antie se siektes. En dan my kennis en geduld kom toets oor die antie se kwale of konsuis kwale teenwoordig.

Nou het ek die omie geword!

Wat nou gaan volg is 'n vereenvoudiging van dit wat ek my in bevind en hoe die wapens lyk om dit te beveg. As dit te ingewikkeld klink, is dit omdat dit juis ingewikkeld is! As jy slimmer as ek is en my insig skeef klink, verskoon maar, dis omdat feite soms in die vertaling van streng wetenskaplike wetenskap na leketaal verlore gaan.

Blaaskanker is die 6de algemeenste kanker in die VSA. Dis 'n wonder dis nie meer algemeen nie. Dit ontstaan uit die binnebelyning selle van die blaas, wat 'n reservoir is vir die vloeistof uitskeiprodukte gevorm deur die filter aksie van die niere. Hierin beland onder andere ook ingenome kankerveroorsakende stowwe – ook karsinogene (mooi woord vir kanker is karsinoom) genoem.

Jy het dus 'n dam waarin die gevaarlike stowwe, gewoonlik nog in sy aktiewe vorm, ronddryf totdat die dambeheerder dit sosiaal aanvaarbaar vind – ek dink Fransmanne is hier uitgesluit want hulle wildplas enige plek – om die dam te ledig. Jy het dus karsinogene wat inwerk op die binnebelyning van die blaas oor tydperke soms. Geen wonder dan dat blaaskanker dus ontstaan, selfs in ordentlike mense!

Kom ons blaai bietjie dieper. Kankerselle is vinnig verdelende selle. Jy kan dit in die vroeë stadium uitskep en weggooi, en as jy als uit het is jy suksesvol. Onthou net, as dit eenmaal gekom het, kan hy weer kom en selfs die wederkoms verhaas.

Mens kry dat hierdie vinnig verdelende selle versprei en eers in die onmiddellike omgewing die normale selle verdring en dan die grense of mure van beperking deurbreek. Dis gewoonlik die basaal membraan wat onder die normale sellaag die skeidingsmuur is tussen oppervlakkige selle en, in die blaas se geval, die blaasspier. In hierdie spierlaag is die dreineringskanale limfvate en bloedvate. As dit eers hier is gaan die kankersel vinnig weg deur die res van die liggaam. Dit word metastaseer genoem en sy dogter kanker kolle word metastases genoem. Ons kanker is nou versprei.

Die stuk raak nou lank en in my dik lêer sit nog baie ander dr Google goed. Daar is die wapens, nuwes en oues en veral wapens van toepassing op blaaskanker wat die dinge kan gee waaroor almal so bid oor goeie uitkoms.

Ek gaan dus later meer hieroor skryf.

Een van my fabrieksfoute is dat as ek kennis opdoen ek ontslae daarvan wil raak – tot miskien die leser se ewige verdriet.

Wees dus gewaarsku, dinge raak interessant ingewikkeld, veral as ons immunologiese wapens begin ontdek.

-oOo-

**Kankerbehandeling:**

*Die arts in my neem oor! Ek moet weet wat wag.*

**Immunoterapie:**

Die hele konsep van manipulering van die liggaam se verdedigingsmeganismes het die laaste paar jaar – ek praat nou van ongeveer 10, geweldige stappe vooruit geneem en is nog in sy groeifase van kennis verbreding. Daar is dus baie gate in kennis en die word redelik breed aangepak. Om dit in gewone taal uiteen te sit is baie moeilik, aangesien daar sekere kennis aannames voorkom wat buite die leek se denkveld val – en asseblief, ek is hier ook deel van die leke brigade!

Ek sal dus die dinge weergee met definitief gebrek in sommige insigte!

Kom ons tree eers bietjie terug.

In geneeskunde word geen behandelingstegniek, veral as dit medisyne betrek, toegepas as standaard behandeling alvorens dit nie eers getoets is in wat 'n ewekansige gekontroleerde studie deurgemaak het nie – sogenaamde Random Controlled Trail (die sogenaamde RCT). Daar is drie tot vier fases van evaluering – dit sluit in eers veiligeheidstoetsing op diere en mense alvorens dit getoets moet word teenoor 'n plasebo (onskadelike middel) in die aangetasde persone. Hoe meer getoets kan word en hoe groter die groepe is wat met mekaar vergelyk word, hoe beter. 'n Goeie voorbeeld van hoe getalle vinnige antwoorde gegee het, was die toetsing en vroeg in gebruik genome mRNA vaksiene met die Covid pandemie.

Die enigste uitsondering waar daar nie noodwendig 'n plasebo groep nodig is nie, is as kankerterapie getoets word: as jy niks gee in een groep is die uitkoms duidelik sleg en nie humanitêr verantwoord nie. Die een arm van die RTC sluit dus die aanvaarde vorm van behandeling op daardie stadium, teenoor die ander arm wat sal insluit die middel/tegniek wat getoets word.

Aanvaarde vorms van behandeling in die blaaskanker hantering is dus aanvanklike reseksie deur die TURBT (Trans Urethrale Reseksie Blaas Tumor – of dan uitskraap van die blaastumor deur die urienleier) tegniek, gevolg deur die klassifisering in twee groepe afhangend van die indringing of nie van die spierlaag van die blaas.

In die oppervlakkig aangetasde groep het ons dan opgevolg met blaasspoelings met BCG (die Tuberkulose vaksien), soos genoem. Die res is die meer problematiese groep waar verspreiding of alreeds verwag word, of alreeds in plaasvind met natuurlik ernstiger gevolge.

Immunologiese hantering kan by beide kategorieë inval.

BCG spoelings word gesien as 'n vorm van immunologiese beskerming, die immunologiese reaksie is direk op die blaaswand en nie sistemies nie.

Met immunologie reaksie is dit op sy eenvoudigste 'n proses waar aan die eenkant 'n vyandige liggaampie is (die antigeen proteïen) wat neutraliseer moet word deur 'n teenliggaampie. Laasgenoemde word deur die liggaam gevorm in reaksie tot die stimulus wat die antigeen gee. Die fabrieke is die witbloedselle en spesifiek die limfosiete. Eers net 'n algemene reaksie en later 'n meer permanente reaksie met die tweede kontak – daar is dus 'n geheue betrokke wat gestoor word.

Jy eindig dan met sogenaamde T-limfosiete wat ook "killer" limfosiete genoem word. Hierdie manne val aan en vernietig enigiets wat liggaamsvreemd voorkom. In kanker sal die ideaal dus wees om hierdie herkenning van die kankersel as liggaamsvreemd daar te stel.

Hierteenoor het ons oor die jare sogenaamde chemoterapie as hoof medikasies teen gevorderde kanker gehad – dit is middels wat vinnig verdelende selle vernietig het – daar is egter baie probleme daarmee. Een hoof probleem is die feit dat dit nie onderskei tussen wat die liggaam se eie vinnig verdelende selle is en wat is kanker nie, met dan baie komplikasies as gevolg. Haarfollikels, dermwand belyningselle is byvoorbeeld ook die teiken van chemoterapeutiese selle. Ook is dit afhanklik van hoe goed die middel kan indring in die uitgesaaide kanker kol, en word beperkte waarde gekry met enige metastase wat groter as 1-3 cm is.

Die T-limfosiet herken soms ook die kankersel nie duidelik nie en dis hier waar immunologiese hulp weer manipuleer kan word. Daar is middels wat dit direk kan beïnvloed (die sogenaamde immune checkpoint inhibitors wat in algemene taal die interaksie van die T-limfosiet direk beïnvloed en sodoende kankerselle blootstel aan vernietiging sonder dat die normale weefsel beskadig word. Hulle kan as enkel behandeling of as hulpmiddels inkom.

'n Ander fassinerende groep is die ADC's of Antibody-Drug Conjugates. In kort is dit geskepte antigene wat gekoppel is aan 'n middel wat as 'n samestelling in die liggaam gegee word, en dit gaan koppel aan die kankersel met die manipulering van die toegang in die kankersel in van 'n middel wat die sel dan laat "ontplof". Sodoende word die kankersel vernietig met geringe gevolge vir die normale selle.

*(PS: ek het 'n opvolg nota geskryf oor die checkpoint inhibitors)*

Hopelik sal die gebruik van die immunologiese sisteem die sleutel wees vir suksesvolle behandeling van gevorderde kankers en tans is dit wel al in gebruik. Die ou konsep van kankerbehandeling wat baseer is op chirurgiese verwydering en opvolg chemoterapie op 'n mog het troffe basis kan die verlede wees.

Bestraling is volgens my nie meer ter bespreking nie – dit veroorsaak soveel fibrose in die bestralingsgebied dat enige opvolg chirurgie nie meer moontlik is nie. Ek sal dit ver van my lyf hou.

Dit mense is waar ons tans staan – ekself sal die pad loop soos hy voor my gesit word.

-oOo-

**Immunoterapie vervolg:**

Gister so oppervlakkig hierna gekyk, en wil so 'n dieper pyler afgooi na checkpoint remmers of inhibitore.

Immunoterapie poog om jou eie afweermeganisme te beheer as afweermeganisme van kankerselle. Hierdie versterking kan op verskeie maniere gedoen word, met die checkpoint remmers tans as die mees algemene aanpak.

Om hulle werking te begryp moet ons so 'n bietjie terugstaan. Die immuunsisteem is 'n voorbeeld van die "wonder van ons liggaam". Hierdie afweer sisteem is dag en nag aan die werk, voortdurend. Dit beskerm teen van buite gevare soos virusse, bakterieë en parasiete en van binne weer dit teen kankerselle onder andere. Die groot kanon is die T-limfosiete.

Hulle beweeg vanuit die bloed deur die bloedvatwande tussen selle en selfs in selle in, al soekende en ondersoekende na enigiets wat nadelig is vir jou gesondheid.

Alle selle word bekyk en beoordeel en vernietig as dit blyk om die toets nie te slaag nie. Die voeler van die T-sel is 'n klein uitstulping waarmee dit aan 'n soortgelyke reseptor op die sel heg. Dis die checkpoint, letterlik 'n punt van tjek of als okey is. Deur hierdie kontakpunt word die vernietigingsdrang van die, nou killer T-sel, of getrigger of afgeskakel.

Die checkpoint remmers is dus middels wat op hierdie plek inwerk en die vals boodskap wat kankerselle oordra na die T-sel om sodoende vernietiging teen te gaan, blokker en uit te skakel. Vervolgens sal die killer T-sel die kankersel aanval.

In kort is daar dus plekke op alle selle wat die T-sel blokkeer om die sel te vernietig, en het kankerselle die vermoë om via hul checkpoints die T- sel te mislei om dit nie te vernietig nie. Die remmer is spesifiek in sy soeke na die kankerselle en blok die aksie van hierdie vals checkpoints, maar nie dit van normale selle wat dit beskerm teen die killer T-sel!

Die remmer word per infuus toe gedien. Die storie loop verder: omdat T-selle 'n geheue opbou sal dit sodra daar nuwe kankerselle begin vorm op 'n later stadium, dit ook verwyder!

Kankers van verskillende organe verskil in hul checkpoint samestellings en is dus nog heelwat navorsing nodig om spesifieke remmers vir spesifieke soorte te ontwikkel.

Daar is standaard behandelings al beskikbaar vir longkanker, melanome en nierselkankers (insluitend blaaskanker).

Ander immuunterapie keuses is daar, wat nog in ontwikkelingsfases is. Dit sluit in:

1. TIL terapie waar grote hoeveelhede eie afweer selle gekweek word uit 'n stukkie van die kanker verwyder uit jou liggaam en weer teruggegee word aan die pasiënt om die kankerselle uit te soek en te vernietig.

2. T-sel Reseptor (TCR) genterapie en Car T-selterapie: Jou eie T-selle word aan jou teruggegee nadat kunsmatig die uitstulpinkie (checkpoint) ingesit is. Dit stel dit in staat om hiermee kankerselle te herken.

3. Vaksiene.

-oOo-

## Dagboekinskrywings

**4 November 2023:**
**Die arts word pasiënt.**

Om aan die eenkant van die lessenaar te wees het sy voor en nadele – dis eers as jy aan weerskante gesit het wat jy die annerkant waardeer. Ek het gedink ek het beide kante ervaar toe ek destyds in die gesondheids moeilikheid beland het met my hartstorie - nou ook al 23 jaar gelede!

Dit was tog toe anders. Ek was nog self in die meule en het een en almal om my geken en is ook toe met "handskoene" hanteer. Nou is dit anders, baie anders. Ek het gewoon 'n "meneer" geword en staan saam met die ander in die ry. Ek het net 'n gewone nommer geword – soos baie pasiënte hier in Nederland al aan my gesê het!

In die privaat geneeskunde omgewing van SA is die pasiënt redelik koning – als draai om hoë omset in dienslewering en dit beteken inkomste uit die sisteem. Waglyste bestaan nie, kontak met die arts is als en die geneeskundige omgewing is nie vir sissies nie – as jy wil saam swem moet jy bereid wees om 24 uur per dag 7 dae 'n week beskikbaar te wees. Dit verkort letterlik jou eie lewensgenietinge as arts – letterlik. Natuurlik is finansiële kompensasie die groot prys.

Hier is beskerming van die arts hoog op. In België is dit baie soos in SA, en met ons hier in Zeeuws-Vlaanderen op die grens met België is die samestelling van geneeskundige spesialiste byna 80% Belgies teenoor Nederlanders – hulle woon in België, maar werk oor die grens by ons. Met 'n rede: Hier word hulle beskerm teen oorwerk!

Ek kritiseer nie: ek self het hierheen gevlug juis omdat my hartare en lewe in SA onuithoubaar geword het met 10,000 pasiënte wat my enige tyd dag en nag kon bereik. In my werk hier in Nederland het ek ook die roete na my bietjie oopgemaak tot ewige verdriet van my assistent hulp hier, maar dit was nie naasteby so erg as in SA nie. Het ook later gesuper-spesialiseer wat meer diens waardering en bevrediging meegebring het.

Nou het ek pasiënt geword in my niksen jare. En dis anders as wat ek wil hê – jy kry halwe diagnose na jou toe gegooi, en sit op 'n hurry-up and wait zorgblad. Van die oomblik waar ek die "bel getrokken hebben" – dis die term van alarm maak gesondheids wys – totdat ek die eerste daadwerklike behandelings trajek ingaan, sal 5 weke wees. As jy vra word gesê die "landelijke norm zijn 6 weken" – dus jy het dit nog goed! Help nie jy probeer wysmaak die ding se naam is moontlike, en later waarskynlike, kanker.

Die muur tussen pasiënt en arts is stewig. Om kwaad te raak en aan te jaag kry jy nie met 'n Nederlandse assistent reg nie. Hulle eindig op die tipiese Hollandse manier van "meer kan ik niet doen!"

Luister ek kla nie – ek skets net die kant van die lessenaar– letterlik die skerpkant van die mes. My kennis was van die stompkant van die mes af goed gewees.

Mens leer geduld aan en verstaan meer waarom pasiënte soms kla. Let op dat pasiënte oor die algemeen "ongedurig" is, as jy siek is sit jy nie lekker in jou vel nie.

Dit hoef nie so te wees nie, en pasiëntediens moet kliëntediens word. In verloskunde het ons dit so kon doen, in ginekologie het ek probeer om dit ook so te doen, en kop gestamp met die om my. Ek dink hulle was bly toe ek die dag geloop het – al moes hulle 3 ekstra ginekoloë binne 'n jaar aanstel daarna!

Hierdie arts het pasiënt geword en beweeg van die stompkant van die mes na die skerpkant – soos hulle in Nederlands dit stel "het is om aan te wennen". Vertaal in Afrikaans is dit "dis om aan gewoond te raak". Iets wat swaar sit in my broek.

Nog 3 slapies voor ek op die tafel beland.

Hopelik is daar nie kansellasies op die teaterlys die dag wat ek daar is nie – om dan net weer op die waglys te kom! Vir later.

Het ook al gebeur.

-oOo-

## 6 November 2023:

Om te sê hoe ek voel is moeilik, dis amper soos daai dag voor eksamens. En ek het baie geskryf, 2 grotes op skool (ons oudae mense het standerd 8 gejunior sertifikaat en standerd 10 gesenior sertifikaat, nog) en op universiteit het ek 7 plus 4 (om te spesialiseer skryf jy 'n primêre een en dan die laaste een – ek het twee grade by mekaar loop skryf), man weetie of jy moet hol of leer nie.

Hier gaan leer niks help nie, hol nog minder.

Met tyd het ek geleer die dag voor die loop sit is dit die beste om die boeke toe te klap met 'n kom ek om dan kom ek om, en te loop niksen iewers.

Dus vandag dieselfde. Niks sê, niks dink, dan is daar niks, Anders kom daar net moeilikheid as ek my sê nou sê.

-oOo-

## 7 November 2023:

## Die Operasie

D dag, miskien dag 0, of die eerste dag van die res van my lewe. Die dag waar man se waardigheid helemaal weggeneem word.

Loop lêmaak byna soos jy destyds hier aangekom het, sonder klere, sonder seggenskap. Het darem nou 'n bek vol tanne.
Bek vol tanne wees is mos per idioom dat jy niks te sê het. Oorgelaat aan die genade van 'n ander.
Was al paar keer op die punt waar ander jou koers moet bepaal, in eksamens, in "sollisitasie" – alweer Nederlandse woord wat werkaansoek beteken – gesprekke. Ek het dit altyd gehaat, die weerloosheid oomblikke. Dis so asof man met ouderdom meer en meer in die oomblikke beland.
Juis noudat jy in jou niksen dae is waar jy die tyd wil hê, hou ander die horlosie vir jou vas: gee jou minder beheer oor jou tyd. My rondloop is deesdae so tussen doktersafsprake in te beplan.
Ek is nou so met sterktes toegewens dat ek so kragtig voel dat ek sommer wil opspring en uitroep "dis nie sommer vir vat nie!"
Dan vat D al my krag weg met 'n "gedra jou".

Aagwatstrontwat, sal maar Gods waters oor die akkers laat loop. Het geen beheer meer, het geen seggenskap meer. Is maar net 'n pasiënt wat 'n bed gewys gaan word, opdrag gegee gaan word om "allen uit te kleden" en 'n bloujassie wat sleg pas en niks toemaak nie, verkeerd om "te moeten aankleden". Alle waardigheid daarmee heen. Miskien kry ek later weer my waardigheid en bek terug ...

-oOo-

**Dag 0:**

Uit teater – ding is uit, kon saamkyk hoe dit stuk vir stuk uitgekrap word, uiteraard wag ons vir histologie. Tans geen onmiddellike probleme.

Sal oornag hier en môre huis toe.

Die ervaring in die teater, of operasiekamer soos hier genoem, was iets besonders. Die hele operasiekamer kompleks is vernieud met als wat kan oop en toemaak. Toe ek hier septer probeer swaai het moes ek stuk-stuk dinge smeek voor. Kamera, hardeskyf opneemapparaat (ek het al my chirurgie onder kamera kontrole gedoen met syskerms waarop die pasiënt en die assistente saam kon kyk). Ding is, in vaginale chirurgie is daar maar beperkte toegang so tussen die bene, en nou is als daar! Nog erger, dit word net deels gebruik sien ek. Die personeel was ook almal bekende gesigte en is ek van alle kante gegroet – ek sonder broek, bene in die lug en hulle rondom my!

-oOo-

**8 November 2023:**

Dus is dit nou die eerste dag van die res van my lewe.

As ek hom so bekyk as voorspeller van die toekoms dan weet ek ook nie meer nie. Gisteraand het ek redelik gesuffer met 'n kateter innie rewolwer, 'n blaas wat protesteer oor die ding daar, met aanvalle van krampe wat ooreenstem met kraampyne, en die gevoel van gedurig 'n nood te hê.
 Dus min geslaap. Kateter dreineer bloed en bly ek dus vandag ook in.
 D is darem versorg.

In die OK (Nederlands) of Operatie kwartier (Vlaams) of teater (ons en die Engelse) was dit nie te sleg nie. Ook op tyd gewees.
 Kon op 'n syskerm die besigheid van die vervuiling se uitskraap dophou en volg. Die Soenens uroloog (vrou) is baie goed handvaardig en voel man gerus. Ding is, dit is 'n groot letsel, en op een plek was die skraap diep.
 Verdere hantering word die 21ste beslis as die histologie bekend is – is maar benoud. Definitief nie 'n one off besigheid nie.

Net om man te trap terwyl jy lê, bel die garage dat die kemper nie sy padwaardigheidsertifikaat gaan kry nie omdat dit nog olielek. Baklei nou al sedert 2019 oor die lekkery en kom nêrens nie. Verlede jaar oor die 3000 euro spandeer en toe is gesê die saak is reg. Blykbaar nog nie.
 Hollandse reël is dat vanaf Januarie 2018 mag karre nie olielek nie, anders word dit afgekeur.

Dus. Baklei wat wag. Verder sit ek maar hier en bloed piepie tot dit weg is.

-oOo-

**9 November 2023:**

Die oorgaan van dag 1 na 2 het stormagtig verloop. Soos dinge gaan is die verligting van een hekkie se oor, vervang deur 'n ander.

"Gesond" het ek ingestap en opgefokt sal ek uitstap.

Die uitkrap van die wetter was gou verby. Die lê en kyk hoe dit gaan, was op die rand van geniet – kon nog altyd vir satan beheer as ek sy gesig sien. Die uiteinde van die gekrap is dat 'n roukol sit waar hy sy lêplek gekry het. Blykbaar 40 jaar terug se gerokery – die kankerveroorsakende gifstowwe loop lê in die blaas en maak nie saak of jy opgehou het 40 jaar terug nie, die doen sy werk langsaam oor jare!

Saal toe met 'n kateter in, lam onderlyf – man se brein onthou waar jou voete was met die doodgaan, selfs al hang die bene soos lappe aan die sykant. Selfs ongemaklike drukplekke voel of die nog daar is. Later begin die lewe van bo na onder terugkom, voel of jou voete sulke dik sakke om het.

En dan is jou onderlyf nie meer annerman se onderlyf nie. Waar annerman se onderlyf geen pyn voel nie, is die terugkoms van joune vol van skete.

En die sak wat hang aan die totterpyp is vol met bloedurine. Eers uroloog, later nurse, vat lang spuit vol water, forseer dit in die pyp in, en suig weer uit. Bloedklonters. Paar keer, paar keer by de dood loop omdraai – so naby dat man dit byna sal verkies. Bekommerd oor die feit dat nie dieselfde volume elke keer uitkom wat ingegaan het nie. Bly stil, want wat weet ek. (Sal later uitkom dat dit wel van belang was.)

Mens raak bekommerd oor bloed wat bly uitkom, en nuwe kateter moet inkom waar daar twee kanale is – een vir water in, ander een vir water uit. Dik pyp dus.

My swaer vertel die scope wat lewendig gebruik word voel soos doringdraad in man se trots. Niks in vergelyking met die kateter wat in annerman se lyf ingesit was maar by jou lyf uitgesleep word. Nurse sê net "diep inademen, diep uitademen" en met laaste gly die pyp soos 'n lemmetjie deur man se trots met sy kanaal. Ook slim die nurse, want man kan mos nie vloek as jy uitasem nie!

Gaan goed met die nuwe pyp, net moeilik om op te staan met 'n swaar ding wat hang aan jou deng – die rek soos 'n hoender wat deur ogiesdraad doer ver 'n mieliepit wil pik. Water nou kristalhelder, maar kraampyne elke keer as ek beweeg – begin hulle herken as dit op pad is. En met 'n "nie weer nie" storm ek elke keer toilet toe, want die smaak of no 1 en 2 gelyk wil uit.

Nagdiens uroloog loer in – ek het lank saam met die mannetjie gewerk. Hy kry my jammer en laat die dik pyp weer met uitasem uittrek. Wee jy hoe "fokkit, bliksem" klink as jy dit met uitasem sê?

Toe begin die nag van nagmerries. Sal die later vertel as ek al die sterktes bymekaar gesit het.

Man het krag nodig vir daai onthou.

-oOo-

**10 November 2023:**

In herstel vertel hulle my is dag 3 die moeilikste. Sallie weetie.

Die nag van dag 1 op 2 het die groot jakkalse losgelaat, en enigiets na dit is klein jakkalsies – uiteraard was hulle daar, maar die grotes het hulle bedek.

Nou hol hulle natuurlik rond en hoe meer man vergeet van die grotes, hoe groter voel die manne.

Daai nag se nagmerrie was fokkit. Ding is, met die bloed in die urine moes die blaas deurgespoel word om die klonte uit te kry, anders blokkeer dit die kateter. Dus, dik spuit van 60 ml, vul met water en spuit deur die kateter, en suig weer af. Om een of ander rede glo die spuiter hy/sy moet fors gebruik. Dit gee middelmatige erge pyn of so 'n opgeskote jakkals. Ook maar omdat man weet wat kom.

Toe dit nie help na vele pogings, word 'n spoelkateter ingesit. Net voor dit het ek twee observasies, maar wie luister nou na 'n oud-gine wat sonder broek lê. Een was dat die spuit het 60 ml wat ingaan en 40 ml wat uitkom. Waar is die res? En met uitsuig suig dit vas iewers in my binneste en gee pyn en 'n paar vloekwoorde van die uwe.

Die spoelkateter gee baie gou helder uitloop en dit hou so vol vir paar uur, en 'n nuwe jakkals kom kry sy lê. Vlae van koliekpyn wat so elke uur kom. Vra pynverdowing, nurse gee Parasetamol! Dit word "blaaskrampe" genoem. Word deur die dik kateter gegee, en ek glo maar.

 Kom wel agter my trom oor die bose groei – buik sit op.

Die nagdiens mannetjie kom loer in en so teen 10 uur die aand sê hy die kateter kan uitkom. Met 'n geween en kners van tande word die ding met uitademen uitgesleep uit die orgaan wat tevore funksie gehad het en nou nie juis iets anders doen as plas nie.

Onmiddellik is die krampe weg en geniet ek my vryheid van die sak wat orals saamgesleep moet word, maar o wee! Binne 2 uur kom hulle ... die grootste jakkals wat ek nog teëgekom het.

Dit begin ligweg en dan bou dit op en op en op, sweet op die voorkop, gevoel van aandrang om te urineer en wat die Hollanders as poepen beskryf. Hou so 5 minute en sak dan in 'n uitgeputte arme ou dok wat nou nieuw pasiënt is.

My klagvlak raak groter soos die aand vorder – die ounurse op nagdiens probeer als, van Parasetamol tot Brufen en die vader weet wat als. Niks help nie, die vlae kom meer dikwels en teen 6 uur wil ek moord pleeg.

Die muur na die uroloog is dik in die vorm van 'n ziekenhuisarts (hulle het nog nie volle registrasie nie en loop in die hospitaal rond om te keer dat koning spesialis te veel gepla word – net gine het hulle nie). Toe ek teen 7 uur dreig om self gangaf te storm om die uroloog te kry, kom sy toevallig vroeg haar rondte doen.

Gee my een kyk en sê wat ek heeltyd vir ounurse vertel, daar is 'n gat in die blaas en urine lek uit (meer in met spoel as uit en buik wat opsit met pyn wat versprei na bo.)

Kateter moet terug en nou vir 10 dae.

Nog is het einde niet: Jong nurse met jong mannetjie by wat kuifie oor die voorkop het sal dit doen. Bang uitasem en weet wat kom inasem en wow, nog nooit sulke pyn ervaar nie. Toe die mannetjie die ballon opblaas moet ek alle sfinkters knyp anders kom poepen en alle ander dinge na bowe. Moet bynoem dit was die laaste stukkie waardigheid wat nog oor was.

Die mannetjie het die ballon op my prostaat opgeblaas.

Vroue vertel altyd van hul ellende en hoe manne anatomie dinge maklik maak – staan en piepie en hoef nie sit nie byvoorbeeld.

By die blaas is dit omgekeer: Die urineleier na buite is 3 cm lank. Om 'n kateter in te sit is dus oepla, klaar! Manne het 'n 10 cm lang urineleier en net voor die blaasnek sit die prostaat of oumansklier. Die swel in oumanne en vorm 'n obstruksie soos urine by die blaas wil uit.

Of indien 'n kateter van buite inkom en oor dit ploeg.

Dit is dus die groot jakkalse nou, die pyp in die blaas met sy ongemak, maar hopelik sal die kleintjies net dit bly, klein.

En dag drie se herstelfase voorspelling nie laat aan voldoen nie.

-oOo-

**11 November 2023:**

Die bymekaarmaak van menswees, die bymekaarmaak om meer moed en krag vir die toekoms te kry het weer aangebreek. Wanhoop, moedeloosheid is definieerbare vyande en dit word en moet kop ingedruk word.

Ons het almal hierdie episodes deurgemaak soos die lewe jou gebrei het. Die eerste dag op skool sonder ma en wil speel wanneer jy wil en nie wanneer ander dit sê nie, die vreemdheid van 'n nuwe wêreld te moet in waar jy nog nie was nie – als dinge wat met herhaling en tussenposes gekom het. Jy weet wat ek bedoel.

Sommige mense gaan soek die andersheid op as 'n soort van uitdaging, en selfs die risiko's wat gevaar inhou is juis die adrenalien pomper. Ek het nooit van hierdie rollercoaster goed gehou nie – was eenmaal ingepraat en nooit weer nie. Magtig, in my werk het ek genoeg adrenalien pompers ervaar!

My kleinseun van 10 is gedurig besig om my te vertel van keuses. Hy staan daarop as hy iets moet doen wil hy dit kies en nie ons vir hom nie. Dis egter as man in 'n ding beland en wat jy nie gekies het nie, dis dan wat mens die gevoelens van wanhoop, moedeloosheid ervaar.

Jou keuse is dan of jy gaan toelaat of dit jou baas gaan wees.

Ek sit vasgevang nou met die geelhandsak (Wouterine Van Heuveln se term vir die kateter en sy yellow-mellow inhoudsak) – wil dit nie hê nie, maar hy gaan wragtig nie my baas word nie. Dis hopelik korttermyn.

Weet jy hoe dit voel om 'n stywe ding in jou opgedruk te hê met 'n aanhangsel agter dit aan. Beweeg jy, dan beweeg die ding in jou met ongemak en selfs pyn as byproduk.

Ek sê dit vir D en die sê: "Nou weet jy hoe seks vir 'n vrou soms voel!" Red nou 'n nasie met sulke hulp!

Laat my aan die besemstok grappie dink.

Hopelik is my vroueseks ervaring beperk tot net nog 11 dae.

-oOo-

## 12 November 2023:

Die Amerikaners het 'n woord daarvoor – habituate. Ek het dit raakgelees lank gelede toe daar 'n gesprek was oor ginekoloë in die VSA wat byna almal een of ander tyd eise teen hulle kry oor falings in verloskunde.

'n Onderwerp op sy eie.

Gewoond raak sal ons dit noem. Ek habituate nou om die vroueseksding in my te hê (D se presiese woorde was: "Nou weet jy ook hoe dit voel om 'n stywe ding in jou opgedruk te kry.") Ek voel die ding nie meer nie en sien met meer entoesiasme uit na my toekoms.

Moes gister heeldag elke nou en dan my gatskete loop gries en olie tot die habituation in geskop het – planne is gemaak, geprobeer en of weggegooi of met so ja's behou. Die so ja's het gewen en siedaar: stywe opgedrukte ding pla byna nie meer nie.

Ek vertel eenkeer in die teater (ons gesels oor anner dinge as ons opereer om die spanningsvlakke laag te hou) die grappie wat Ronette vertel het oor die vroue wat die aand 'n manne-vry aand geneem het en op 'n kroegtog gegaan het. Die een kom toe 3 uur die oggend tuis, vrolik en vol planne. Toe sy agter haar man se rug inklim druk sy die besemstok teen sy rug met sulke skuur bewegings. Hy vlie uit die bed met 'n "wat maak jy nou, ek slaap!". Haar antwoord was byna dieselfde as D se opmerking: "Nou weet jy hoe voel dit as jy saans huis toe kom!"

Ek kry 'n klomp uit Engeland eenkeer by my met 'n workshop en Wouterine (teatersuster), toe al tuis tussen die Engelse, vertel die grappie terwyl ons werk. Hier teen die einde raak haar Engels op en sy vra my "wat is 'n besem in Engels".

Hopelik is die glimlag van die lewe terug, die mishoring blaas weer vanmôre oor die Westerschelde met sleepmis oor die dyke en nie oor my nie.

Waarskynlik tydelik, maar solank die habituation hou geniet ek daarvan.
Laat hy maar val waar hy wil.
Nog nie sommer vir vat nie.

-oOo-

**Oor Mishorings en dinge:**

Die mishoring blaas weer hier buite oor die Westerschelde – die seekanaal hier langs ons agter die dyk op pad na Antwerpen uit die Noordsee uit.

Dit maak soveel wakker in die onthou, veral die sleepmisbeeld van kinderjare. Die hardloop soggens oor die bult kaalvoet skool toe deur Alexanderbaai se stofstrate, die kuier by die Joodse meisie in Port Nolloth – daai een was moedswilligheid om my pa te tempteer. Het nie lank gehou nie.

Sleepmis en mishorings kan jou depressief en ingehok in jou moedeloosheid laat vasvang. Gelukkig het dit by my meer 'n oplugtings gevoel tot gevolg.

Dit wat jy maak van 'n saak, is wat saak maak.

Laat die mishoring blaas as die mis sleep oor jou, ten minste weet ander waar jy is. En hoe jy is.

Eendag sal dit stil raak en dan kan die sleepmis oor ander as jy sak.

-oOo-

**13 November 2023:**

Bietjie wakker gewees gisteraand – die duiwel was weer op besoek in die kleinuurtjies van die nag!

Te veel dinktyd gehad en te veel stoeityd met myself en die hele lot en die lot van my beoordeel. Sal nou nie die self gesprekke uiteensit nie – ek dink almal het maar daai spooktye waar als groot lyk en nou nie meer so erg is as toe nie!

Wat egter wel bespreek moet word is die reaksie vanuit myself teenoor ander – dis blykbaar herkenbaar by ander ook. Ek het onlangs hier 'n artikel gesit van 'n vrou oor die onderwerp: Moenie my anders behandel net omdat ek kanker het nie. Ons sien dikwels die mens in 'n rystoel wat nie gehelp wil word nie en als self wil doen en dit selfs as 'n belediging sien as iemand hom/haar wil help.

In die artikel vertel die vrou van toe sy die diagnose bekend maak tuis en sy die skottelgoedwasser wil pak, het haar man eers begin, en toe gestop met wat hy altyd doen – haar gekritiseer omdat sy dit konsuis verkeerd pak. Dit gaan ook breër – sy vertel dat sy skielik alle argumente wen, alle dinge so halfwa hoef aan te pak sonder dat sy kritiek kry, ens.

Mense, mens het nie 'n aansteeklike ding nie, mens het net 'n boodskapper in jou wat die onvermydelike gaan verhaas, miskien.

Gister word my twee kleinkinners op besoek gebring en hulle sit daar eenkant sonder om hulle normaal te wees – geen spontaniteit en dit sukkel om die geselskap op normaal te kry. By hulle verstaan mens nog tot 'n mate, maar dit illustreer wat ek bedoel.

Die pad vorentoe is swaar by tye en minder swaar by tye en hopelik met normale oomblikke, by tye. Ondersteuning word waardeer, maar mens wil die normaal wat daar kan wees behou en dit sluit in reaksies en teenreaksies ook. Een van my fabrieksfoute is moedswilligheid wat soms spontaan kom – as ek weet ek krap en daar is geen reaksie nie, sal ek weet ek word anders behandel. Skel maar terug. Ek is nie broos nie.

Ek sien dat twee van my Pavlov reaksie lede, Willie en Esta skielik nice is – julle hoef nie, hoor!

Met my lyf is dit tans okey – was beter, en mens weet jou plafon van normaal voel was 'n week terug voor die eerste mishandeling, Daar gaan bietjie opbou kom en dan weer terugval en dan weer sodra jy weer kan vat, kom daar nog. Ek reken my normaal en plafon bereik gaan waarskynlik oor so 3-4 maande wees as als goed gaan.

Mens soek net kwaliteit van lewe en dit word verskaf nie net deur hoe jy voel nie, maar ook deur die mense rondom jou.

Daarvoor is ek dankbaar.

-oOo-

**14 November 2023:**

Vanmôre bietjie traag om die kop leeg te gooi – netnou klink dit wat binne is vreemd op die oor.

Laat ek ver terug begin. Ek het toe ek aangeland het in Nederland in 2002 alleen met twee honde moes wegkruip vir die vreemdeling polisie (geen visum, geen ordentlike vergunnings – werk en verblyf: als 'n lang storie wat elders tuishoort!). En in my alleenheid saans was die internet die enigste geselskap in die klein skakelhuisie waar ek ingegooi is (oorsee werk is nie vir sissies nie in die beginfases!)

Daai tyd was die impak van Steve Jobs nog nie so sterk nie, en sosiale media het nog gevoel-voel waar dit tuishoort. My kontak in die donker in was toe eers op

Litnet – die was toe ook nog ou SA met Afrikaans as die voertaal, deesdae is hulle ook maar gemix, sien ek. Daar het ek paar kontakte opgetel – die gesigloses waarmee jy kommunikeer, en natuurlik was mens ook maar nog rou in hoe om die geselsery te hanteer.

Met tyd het Facebook ingekom en is ek al sedert 2008 deel van die geselskap – ook maar in die begin kopstamp-kopstamp in die aanleer van 'n nuwe manier van vriende maak. Dit het natuurlik gegroei tot dit wat dit vandag is – jy kan vrylik gesels met mense wat jy nie van aangesig tot aangesig sien nie, Natuurlik is daar diegene wat dinge kwytraak wat hy/sy nooit direk voor jou sou doen nie en die kan mens maklik weggooi en verban in die diepste duisternis in!

Na soveel jare sit jy met nuwes wat oues word, nuwes wat net verdwyn so halfpad, en oues wat weer terugkom, so nou en dan. En dan natuurlik wat ek noem die "sluipers" wat rondgaan en sonder om 'n spoor te laat, kyk en sien en dink wat jy nie weet wat gedink word nie omdat hulle mos nie "Facebook" nie, as jy hom sou betrap!

Dit bring my by dit wat ek vandag oor nadink. Hierdie sosiale gemeenskap het gegroei tot 'n wonderlike gesels en ook kontak forum van onderskraging, ondersteuning en net saamwees groepe. Mens moet net weet hoe om dit te hanteer, anders kan dit natuurlik jou in die duister laat beland. Ek moet hier saggies herken dat mens ook sommer net vir moedswilligheid aan die brêkgatte gaan krap op ander groepe – dit word glo trol genoem. Ek doen dit soms net om my slegte kant bietjie te ondersteun – after all is mens mos vol van goed, maar ook met kolle van sleg.

Wat ek soms oor wonder is wat word as die gesiglose vriend 'n gesig kry – sal dit die vriendskap dan ruïneer? Ek dink miskien, ek weet nie.

Wat nou gebeur met my is dit wonderlik om hierlangs 'n uitlaatklep te kry van wat opbou in my – natuurlik is daar dele van gesigloosheid en dele wat bekendes en familie is wat ook lees. Ding is, die bekendes en familie ken die mens wat hier sit – ek het nog nooit myself anders voorgestel as wat ek is nie.

Vandag voel ek bietjie gatvol, bietjie moedeloos en as ek eerlik is, grensend aan rigtingloos met kleinuurtjie in die oggend vrae wat begin met waaroms en hoekoms. Dis nie nodig om dit te lys nie.

Een van my komvandaan mense – sy is paar jaar jonger as ek en het daar grootgeword toe ek al weg is – het ek ook hier op FB raakgeloop. Sy het 'n verpleegkundige geword. Nou deesdae leer sy ander goed by – en het ook die kankerpad lank gelede as gesondheidswerker geloop. Ons het bymekaar uitgekom toe ek nog gedroom het van boeke publiseer in 2016 en het my goed vir my met taalfoute probeer onttaalfout. Sy het toe haar gedagtes neergeskryf van haar stryd met kanker en hoe mens dermsuitryg oor jouself en wat wag en wat gewaan word wat wag. Om een of ander rede het sy dit vir my gestuur. Nou weet ek hoekom, want ons twee soek dit die naweek – sy het hare laat wegraak, en ek kry dit in my Apple bêreplek.

In die kleinuurtjies lees ek dit vanmôre en dit was so mooi verwoord dat ek byna tjank oor myself en wat sy deurgemaak het – 'n spieëlbeeld van wat binne my is.

Inteendeel, met my is sy meer privaat en nog nie bereid om dit oop te gooi vir ander om te lees nie. Sy het paar aanhalings van ander in die stuk wat ek tog wil weergee:

*"As ons onsself eerlik sou afvra wie in ons lewens die meeste vir ons beteken,*
*vind ons dikwels dit is diegene wat, in plaas van om baie raad, oplossings of kure aan te bied, gekies het om eerder in ons pyn te deel en ons wonde met 'n sagte en teer hand aan te raak.*

*Die vriend wat saam met ons stil kan wees in 'n oomblik van desperaatheid of verwarring, wat by ons kan bly in ons uur van rou en verlies, wat dit kan verduur om nie te weet nie, nie te genees nie, nie te heel nie en saam met ons die werklikheid van ons magteloosheid in die gesig kan staar. Dit is 'n vriend wat omgee."*

*Henri Nouwen*

So wil ek op die manier dankie sê aan die om my en wat bereid is om net in stilte daar te wees in die skadu's.

En dankie vir die tyd waarin ons leef om mekaar te kan leer ken, al is dit gesigloos.

-oOo-

## 15 November 2023:

Ek het gister so tersyde verwys na die vriendin (Helena Crafford) van my wat jare terug ook deur die kankermeule gemaal is en self as verpleegster van ander haar gedagtes neergepen het toe sy besoek kry van die onwelkome gas. Met haar toestemming gaan ek so stukkie vir stukkie haar gedagtes neersit hier, en dan in beskeidenheid ook enkele eie gedagtes gee.

Ek dink dit sal hoop aan ander gee soos dit aan my hoop gegee het.

*"Pienkstrik, jy het voor my deur gestaan toe ek op jou klop oopmaak. Vriendelik, omring met 'n ongelooflike vrede, ek kon jou nie weerstaan nie. Jy het sag, vriendelik en ongenooid ingestap, verby my gestap, die deur toegemaak, omgedraai en na my gekyk. Ek het afgestaar na jou ongelooflike skoonheid, steeds so sag, vriendelik en vol liefde. Soos 'n engel. Ek het jou vasberadenheid in my siel vasskopplek voel kry. "Ek het nie nou tyd vir jou nie, ek gaan nooit tyd hê vir jou nie. Jy moet asb. nou gaan, jy is nie by die regte adres nie," het ek protesteer. Jy het weer weggedraai, die deur gesluit en die sleutel in jou sak gesit terwyl jy opkyk, reg in my oë. Toe het ek geweet – ek en jy het 'n paadjie om te stap ... Vir nou gaan jy lei en ek moet volg."*

Iemand het vanmôre op my persoonlike blad geskryf dat dit Nasionale Kankerdag, of Wêreld Kankerdag, is.

By ons wat die pienkstrik in huis het, is elke dag kankerdag. Jy word skielik oorheers deur niks anders nie. In die beginfase waar ek nou is, is daar baie vrae sonder antwoorde en die pienkstrik antwoord niks. Dis 'n proses van hurry-up and wait, goed voel en wees en dan versleg as gevolg van die soeke na antwoorde. Sodra daar skoonmaak rondom die pienkstrik is, is daar weer hoop met opbou na miskien waar jy was voor die ding in huis gekom het. Net om weer voor te begin met hoop en wanhoop ...

Hopelik sal mens later die pienkstrik uit die huis kry, miskien, na baie pyn en lyding weet mens.

Dis wat so moeilik is in die beginfases: jy aanvaar die vyand is by die deur in, jy weet wat dit kan doen as dit ignoreer word. Jy weet ook, as jy soos ons twee geneeskundige kennis het en ander al gesien het wat dit ook ervaar het, daar net een pad is – afdraande.

Dis waarom mens die "terugslae" van ondersoek en antwoord soek en behandeling deurwerk. Dit moet, anders is die alternatief nie okey nie.

Om dus stap vir stap deur te werk en elke keer met nuwe inligting en kennis van presies wat daar is en hoe ver en hoeveel, is en bly die beste manier. Die sekerheid van weet is beter as die onsekerheid van nie weet nie. Uiteraard lees ek vooruit en my drang na kennis maak dat ek alle alternatiewe alreeds bekyk. Dis vir my genesend vir die siel en kop, vir ander seker nie.

Vandag is die primêre bron al 7 dae uit – jipppeee! – en is die eerste beplanning sessie met antwoorde wat nog nie nou al in is nie, oor 7 dae. Basies kan net een van twee scenarios uitkom: Als uit en nie te diep ingedring lokaal nie met die differensiasie en selsoort rustig, en of te diep al ingedring lokaal en of met aggressiewe differensiasie.

 Op die ligste belasting blaasspoelings met BCG weekliks x 6 en dan opvolg na 3 maande. Op die ergste so gou as moontlik blaas verwydering en opvolg chemoterapie met opvolge.

Die keuse is nie myne nie, die keuse is pienkstrik s'n. Om depressief te wees hieroor en oor die verlies van beheer, gaan niks help nie.

It is what it is.

Intussen keil die bleddie uriensakkie en sy stywe pypie my op. Simpatie met vroueseks is al hoe meer diep in my ingeprent.

-oOo-

**16 November 2023:**

Net omdat ek tans kwesbaar klink beteken nie ek is nie. Net omdat ek uitwys dat wanhoop deel van my "kankerskrik" reaksie is, beteken nie ek is wanhopig en grypend na strooihalmpies. Die pad vorentoe en die weg om dit te loop is nie in die duisternis in nie. Ek is en bly wetenskaplik geskool in die geneeskundige wetenskappe. Ek verstaan dit en glo daarin.

As ek uitroep "bid vir my, want ek kan nog nie", beteken nie ek is ongelowig nie: dit beteken net ek stry nog met God met my hoekoms en waaroms, wetend ook dat ek nie nou antwoorde sal kry nie, miskien nooit. Dit besef ek.

Die stryd met die pienkstrik sluit in: Verstaan wat, waar, en hoe kan dit nou? Dis vir my 'n uitdaging, nie iets wat wanhopige gryp na strooihalmpies insluit nie.

Na gister was ek oorval met "hulp" komende van leke wat kwakkery ondersteun. Weer: ek is 'n geneeskundige wetenskaplike wat my nie met halwe waarhede en gladdebek sprekers laat bluf nie.

Die kwesbaarheid van die kankerlyer word soms misbruik. Moet dit nie doen nie.

Die godsdienstig kwesbaarheid van die kankerlyer word ook misbruik. Die skielike besef van jou eie swakheid oor beheer van die toekoms, plus die besef dat dood daar is, waar tevore iewers verweg, maar nou naby, maak jou kwesbaar.

Moet dit nie misbruik nie. Ek is seker jou oordeel wat jy oor jouself afbring is van die grootste strawwe wat wag vir jou.

My helderheid van verstand is skerp genoeg om my nie kwesbaar te maak nie. Bly asseblief weg van my met dwepery, geneeskundig en ook godsdienstig. Ek trap nie daarin nie, inteendeel.

Ek weet sekere mense gaan geaffronteerd voel as ek hul goeie bedoelings so kwets, maar dis hoe ek voel en is.

Met die stellings wil ek voorlopig volstaan – daar is geen gesprekvoering hieroor nie.

My lyf protesteer tans teen die kateter, die belasting van die kanker self is tans nie daar nie, net die reaksies teen behandelings en ondersoek dinge. Wetend dat dit noodsaaklike bygevolge is maak dat mens dit deurstaan. Ek kry blaaskrampe as ek beweeg (wetenskaplike rede is die katerballon wat skuur teen die prostaat). Soos dit in Nederlands gesê word: "Het hoort daarbij".

Was gister by die kliniek en skielik ken die mense my en is ek nie meer 'n nommer nie. Bekommernisse wat ek gehad het is verduidelik en aanvaarding maak dinge meer verdraagsaam.

Intussen sukkel die Hollandse weer om homself te verlos en te verdwyn in regte grijswinterweer.

Na die bietjie wanhopige uitroep vroeër, wil ek graag aanvul.

Uit Helena Crafford se Bloukat die volgende eers:

*"Trooswoorde, troosgeskenkies, bemoedigende drukkies, ongevraagde, goedbedoelde raad. Uit onverwagte oorde, vanuit onverwagte hande ontvang. Skielike stiltes – ek verkies dit, ek verag dit.*

*Tranedalle, ondeurdagte, onbedagsame gesprekke: "My buurman is verlede Kersfees binne 3 weke dood aan breinkanker." Of: "My innige simpatie (dink hulle ek gaan dood?) Of: "Ek weet hoe jy voel/ek verstaan waardeur jy* gaan." "Het jy self kanker gehad? "Nee, my man, my dogter ..."

JAMMER: Jy weet nie hoe dit voel nie; jy kan nie begin om te verstaan nie!

"Het jy my nommer? Bel my as jy enigiets nodig het." Ja, ja dankie, ek sal – wie nou weer, af, af, af, op, op, op.

Druk besig om te werk, pienkstrik tydelik vergete. Vinnige klop aan die deur, gesiggie loer om die deur. "Wil net hoor hoe dit gaan, of jy ok is." "Ek is ok, dankie, gaan goed." "Nee, maar dan is ek bly! Onthou jy het my nommer."

Toe is die deur en daar sit ek: EK IS NIE OK NIE! Rou emosie, vrees, ongeloof kom ruk aan my hele wese. Warm trane stroom oor my wange. Hoe lyk die pad vorentoe? Wat is die pad vorentoe? Hoe kom ons hierdeur? Regruk, traanskade opruim, kliënte kan enige tyd inkom. Rustig raak, kalmeer. Gee later aandag.

Pienkstrik, waar is jy? Sit natuurlik lekker agteroor op MY pragtige bloedrooi bank en drink tee uit my koppies! Ek is kwaad vir jou! Ek wil jou iets aandoen. Sjjjt.

Vader van Genade, help my deur die dag. Bring u rus en vrede in my hart en gemoed.

Net vir nou, net vir vandag."

Natuurlik klink ek deesdae selfgesentreerd – miskien moet "meer as tevore" voor die selfgesentreerd kom. Dis nou eenmaal so dat jou hele wese opgeneem word met die ding in jou, die onwelkome gas. Maar tog is daar ander om jou.

D suffer en doen so goed, veral noudat sy sien ek het hulp nodig. Geen diepsinnige gesprekke, net hulp in als en skielik is dit asof dit beter gaan.

Mr T word vandag 10, Opa en Oma gaan koek eet vanmiddag.

My een buurman, ook in die niksenfase van sy lewe en ook met 'n hart wat al klomp veertjies nodig het, kom gister langs. Ons twee oumanne kry mekaar dikwels op straat en vertel mekaar van ons kwale, van oumansklier tot swaktes van gebeentes. Lekker gewees om ou Jaap te sien en koffie te drink en die Hollander oortuig om sy beskuit in die koffie te doop. Hy wil help met die kemper wat 80 km na Etten-Leur geneem moet word oor 'n olielek wat my jaarliks voor die kop slaan, geld uitjaag net om nog steeds te lek by die volgende jaar se APK keuring. Jaap wil help, maar is maar net so verstront soos ek.

Wat dit is, is dat mens met al die gemoedsgewoel oor die pienkstrik, jou fokus nou en dan verplaas na daaglikse dinge. Dinge wat niks met kanker te doen het en eintlik nietig is. Weerligafleiers.

Habituation waaroor ek nou die dag gepraat het gaan kom by jouself en ander, dink ek.

Veral as jy minder selfgesentreerd word.

Gee kans asseblief, gee kans.

# Deel 7

# Dis Kanker!

**Die Uitslag van die histologie is bekend:**

Uiteindelik is die verwyderde weefsel se mikroskopiese beeld bekend. Mengsel van goeie en slegterige nuus, Dit is beperk tot die oppervlakte met geen spier indringing – dus is daar nog nie risiko vir verspreiding nie – is vroeg genoeg opgespoor.

Maar die differensiasie is egter "hooggradig Papilere urethroteel" – graad 3 dus.

Daar is twee maniere om die risiko mee te voorspel – die teenwoordigheid of afwesigheid van spier indringing. Hier is dit beperk tot die oppervlakte (pTa geklassifiseerd) maar die tweede een is die graad 3 differensiasie wat aandui dat dit meer dikwels herhaal en dat dit gouer die spier kan infiltreer.

In kort dus: Geen blaasverwydering tans nodig nie, wel moet die TURBT opgevolg word deur blaas spoeling met BCG as adjuvante terapie: 6 keer weekliks.

Dan natuurlik weer TURBT om te kyk of dit herhaal of nie. Die vergrootglas sal letterlik gehou moet word op my. Dus, nou nie so erg nie.

Verligting is daar, en mens kan so stadigaan begin glo als gaan goed kom – net natuurlik redelike ongemaklike toetse, ens. wat wag.

Ek dag julle sou wou weet.

*Tyd vir asemskep en 'n tussendoortjie!*
### Tussendoortjie

**Pispaaltje: Of te wel Nieuwoudt werk op oud nieuw 2014.**

Net twee Nederlandse feite, om die storie te verstaan. In sommige stede word die pispaaltjes nog gekry – dis die paaltjies wat daar is vir die honde om hul bene teen op te lig. As jy egter in die algemeen die plek is waar almal by kla of oor kla en jy kry die skuld vir als, word van jou as die pispaaltje gepraat.

Tweedens word in Nederlands verwys na Oujaarsaand as oud-nieuw. Lyk bekend?

**Nou die storie:**

Donderdagaand, 31 Desember 2014, was my laaste diensbeurt van die jaar. Soos die duiwel dit wil hê, is dit ook die manier om net vir oulaas aan my te wys waar ek nou eintlik in die hiërargie van belangrikheid hoort: pispaaltjie is jy.

So teen 3 uur in die kleinuurtjies van die oggend, word ek opgejaag vir 'n stuit bevalling.

Weer moet ek so bietjie agtergrond kennis verskaf. 'n Stuit presentasie beteken: die stuit kom eerste, dan die bene, dan die lyfie, gevolg deur die arms en laaste die koppie. Elke stap van die verlossing is 'n potensiële tydbom. Bene haak vas, lyfie draai verkeerd en kannie aan getrek word nie, armpies moet versigtig uitgetrek word en dan die grootste risiko van als die kop. Stel jou 'n driehoek voor met die basis wat laaste uitkom, en vashaak.

Enige vrou wat babas in en uit Babygro's moet kry, soms met 'n geskyt wat tot agter die nek is, sal weet hoe 'n stuitbevalling werk.

Nou terug na my storie: Dis 3 uur, dis onvermydelik, die baba moet deur die poorte – geen tyd vir keisersnit meer.

Ek is nog besig om wakker te word en staan tussen die bene van die barende – vergeet om die blaas leeg te maak, en met die eerste druk, druk die baba op ma se vol blaas en kry ek die eerste pisstraal voor my bors, My skuld.

Die baba sak af en met die ou muisie van die meisie sigbaar, kry ek met die volgende druk 'n netjiese babapisstraaltjie voor die bors.

Toe ons die baba volledig uit het, kan ek maar net herken: pispaaltjie is jy en sal jy wees.

Sela 2014 – jou laaste straal is gestraal.

Hoeveel strale wag in 2015

-oOo-

## Dagboekinskrywings

**17 November 2023:**

Soos jy vorder op jou wandeling deur die jare, is jy skielik net oud. Dit kom vanself, jou kop vertel jou anders, maar die wakkerword met ou bekende pyne, nuwe pyne en sommige is net daar, om na 'n tydjie net weg te raak. Vanself.

Die enigste sekerheid is die onsekerheid. Die grootste van die onsekerheid is onsekerheid oor jou gesondheid. In die jonger dae was onsekerheid oor jou toekoms die grootste, nou is die "toekoms" meer duidelik, en maak nou ook nie meer saak nie!

Op 74 help dit nie om in siklusse van 10 jaar te dink nie. En die interessantste vir my is dat ek nie depressief raak oor dit nie. Die aanhaak van enige gebrek of siekte hieraan maak dit verdraagsaam.

Gister was dit my grootste vriend, Mr T, se 10 de verjaarsdag. Hy sukkel met opa se kanker ding. Toe ons loop kom gee hy my 'n drukkie en sê: "I shall mis you!". Hy is 'n annerste mannetjie – het homself Engels geleer vanaf YouTube en praat graag die taal. By die Nederlandse skool het hulle al gedink ons is tuis Engels!

Die sekerheid van dit wat mens om jou het, hier en nou, plus waar jou spore agter jou lê word met ouer word oorheersende faktore. Om op jou laaste jare onsekerheid oor als te hê moet verskriklik wees.

Gister het sekerheid oor die onsekerheid van die kanker gebring: Hy lyk lelik teen die lig beskou, maar kon soveel leliker wees. Beperk en vroeg genoeg om hopelik hok te slaan voor dit uit die blaas klim. Natuurlik is daar belasting in dit wat gedoen gaan word, en sal daar nuwe onsekerhede kom. Hulle sal een vir een aangepak word.

Mr T se "I shall mis you" hoef nie nou al nie.

Dinge is rustiger as jy weet wat dit is, direk gedefinieer en jy kan kyk na wetenskaplike studies oor behandeling opsies asook die uitkomste van verskillende hanteringsopsies.

Dit moet moeilik wees vir iemand wat nie insigte het in hoe wetenskaplike geneeskunde aanmekaar sit nie. Ek het in my werk gewoonlik baie moeite gedoen om presies uit te wys waarheen chirurgiese opsies kan lei. Meer belangrik, ek het boekgehou oor my eie uitkomste sodat mens jou hande op die lessenaar kan sit en sê: "In die hande lyk dit so of so."

Omdat ek maar geneig is om my eie kop se logika te volg was ek ook genoodsaak om die alternatiewelike "aanvaarde" opsies uit te spel. Wou soms braak oor die min logika in sommige benaderings wat kollegas wel volg, maar dit moes ook aan die pasiënt as alternatiewe voorgelê word. Het egter duidelik gemaak dat ek nie dit doen dit nie, en as dit die keuse is van die pasiënt sal ek liewers verwys as om dit self te doen!

Daar is woorde wat die verstand laat toe slaan – histerektomie is een, kanker is 'n ander. As jy dit te gou in die gesprek ingooi is die res van die gesprek futiel.

Wat ek gedoen het was om die woorde met groot gesag te vermy tot op die laaste. As jy aan die pasiënt sê: "Daar is kwaadaardige weefsel, kanker weefsel gevind." Of: "Die enigste uitweg is om 'n histerektomie te doen," slaan sy totaal toe en luister nie meer nie.

Ek het hulle dan huis toe gestuur vir dinktyd en oor die skok kom tyd en het haar dan die volgende dag laat inkom – om een of ander rede het ek altyd plek vir nog een gehad op my afspraaklys – byna soos die wit taxis in SA.

Hier in die begin van onsekerheid in diagnose het ek ook deur die pasiënte hel van wag en wag en wag moes gaan – dit grens aan onmenslikheid sou ek sê. Nou met die kanker gedefinieerd en omlyn – al sou ek dit nog "ligter" wou hê – kan ek my instel en beman met feite en kennis oor wat wag.

Eendag is ons weer hopelik normaal.

Tans keil die kateter my op met blaaskrampe, hardlywigheid en omstaan van, wat een antie genoem het, moerbeie. Toe ek probeer reghelp sê sy: "Dokter, dis 'n moerse aambei."

Nog 4 dae en dan gaan ek weer bars as die blaas heraangeleer moet word dat hy die urine versamelpunt is met ten minste 'n volume van 400 ml.

Elke uur kry ek eers 'n tintelende brandgevoel in die aanhangsel se punt, dit gaan af na die perineum en dan begin die krampe wat 'n ouman aan die huil wil sit, en dan skielik wil jy ontlas vanuit 'n leë rektum. Al wat help is om toilet toe te hol, loop sit met die boude ontbloot en wag. Die beur neiging is daar, maar al wat dit doen is om die moerbei buitentoe te druk, en die moet dan weer teruggedruk word.

Ek weet dis 'n kakkerige storie, maar ek is nou al twee weke net met die onderlyf besig! Saans elke 2 uur wakker en herhaal die proses, bedags gaat dit nog as ek stil sit, maar o wee, as jy opstaan rek die oge.

D: "Waarom o fok herhalend sê?" Ek weet nie, was nie bewus die salwende woord word gesê nie. Ek sal meer vat wat na my toe kom, want daar is bietjie hoop die ding kan hokgeslaan word.

Miskien.

-oOo-

## 18 November 2023:

Kyk kêrels, vannag het ek my in die hel in gevloek, ten minste my onderparte het hul kwota van bek aggressie uit my uit. Elke uur op, boude oop, sit en pyn verduur vir niks voorwaarts, en dan as die golwe sak weer broek op en loop lê, aan die slaap raak, net om weer op te moet spring en salwende woorde kwytraak.

Nog net 3 nagte met die kateter, dan is dit uit. Dit sal dan stap een klaar en regmaak vir stap 2 en die onbekende. Ek kla nie, ek sê net.

-oOo-

**19 November 2023
Pajamadag.**

Ek skryf nou eers, want vanmôre was ek beroerd – koors is nou af en ek raak-raak aan weer mens voel.
    Lewe tans op 24 uur horlosie en nie dag/nag siklus nie.
    Die F1 vanmôre geniet en die Wilhelmus is die 19de keer vanjaar gespeel. Daai mannetjie kry hulle nie onder nie. As jy kan, kan jy.

Sien nie baie uit na die week wat voor is nie, maar dit moet kom en sal kom. Twyfel of daar nou al spoelings gedoen gaan word – infeksie en gat moet eers 100% weg wees. Blaas sal ook eers moet stabiliseer.
    Kemper moet ook nog in Etten-Leur kom. Ons beplan om daar te gaan wag in 'n hotel tot die mense klaar is – hopelik net 3 dae. Hollander laat hom nie aanjaag nie: as jy "opschieten" agter hom sê, is hy dadelik steeks.
    Vandag is daar niks, want daar is niks – 'n regte niksen dag.

-oOo-

**20 November 2023**

Sal maar iets insit, anders is daar niks.

Môre gaan ek en onse Charlotte Soenens my besigheid op 'n rytjie sit en besluit waarheen en wanneer. Ek hoop net kateter uit is eerste prioriteit, en kateter uitbly ook.

Hoe mister blaas dan gaan reageer is natuurlik 'n onbekende saak.

Die naweek erg sleg gewees en na die nodige antibiotika is blaasinfeksie beter, maar dit maak die krampbesigheid net nog helderder! Die mense praat altyd van jy moet die siekte of kanker teen veg. Ek het nog nie heeltemal daai vegtery verstaan nie. Vir my is dit meer die mis of behandeling waarteen man moet veg. Met die geringste ingrepie is die ou liggaam gou verstront.

Sit nou 'n helder kop bo op en jy kan dit as byna lyding beskryf.

Ek het destyds in Mediclinic Vergelegen 'n tannie se buik oopgemaak en net so weer toegemaak na ek biopsies geneem het – wydverspreide ovarium karsinoom. Vertel haar dit voor huistoegaantyd. Die aand het sy bly spook in my kop: Moes ek nie ten minste iets meer gedoen het en van die goed verwyder het nie. Die volgende oggend 7 uur daar gekom met vol planne hoe ek die kanker gaan beveg.

Haar bed was leeg. Suster sê sy het haar seun en haar prokureur laat kom, en na hulle weg is net gesig na die muur gedraai en gesterf.

Voorlopig kan ek nog die geveg met die mishandelings aangaan.

### *Tussendoortje:*

*Hier moet ek halt roep met die gekanker storie – anders raak mens te triest (lekker Nederlandse woord!). Ek wil net bietjie agtergrond skilder oor die ou, ek, wat hier die objek is. So 'n bietjie agtergrond kennis doen niemand kwaad nie.*

## My komvandaan of is dit komvanaf?

Arno van Zyl het gesê dat armoede deesdae 'n brêkding geword het, en ek moet dit onderstreep met my stukkie brêkding storie. Dit gaan oor die huis waarin ek grootgeword het soveel jare gelede. My pa was een van 5 kinners – ma ook – en ek een van 8.

My pa het ook maar sy jeukerigheid gehad en die het ons wye draaie laat loop in die lewe – een van die draaie kan mens sien as die Upington dae.

Dit is so dat hy die oudste was en dat sy pa met klippe probeer boer het op 'n plaas wat – hoe anders – Klipfontein genoem was met die naaste "dorpie". Ook maar net 'n Jodewinkeltjie en poskantoor, wat Kliprand genoem was.

Klippe neem man ook maar net tot 'n punt in jou soeke na oorlewing. Die punt waarheen dit my pa, die oudste een in die gesin, geneem het was om in Clanwilliam se landbouskool te moet beland, want hy sal mos die klipboerdery verder moet neem.

Met sy gatjeukery het dit ook maar net tot 'n halwe standerd 7 geneem op die skool voor hy oud genoeg was om met bruisende opstandige hormone te kon sê tot hiertoe met die boerderymetklippe leerdery. Hy is Alexanderbaai se myne toe en het daar sy lewe verder deurgebring.

Sy jonger broer het egter verder as net die staatsdelwery se hulp gevorder en makêniek geword.

Die oom Kobus het heelwat stories wat ek later meer oor gaan sê hier. Hy en my pa het albei rooihare gehad en hulle was redelik geheg – so geheg dat oom Kobus my pa omgepraat het dat hulle hul heil buite die Baai moet gaan soek. Hulle moet 'n garage besigheid in Upington gaan begin. Oom Kobus sal die werkswinkel uitsorteer en my pa sal die "boeke" doen – iets waarin hy waarskynlik sy talente meer gesien het as met klippe boer.

Die klompie Nieuwoudtjies (6 stuks teen die tyd) is in die kar gelaai in 1952 en almal is verplaas na Upington: ek was 3 jaar en duidelik onthou ek nie veel nie.

My verstand en onthou het begin in Upington se huis – 'n huis wat in Middelpos was. Die huis onthou ek goed. Ons was 'n klomp seuns wat in 'n stoepkamer geslaap het. Die huis in my onthoubeeld is soos die wat jy op Oudtshoorn van sien. Sinkdak met groot stoep rondom, met buitetoilet. Groot vlakte jaart met buitegeboue.

Langs die huis verby het 'n waterleikanaal geloop, oorkant die kanaal was boorde kweperbome en granaatbome. Die waterkanaal was nou en dan drooggelê sodat die slik uitgeskraap kon word. 'n Paradys tyd vir ons, want dan het ons klomp seuns krappe uitgehaal en in al wat 'n holding met water in gehou – almal ma se kombuisgoed wat weer tot redelike onmin gelei het.

Dis 'n systorie wat nou nie hier tuishoort nie.

Om my verhaal skildery paar kleure by te sit net dit ook: My oupa Gideon en ouma Ennie het teen die tyd ook maar die klipboerderye oorgedra aan my pa se suster se man, oom Kolie van Niekerk, en by ons in die sinkdakhuisie in Middelpos ingetrek. Oupa redelik deurmekaar – later is die mooi woord seniel of dementief, of Altzheimers aan die toestand gegee – en ouma Ennie, was nou ja, ouma Ennie.

Later miskien oor die twee. Vir ons as kinners was hulle maar net een van die agtergrondbeelde in sukkeljare. Oom Kobus en sy vrou, tannie Sarie het so 'n entjie in 'n groter huis gebly met hul 3 kinners. Dit was moeilike jare vir die grootmense, maar vir die klein mensies wat hier opgegroei het was dit die enigste wêreld wat ons geken het. Ek was in die middel rond en meestal 'n lewensobserveerder.

In die bekyk en beleef van my omgewing wil ek die beelde probeer weergee wat ek gesien/beleef het.

Die een wat net ouer as ek was, was met geboorte nie so gelukkig om vroeg suurstof te kry nie. Hy was verstandelik vertraag en doofstom van geboorte – my ma praat van naelstring om die nek gehad. Hy was 'n handvol, want om in so 'n groot gesin met so iemand huis te hou was nie maklik nie – tot so 'n mate dat daar na vele aande se huildinkery van my ma se kant, veral besluit is om hom weg te laat gaan na 'n versorgingshuis. Die was in 'n ver plek met die naam van Howick, Pietermaritzburg.

Dit het egter 'n nuwe dimensie aan my kindleefwêreld toegevoeg: ons het jaarliks vir Sareltjie gaan kuier. Dit het behels dat ons almal in 'n bakkie gelaai was en gaan kamp het teen die kus van Natal.

Nou stel jou die prentjie voor: Pa wat elke jaar 'n nuwe bakkie koop, ma wat met naaimasjien op die vlakte jaart sit en tentseile aanmekaar stik. Pa wat 'n hoenderhok tipe kap vir die bakkie bou en ons wat agterop die bakkie sit op die tent en onder die bakkiekap en uiteraard van mekaar in menings sit en verskil – van Upington tot in Durban.

Pa stop net vir petrol en nie vir vol blase nie – die moet maar in bottels geledig word en by die venster uitgeskud word. Ek kan nou nog alle skroefies en spykers en binnekant van die bakkiekap in my geestesoog sien.

Die kampblyery was paradys, wat veral nou nog na soveel jare vasgebrand sit, is piesangs. Die eksotiese vrug het ons net soms Sondae in versuikerde vrugteslaai gesien – ouma Ennie wat al Vrydae haar piesang opeis, want sy sal liewers uitsit Sondag op die vrugteslaai – iets wat sy teen Sondag natuurlik al vergeet het!

Die piesangs in Durban kon mens hande en mondevol kry, in sulke snaakse mandjies met twee bolbodems. Durban wat groen is, iets wat ons Kalahari kanaal ape net langs die Grootrivier, of Tjygariep of Oranjerivier se walle gesien het.

Sareltjie moes maar opgepas word deur almal, want hy was al teen die tyd groterig en het net weggehol waarheen sy neus gedraai was. Moeilik vir my, want in die groot gesin was ek bietjie alleenstaande en die sou nou my maat moes wees. Elkeen het hom om die beurt moes oppas. My raad was om hom aan 'n boom met so 'n lang tou vas te maak. Hy hol, tou trek styf en ruk hom plat, net om weer op te spring en te hol. Die plan is gestop toe pa dit agterkom.

Daar is heelwat wat mens beleef en as jou normale aanvaar het – nou terugkykend is sommige dinge wat die Nederlanders "sielig" noem. Toe was dit die leefwêreld.

Ek kan onthou na 9 jaar van droogte en slegte skulde ons almal weer ingepak was in 'n Ford Mercury – die keer het daar twee ekstra bygekom – en almal weer teruggekarwei is na die kospotte van Alexanderbaai. Pa se drome is verpletter en ons moes weer onder begin. Ek dink nie eens daar was 'n "trek" nie, als was verloor. Ouma en deurmekaar oupa is aan oom Kobus en tannie Sarie gegee en die het na Leipoldtville in die Sandveld toegetrek om daar weer te probeer.

Net so 'n klein stertjie aan die storie: Oom Kobus se een seun het later jare predikant geword en oom Kobus en tant Sarie – 'n rêrige pittige antie – het hul laaste staanplek in Vanrhynsdorp gekry. Oom Kobus het Oupa se deurmekaargeit geërf. Die storie kom van Willie, hy vertel dat oom Kobus eendag na hom toe kom met die volgende: Om een of ander rede het daar nou saans by hom in die bed 'n vreemde ouvrou begin inklim (dis nou vir ons wat nog bietjie helderheid het, tannie Sarie).

Hy sê as dit nou was dat sy haar kant van die bed goed kon handhaaf kan dit nog gaan, maar die vreemde vrou is nog parmantig en teëpraterig ook. Hy, wat oom Kobus is, is 'n Christen mens en hy kan nie saam met vreemde vroue slaap nie.

Langstorie kort: Dit het vir Willie gekos om sy ma en pa weer te trou net om vrede weer terug te kry in die bed van sy ouers. Of die tweede huwelik van oom Kobus gehou het weet ek nie.

Nou het ek vir eers genoeg gebrêk oor waar ek vandaan kom.

-oOo-

**Kateter kom uit:**

**21 November 2023**

Nou al 7 uur gespeen van die vroumens seksding. Gaan redelik met plas, hou duimvas dat dit goed kom.

Toekoms plan is soos verwag en die BCG spoelings begin waarskynlik mid Desember.

Ek en D gaan die naweek kleinkinners oppas en dan met die kemper na Etten-Leur. Maandag ingee en hoop hy is 3 dae later ge-APK keurt.

Verder voel ek weer in beheer van daai aanhangsel en sy tools, en natuurlik van myself ook.

Ek gaan nou die derde vlak van die hanteringsprojek met die blaaskanker in. Die slag is dit aansluitend by die vorige diagnose stelling en bevestiging.

Die koers kan nou ingeslaan word – rigting moontlike genesing. Met die ding soos hy nou by my is, is daar 71% 5 jaar oorlewing (op 74 jaar sonder die kankerding was my 5 jaar oorlewing waarskynlik dieselfde en gooi die koronêre vate in en dis dan nog laer!)

Sien vanmiddag die uroloog en dan word die hanteringsprojek ingevul met datums en gebeure.

Op korttermyn blaasspoeling met die BCG bakterium (dis reg, die ou wat ons almal as inenting gekry het teen TB) – dit ontlok 'n inflammatoriese of ontstekingsreaksie, plus dit is ook 'n immunologiese trigger vir killer T-sel aktiwiteit teen kanker. Net in 19% van gevalle is onvoldoende respons. Daarom is daar 3 maandelikse opvolge met TUR apparate om oorblywende groei uit te krap.

Die blaaskanker is eenvoudig. Dit ontstaan in die binnevoering van die blaas as gevolg van kankerverwekkende stowwe wat deur die niere uitgeskei word en loop lê in die blaas totdat die blaas geledig word. As die groei deurbreek na die spierlaag van die blaas, versprei dit. In die VSA is dit die 6 de algemeenste kanker, in manne en vroue eweveel, rook is die enigste herkenbare bron, en by manne word dit vroeër waargeneem en by vroue later (sit en piepie en sien nie die bloed nie, en is gewoond aan om bloed in die pot te sien).

Genoeg oor my gatskete – kateter hopelik blywend uit vanmiddag en blaas hopelik nie "vervelend" na al die aanslae op dit.

As ek verveeld raak, kyk ek net Sky News uit die UK en dan is daar genoeg vermaak. Die K kaperjolle in die SA parlement is enigste wat die Britte kan wen!

Ding is dit: Die Britte het mos vir Kween Viktoria 'n empire gemaak – oraloor grense loop trek en oraloor mense misbruik, en hulle skatte loop haal. En ook oraloor almal gedwing om die taal van die Kween te praat. (Ek dink die Afrikaanssprekendes in SA is die enigste groep wat die taal deesdae vrywillig praat en selfs met mekaar!)

En toe trek die Kween se mense terug na Home – nie voordat hulle vir die koloniste vertel het hoe wonderlik Home is.

Die Kween se mense was lekker eenkant met die EU tussen hulle en die vorige kolonies, totdat die Kween se mense Gebrexshit het. Die buffer wil nie meer terughou nie, wat so by so ook wil loop sien hoe lekker is Home.

Die bootjie kultuur het begin. Volgelaaide bootjies word in Frankryk se kant van die Engelse kanaal losgelaat en hulle of sink en verdrink, of hulle word deur goedhartige skepe opgelaai, en die wat oorleef beland in Home in die skoot van die Kween se mense.

En nou sit die Kween se mense opgeskeep met mense wat hoofsaaklik uit die woestyne kom en ook wil eet van die kospotte van die Kween. Dilemma: migrants is vloekwoord en moet weg. Tevore kon hulle teruggevat word na die land van die EU waar hulle oorspronklik uit die woestyn aangehol gekom het, nou nie meer nie,

Plan wat nou in die nuus is, is dat die Britte met Rwanda 'n ooreenkoms het (natuurlik teen betaling) om die mense daar te hou en te prosesseer om te kyk of hulle wettiglik na die Home mag kom, anders terug woestyn toe.

Dink jy nou 'n mens wat so ver gekom het om Home te haal uit die woestyn uit, gaan dit regkry om te wil woon of wag tussen die gorillas van Rwanda. Hulle gaan maar weer net die pad terugvat na Home, met waarskynlik 'n maatjie by.
En ek sit en worry oor 'n kateter.

*Dan dink ek weer terug aan 'n ander tyd in ons lewe hier rond, die donker dae van 2020, en mens voel weer hoe als maar net 'n gejaag na wind is.*

-oOo-

**November 2020:**

**Swaarmoedig:**

Vanmôre word ek swaarmoedig wakker en lê eers en dink waar die woord vandaan kom. In Nederlands vind ek die volgende sinonieme – hulle is 'n nasie wat nie sinonieme ken of gebruik nie. *Somber (bn),bedrukt, droefgeestig, droevig, gedeprimeerd, mistroostig, neerslachtig, nors, pessimistisch, stuurs, tobberig, treurig, troosteloos, vreugdeloos,* **zwaarmoedig***, zwartgallig. melancholiek (bn): depressief, melancholisch, verdrietig, weemoedig,* Wat die Nederlanders egter het, is dat die ou wat zwaarmoedig is, is gewoonlik ook "chagrijnig".

In Afrikaans noem ons dit gewoon gatvol. Ek sal dus by dié bly voor ek sagreinig word.

Ek is gatvol vir Covid en die anticovid drolle wat dit eers nie wil herken as sulks nie, en toe als probeer doen om die maatreëls wat dit teengaan, self teen te gaan. Ongelukkig is Covid nie gatvol vir my nie: my gatvolgeit help sweet blue boggerol. SARS-Cov2 wen dus.

Ek is gatvol vir Brexit en sy gevolge wat op my afgedwing word, met niemand maar niemand wat voordeel trek nie. Weer het ek geen beheer oor dit nie en moet maar wag tot dit slaan en hoop op die drolle wat dit op ons almal afbring saam met die toilet se kettingtrek moertoe spoel – ongelukkig moet mens maar net wag en hoop jy kan dit beleef.

Die Brexit-nasie is ongelukkig van die soort wat sal wegspoel en nog aan jou vertel dis beter so! Want sien: Lets get Brexit done het gevolg op ... Britse gatvolgeit om die drywers van die onsinnigheid tot hulle sinne te bring. Die hênsop het gelei tot die wen van die gemors en nou is dit nie so maklik om die wen deur te kry nie. Laat ek maar dit net daar laat en in my alleenheid sit en gatvol wees.

Ek is gatvol vir Trump – ja, ek weet mens mag nie oor hom praat nie, maar fokkit. Hy is soos 'n poep al in jou pad – maak nie saak wat jy doen en dink en ignoreer en gewoond raak aan hom nie: hy sit daar en sit sit hy. Arrogant en vol outokrasie. Weer is die doel natuurlik dat mense gatvol raak om hom teen te gaan en ook "lets get Trumpisme done" uitroep en handdoek ingooi. Hier trek ek egter my streep en laat nie toe dat die gatvolgeit my sag maak nie: ek sal sagreinig wees en dit orals verkondig.

Die eindvraag bly maar, help dit om gatvol te wees, en help dit om dit te loop en verkondig? Seker nie, want anders word die mense later vir jou gatvol en sit jy met jou chagrijnigheid en hulle ignoreer jou.

Daar bly egter dinge waar mens maar net jou gatvolgeit moet koester en dit behou. Anders wen die aanhouer wat jou gatvol gemaak het.

En dit mag nie.

Om die Bybel aan te haal: Daar bly dus drie dinge oor: Covid, Brexit en Trump, en die grootste hiervan is ... jou gatvolgeit.

-oOo-

## Dagboekinskrywings

**22 November 2023**

Ek het dit al gehad oor die sekerheid van sekerheid en die onsekerheid van onseker te wees. Vir my is dit as wetenskaplike geneeskundige indoktrineerde beter om sekerheid te hê oor wat om te verwag en te herken as die onverwagte voorkom. So half grensende aan die beginsel van "informed consent" – pasiënt moet volledig ingelig wees oor wat kan gebeur en dan toestemming gee dat "shit may happen."

Dit gaan hier spesifiek oor die blaas, en meer spesifiek oor die spier van die blaas, die detrusor, se manier van doen. Die is gedurig in kommunikasie met die brein en wel op 'n soort van "ek is vol en ek wil saamtrek" en die boodskap van bo is, "of jy lieg of dis nog nie sosiaal aanvaarbaar nie". Dus onderdrukking van die spier se aksie is oorheersend totdat 'n punt bereik word waar die spier nie meer kan ontspan nie – hetsy omdat dit bo sekere volumes gevul was, of daar ander faktore in spel kom, dan trek hy saam en pers uit ongeag wat die verstand sê. Interessant is dat die interaksie soms vreemd is – jy kan byvoorbeeld iemand elke nag 3 uur wakker maak en stuur om sy blaas te ledig, en binne 2 dae sal hy vanself 3 uur wakker word met 'n geweldige volblaas gevoel. So kan slegte gewoonte 'n roetine ding word. Vroue veral ly onder die probleem dat hulle voorkomend die blaas leeg maak en dan is dit gou 'n krisis as dit nie kan nie. Ek het altyd as blaas kontrole vraag gevra of sy weet waar al die openbare toilette in die dorp is, en as sy weet kan ek jou waarborg sy het alreeds haar blaas kapasiteit verminder. Wat is die maksimale kapasiteit? So om en by 450 ml is aanvaarbaar, of dan 2 uur tussenposes voor dringendheid vir lediging.

As die blaas leeg gehou word vir 'n aantal dae met 'n verblyfskateter is die blaas uiteraard nie gewoond aan die rol wat hy moet speel nie en vertel gou hy is "vol" as daar slegs 50 ml urine versamel. En skree ten hemele na die brein as hy ignoreer word. Dis waar die krampe vandaan kom – onthou die kateter het nog 'n ballon ook wat ook die blaaswand stimuleer.

Haal jy die kateter uit is dit natuurlik aanvanklike swelling wat ongemak gee en brandgevoel – die verdwyn gou, saam met bloederige afskeiding. Maar die gevoel van wil urineer word gou gegee en sal mens aanvanklik kry dat jy dikwels moet gaan. Die beste is om dit net te laat gaan vir 24 uur en daarna met 'n proses van blaasdril te begin waar jy geleidelik die tyd tussen urinering verhoog – byvoorbeeld 15 minute tussenposes tot dit gemaklik raak en dan opskuif tot jy by ten minste 2 uur tussenposes kom.

Vir my was gisteraand interessant dat dit presies is wat gebeur het. In die begin moeite om aan die gang te kom met net druppelings en bloed, later het dit verbeter en uiteindelik is mens so 30 minute tot 'n uur gegun voor jy moet opspring en hol. Tans word dit gerek en gaan dit goed. Een verandering wat geweldig is, is dat die kramppyne weg was. Dus, saligheid!
Genoeg oor blaasdinge – dit gaan goed en voel mens sommer 'n ander mens sonder die geelhandsak en vroumens seksding. Fisies en mentaal sterker.

Vandag stem die Hollanders weer, en weer is daar 26 partye wat wil regeer met elk sy eie planne. Weer is daar nuwes by wat alle antwoorde het en weer sal daar maande gestry word oor wie baas wil wees en wat die planne moet wees om baas te bly.

Vir my is dit maklik – die ou partye het hul al bewys om of te kan of nie te kan nie, die nuwes is net vol planne wat nog nie getoets is nie en waarskynlik net duimsuig populistiese idees is, en meer belangrik, ek hou van Nederland soos hy nou is. En stem dan vir die party wat dit gemaak het soos hy nou is. Dus VVD.

My pa het destyds vertel hy het my ouma moes vat om te loop stem. Hy vertel toe vir haar sy moet NP stem en nie VP nie, herhaaldelik tot hy nie meer mag praat nie, en toe hulle uitkom sê sy sy het maar VP gestem, want sy het altyd van Jannie Smuts gehou!

Ek het vandag so een ou moes coach, maar wat sy met die rooipennetjie gemerk het is onbekend. Miskien was 'n teken dat sy kwaad was vir my toe ek vir haar sê om die mense se rooipennetjie terug te gee en sy wou nie.

Kemper kan Maandag teruggaan en ons gaan dus so vir 'n kort "holiday" in die tyd waar ons moet wag tot dit reggemaak word.

-oOo-

## 23 November 2023

Sal ons dit as dag 1 van die PVV ("party van de Vrijheid") noem? Hier in Nederland is mos gister verkiesing gehou en het die een party dit reggekry om 23% van die stemme te trek.

Om die spulletjie in perspektief te sien is moeilik – om die Nederlander in perspektief te sien is nog moeiliker. Ek woon nou al 21 jaar tussen hulle en het 'n stryd in myself om nie soos hulle te word nie, maar om tog een van hulle te wees.

Ding is, ek het nou al paar van hulle verkiesings deurgemaak. Daar is so 'n 20+% stemme wat neig om enige aggressiewe stem te volg. Gladdebek kla oor als wat die regering gedoen het, of gewaan is oor wat die regering gedoen het – en natuurlik alles wat vreemd is as Nederlands vreemd te sien en aan te val (kopdoek vodde, Koran, allochtoon, immigrant, migrant, Moslem, joe name it).

Hier net na ek gekom het was daar 'n man met 'n kaalkop, Pim Fortuin, wat als goed kon verwoord en almal van die 20% stem vir hom. Hy word deur 'n mal ou doodgeskiet en met die verkiesing kom sy party in die regering. Die spul baklei so onder mekaar dat die regering nie lank gehou het nie.

Die een ou wat die langste al in die parlement sit en lawaai oor als wat verkeerd is, is Geert Wilders – al van seker 1990 af. Hy het die party van hom Die Partij van de Vrijheid genoem, het al paar keer amper alle klagatte aan sy kant gehad, maar wou nooit die verantwoordelikheid van regeer aanvaar nie. Tot nou toe.

As voetnota word hy as "verregs" klassifiseer, maar as jy fyn kyk na sy idees is daar, behalwe van als wat allochtoon en Moslem is stront, redelike sterk elemente van sosialisme teenwoordig. Soms meer links as links.

Nou wil hy nie "meer over zijn schaduwee trap" en is bereid om dinge prys te gee wat hy belowe het sodat ander saam met hom wil regeer.

Nou mense, ek is maar 'n Westerse allochtoon uit Afrika, en het nog klomp kwale ook, en moet my nou nie as 'n ekspert sien van Nederlandse politiek nie, maar ek sal nou al kan voorspel: Ons hou in Nederland weer verkiesing binne een jaar. Die man sal nie kan verdra dat ander van hom verskil nie, hy sal nie ander van opinie so kan motiveer om sy dinge te aanvaar nie, en nog minder alle wille beloftes na kan kom. En sommer saam daarmee sal die klompie wat sy 23% uitmaak nou, nie meer daar wees as daai uitslae kom nie. Die wêreld draai door. As jy net kyk na die klomp wat uit Europa handeklap vir hom – Le Pen, Orban – dan weet ons al wat kom.

My dag verder? Gaat soos hulle hier sê, het gaat. Tyd moet nou ook bietjie help voordat ons sterk genoeg is om die volgende proporsie mishandeling te kan vat.

-oOo-

## 24 November 2023

Winde van veranderinge wil waai om my, en mens gaan staan maar in die windskadu. Ek gaan my nie laat opwerk omdat ek omring is deur idiote wat stem vir 'n mens wat niemand se Saligmaker kan wees nie. 23% van Nederlanders laat 77% oor wat die man nie as Saligmaker sien nie: dis demokrasie.

Die wind van herstel waai in my onderlyf en smaak my ek kry sulke proeseltjies weer van hoe 'n normale onderlyf moet voel. Kan dus weer die onmiddellike toekoms in die oë kyk – het so by so net 'n onmiddellike toekoms. Herinstel van perspektiewe en so aan is mos al aan die gang.

    Die naweek is op ons met die laaste F1 resies wat kom, die twee kleinkinners hier kom Saterdagaand hier slaap (ma en pa gaan Den Haag toe vir 'n "Festival van Afrikaans" – moenie dink dis 'n fees van Afrikaans, as taal nie. Dis waarskynlik meer 'n fees van Afrika of wat Nederlanders dink wat Afrika is. Laat ek my uithou. Ek kry my grootste vriend en my Bokkie vir een aand en gaan my eie "festival" hou.

Sondag gaan ek en D die kemper Etten-Leur toe neem, oorslaap in dit op 'n marina en dan in 'n hotel wag totdat hy oliedroog gemaak word. Verlede jaar het dit 3 dae geduur en is hy nog steeds nat. Dus ...

    Met my onmiddellike toekoms dus voorlopig duidelik sal ek dus wag vir sonsopkoms.

    Nes gister en eergister en die dae daarvoor, en nes dit sal wees môre en oormôre en die dae daarna.

-oOo-

**25 November 2023:**

Was vanmôre in die kleinuurtjies wakker ... en het gedink oor als om my heen. Nou is dit later met sonsopkoms en wat toe helder was, is nou nie meer nie. Wat toe groot gelyk en voel het, is nou klein en nietig.
    Goed ek het die gedagtes nie neergeskryf nie – dis nou als vergete. Ook maar goed so.

Hierdie wagfase moet nog 'n week duur en dan word die volgende trajek aangepak. Wat voorop is, is dat hierdie stopplek langs my pad dinge in heldere perspektief stel. Sonder om morbied of sonder om depressief te wees besef jy dis die endgame. Ons is almal daarin een of ander tyd.
    Wat jy maak daarvan is wat saak maak.
    Jou wêreld kan om jouself draai, of dit kan juis weg van jou afdraai – en dit is wat dit moet wees. Jy was, jy is nog net, ander is meer.

Die vreugde van dit wat kleinkinners bied word vandag weer beleef, ons pas kinders op. Mr T het gister vir my vertel van die wêreld van kommunisme waar iedereen dieselfde verdien – hy is niet eens ermee. Vandag sal hy 'n ander gewigtige onderwerp hê en dit met oma – wat hom op die eerste sin verloor – bespreek. My Bokkie sit met dinge van 12-jariges en moet man versigtig mee omgaan. Opa word so bietjie meer vrye teuels as ander gegee, maar ook net-net.
    So is elke dag vol van sy eie dinge en daar om te geniet.

Smaak my enkel syfers is op pad met selfs sneeuvlokkies hier en daar op die weervoorspellings! Winter is hier.

-oOo-

## 26 November 2023

Ek gaan maar deur – weetie of daar nog saamgelees, saamgedink en meegeleef word nie. Maak ook nie saak nie: dis mos maar net kopleegmaak sodat ek beter kan voel. Of is dit maar net die rommelrige kop wat praat?

Ons het altyd gepraat van die langslewende moet eerste doodgaan – om jou anker en meelewende te verloor is erger as om net eerste pad te gee. My ou langslewende is stadig maar seker besig om net weg te raak. Pynlik om te sien, erger is egter om my eie ongeduld te ervaar. Wat moeilik vir my is, is hel vir haar. Probeer geselsies skep en aan die gang hou, en raak dan verlore in die wollerigheid van rasionele denke, wat afwesig raak. Ek weet nie aldag of my eie helderheid nie soms aweregs inwerk nie.

    Ons sal vandag weer onsself in 'n eie kokon gaan toedraai vir 3-4 dae. Hoop dit bring bietjie rus in die gemoedere, die uitje na Etten-Leur.

Smaak my die twee kleinkinners is die dood voor oë tuis ingesweer – hulle is te soet. Selfs Mr T gedra hom, sy sussie sien mens is so in die agtergrond aan die maniere leer, en hy praat nie terug nie. Ek verkies normaliteit en moet so bietjie aanja om dit terug te kry by hulle. Tog een van die groot plesiere bly hulle in jou lewe. Dankbaarheid om dit te kan en kon hê.

    My lyf is weer byna reg vir die volgende aanslae en die is 10 dae weg. Die optes en aftes sal maar deel van dit wat as onmiddellike toekoms moet deurgaan bly. Wat ek in myself waarneem is die berusting van aanvaarbaarheid, selfs te midde van onsekerhede. Voel byna lekker. Geen depressie, geen neerslagtigheid en geen spoke wat jou jaag nie. In elk geval, dis al wat tans in my kop draai.

-oOo-

**27 November 2023**

**Oppie toilet sit:**

Moenie vir my vra waarom my kop nou die dinge indink nie. Dis van daai dinge wat sommer sy sit kom kry en groei.
Ek dink vanmôre terug aan die dag toe ek weer teruggekom het Tygerberg toe, om papiere te gaan haal. Was daar in my windgat dae toe ek pyp in die mond loop titel haal het. So oppie gatrand langs die ding gekry (50 is deur, 51 is los deur en met 52 mors jy met punte).

Toe wye draaie geloop loop orals, Windhoek, army se rondjaag en met die army dinge in Oos Londen geland. Was lus vir snywerk en enigste snywerk plek in Mdantsane Hospitaal was in ginekologie (het toe al agtergekom ek is te dom vir GP wees en moes loop leer in een rigting. Aanvanklik was ortopedie die enigste vak waar ek in tuis was, en ginekologie is mos ook 'n tussen die bene vak). Dus by Ginekologie en Verloskunde gaan werk en daar kontak met 'n vaardige Ginekoloog (Engelse Goosen) gemaak en by hom heelwat geleer wat die res van my lewe bygebly het. Ons moes twee eksamens skryf om papiere te kry – die eerste was in basiese vakke en die het ek toe uit Oos Londen kon doen. Daar het ek als wat voorkom kon lees en leer wat net geklink het na basiese Ginekologie en Verloskunde.

Eerste poging was geslaag. (D se gatskop het gehelp).Toemaar, ek kom nou nou by toiletsit uit.

In die jaar 1981 maar die onvermydelike aangepak en terug gegaan Tygerberg toe, as kliniese assistent. Aanstelling was nog deur die prof wat ek op universiteit gehad het – van die manne waarvoor jy bang was sonder om te weet waarom. Al wat man jouself so bietjie kon laat handhaaf was om jou in jou geestesoog te laat sien hoe hy op 'n toilet sit. Gelykmaker soort van.

In Tygerberg se 5 jaar stoei met manne wat jy gedurig eers moet laat sitmaak op 'n toilet, net om te oorleef, het gevolg. Ek kon met my koms daar mesvaardigheid as enigste wapen toon – het in Oos Londen 3 jaar gewerk en baie geleer. Kan onthou dat die eerste aand in Verloskunde diens in Tygerberg daar 'n vrou met 'n gebarste baarmoeder ingekom het – op daai stadium het ek in Oos Londen al 4 soortgelykes hanteer – en toe ek net wou aangaan was ek amper hel toe gestuur deur van die toiletsitters.

Dit was die begin van onder die radar bly. Een ding wat egter nie onderdruk kon word nie was my mesvaardigheid. Was die enigste in die departement wat 'n dwarsinsnyding kon doen vir keisersnitte – die een prof het dit verban en ons het regaf pleisters geplak op die dwarswonde, want hy het letterlik die wonde kom kyk of dit dwars was! Elke keer as een klaar papiere gekry het en privaat praktyk toe wou gaan, het by my Pfannenstiel byskoling kom kry!

Daar is soveel mense wat deur die lewe gaan met 'n beeld van nie op die toilet sit nie. Ek sien hulle veral onder die kunstenaars groepe.

Net een boodskap: Ons sit almal vir sekere dinge wat stink en sommige staan vir ander dinge wat skuim maak. Jy sal nie kan wegkom van dit nie: leef maar saam daarmee en moenie wees wat jy nie kan wees nie.

-oOo-

**27 November 2023**

Gister weer lekker in die kemper gery – sommer baie dinge vergewe. Selfs D smile, uiteraard was die aan die gang kom normaal. So beginry, check, dinge soek, stop, soek saam – brille, handskoene, horlosie, tandeborsel – you name it. Omdraai, loop haal en mag nie kwaad word nie, anders nog meer verbouereerd. Dus kom ons na 30 minute se stop, start weg en eers anderkant die Westerschelde tonnel sak vrede toe.

GPS vat ons langpad deur Etten-Leur se sentrum na die marina, kom daar aan met modder orals op staanplek. Tot staan gekom ondanks paniek langs my: "Jy gaan in die water beland, pasop ons staan te na aan die water, daar's modder orals (asof ek nie kan sien nie) ... en so aan." Ook hier tot ruste kon kom, en betyds gewees om vir Max en die Wilhelmus te kon kyk en luister. Voel sommer Hollands.

Vandag? Dit regent en regent en nogmaals regent. Moet elektriese kabel nog loop oprol in die modder, kemper uit die modder kry en die huurkar om 8 uur kry, kemper loop ingee en wag vir oordeel hoe lank dit gaan duur en dan hotel loop soek – kan eers 15:00 incheck en dis Hollander: nie 'n minuut voor die tyd nie. En dit regent heeldag lank. Kyk, Namakwalander laaik reën, maar hierdie knaende groot druppel val reën maak my mal!

En dan kla ek oor 'n nietigheid soos blaaskanker wat my lewe net kom versuur! Prioriteite is die ding se naam.

-oOo-

## 28 November 2023

Lê nou al van 3 uur af wakker, en dit oor 'n ding wat die Nederlanders noem 'n "zekering". Dis nou al meer as twintig jaar wat ek tussen die nasie woon, en telkens is daar woorde van hulle wat ek nie onthou nie – het destyds met "boterhammetjie" begin. Later was boterhammetjie darem al ingeprent geraak.

Zekering is wat ons in Afrikaans as fuse ken. Soos die ou eendag in Engels by die garage wou "bands" op sy kar laat sit het en net onnosel aangekyk was, tot hy sy pel vra "wat is tyres dan in Engels", so weet ek ook nie wat fuse in Afrikaans is nie.

Weet nou dis zekering in Nederlands. Nou wat het dit nou met dag 8 en my wakkerlê te maak? Kom daarby.

Net een laaste afdwaal: Jasper Nieuwoudt vertel van die mense van Garies wat by die Koöperasie Springbok tabaksakkies net wou koop waarop "Springbok merk" staan en nie die waarop "Springbok brand" gestaan het nie – die een waarop "brand" staan sou konsuis jou tong laat brand as jy dit rook! Die einste Jasper vertel die storie van die man wat sit en plakkies – dis nou slip-ons in Nederlands – sole uitsny met sy te stomp knipmes uit ou tyre ryvlakke, en sê "g'n wonner die etterse ding word taaier genoem".

Die zekering ding: My kemper staan nou by die garage en wag vir 'n motortjie wat die trappie moet uitskuif – dis bestel en sal vandag aankom. D het vroeër vanjaar op die trappie gestap, en toe breek dit – as jy die skakelaar druk hoor jy die motortjie, maar die trap kom nie uit nie. Ek haal toe die fuse uit anders brand die motor dalk uit en sal dit later laat nakyk – die later is dus nou. Ek het die spul vertel van die fuse wat uit is, maar kon toe die woord "zekering" nie onthou nie – dink ek het iets anders gebruik. Gister vertel die man my die fout by die trappie is die motortjie wat dit nie doen nie, ek was so verlig oor die APK keuring dat ek skoon vergeet om te vra oor die zekering, of dit teruggesit is. Tot vanmôre 3 uur, toe onthou ek van die ding.

    Ons wag waarskynlik onnodig nou al 24 uur. Sal 8 uur bel om te vra of hulle die zekering vir seker ingesit het. Hoe fuse by zekering uitkom is so by so vreemd.

    Soos wat 'n toebroodjie by boterhammetjie uitkom.

    Hopelik kry ons vandag koers huis toe. Kopskoonmaaktyd is verby – het gister loop nuwe kempers kyk en besef myne is nog okey.

    Laat my dink aan Roelof se Great Dane in Windhoek se strate – die storie maar bêre, die ding is vandag te lank reeds.

Kan nie glo dat ek al 7 dae sonder die geelhandsak is – weet daar is iewers in die toekoms 'n dag wat hy weer terug sal kom – terug van nooit weggewees nie.

Gister heeldag gereën, nie sommer reën nie, maar net water wat onophoudelik uit die lug val. Kemper ingegee, man bekyk dit, man laat weet later die olielek val per definisie nie onder APK afkeuring nie ... dus goedgekeur om nog 'n jaar te kan rondry! As my eie padwaardigheid so maklik sal gaan, hoop maar.

Gaan haal die huurkarretjie – Kia Picanto – en toe ek inklim wil die ding nie start nie! Ligte gaan aan, al wat 'n ding wys op die "deshboard" maar fokkolo geluid van die enjin. Bekyk als of daar nie 'n knop te druk of trek is nie. Fokkolo. My Volvo start as jy loop sit op sy sitplek, die kemper draai jy nog sleutel.

Ek loop bel die man wat die useless ding aan my verhuur het. Voel toe soos my ma destyds: Ons kry kuier van een van die grênd familielede (prokureur dink ek) en die vra my ma: "Waar is die privaat?" Sy sê sy weet nie. Hoe moet sy weet, vertel sy later, dat grênd mense van privaat praat as hulle kleinhuisie bedoel?

Die Hollander gee my toe dieselfde gevoel wat ma destyds gehad het, toe hy my vra of ek die "koppelaar" – dis nou clutch vir julle – intrap as ek die sleutel draai! Ek ry so outomatiese goed (die Volvo doen als vanself, ek moet net stuur vashou) dat ek skoon vergeet dat jy die koppelaar moet intrap as jy start, anders fokkolo! Stupid verby gevoel.

Ek en D sit toe maar heeldag eers in die hotel voorportaal, later in McDonalds, en later in die hotelkamer en reën kyk.

Kemper sal vandag klaar wees, son gaan skyn – 'n hele 5 uur lank – en ons gaan vandag en vanaand nog holiday en môre terug huis toe.

Dag 7 se vooruitsig voel beter as dag 6 – moet net onthou om die koppelaar in te trap!

-oOo-

## 30 November 2023

Kemper se dag, kan man maar sê. So 'n hurry- up en wait dag. Uit hotel uit om 10, gaan uitsmijter eet, gaan kyk wat is met kemper, net om te hoor die hoofrolspelers is almal iewers anders en sukkel ek met my ongeduld, D se herhaal vrae oor dieselfde dinge, Hollander se skewe antwoorde op my vrae en koffiedrink, blaas protesteer en natuurlik weer regent en regent en nogmaals regent. Karretjie loop ingee.

Teen 3 uur is kemper lewerbaar – was al lankal, maar die man wat met my werk was elders "besig". Teen 4 uur kom ons weg: Kemper is geAPK en olielek nog daar. Storie is langer en duurder hoe dit nou reggemaak kan of gaan (die kan en gaan is twee verskillende al hoe vreemder begrippe. Smaak my enjinblok moet uit (3000 euro of 30 uur se werk) maar tans nie gevaarlik nie, skouertjies gaan omhoog as jy vra en wat in die toekoms?) Dus ...

D vra en ek het nie antwoorde nie, want niemand gee enige op my vrae nie.

Eers my kankerding probeer uitsorteer en dan oor kemper worry. Kan volgende jaar hom kom los, hulle gee my gratis ryding om mee te terug na Terneuzen, en dis voorlopig genoeg om te bêre vir later se worry.

Die hele Holland ry saam – rigting Terneuzen – en op 'n aagwatstrontwat manier draai ek af na Tholen – wou lankal loop kyk daar en dit word donker. D is tevrede en ons gaan staan op die marina of haven van Tholen. Daar is orals in Nederland die havenkantore op die kaaie met sanitêre geriewe vir die booteienaars en staanplek vir paar kempers. Baie gerieflik op teer.

Net oor die dyk is 'n regte Hollandse kroegeetplek, die Hof van Holland. Daar gaan eet en rustig raak. Baie geniet en sal later terugkom na Tholen. Lyk na 'n kuierwerd plek.

Dus vandag later huis toe en dan begin regmaak vir volgende week se begin met BCG spoelery wat weekliks my (en hopelik ook die pienkstrik in my) paar klappe gaan toedien.

Kemper moet wintergereed gemaak word en stalling toe.

-oOo-

## 1 Desember 2023

Dit moet mos 'n dinkdag wees – hy is dan ronde getal, 10 dae van geen kateter. Dit kan 'n fullstopdag wees, of die eerste van doeriedag wat gaan kom, of net die laaste van annerdag.

Weetie meer nie. Dis so asof man dan diekant toe hol, dan daaikant toe, en eindig soos daai currykant by witkant toe. Die beker dinge is verby, die skokke hopelik ook.

Op my verjaarsdag – die 74ste hoeka – finaal besef daar's 'n pienkstrik in my lyf. Dit in Lyon in terwyl ek spot met die Kiwi's wat toe nog hoopvol, tog doubtful was en toe eindig dit in ... fools! Die strikkie is nou miskien ontknoop, en ons moet nog stowwe wegvee, of spoel. Gaan pynlik wees vir strikkie en my. Gaan hopelik die week beginte.

Okey, my brein is noggie vol strikke nie, dit werk nog ... net-net.

Mens kyk terug na die afgelope twee maande: Soveel het gebeur, en tog nie gebeur nie. In my gemoed, in my lyf. Ek was nog aan die trek deur die lewe, en word toe platgedruk, tot stilstand toe. Deur 'n ding waarvan ek niks geweet het nie, en nou alles oor weet. Om te sê ek is en was bang is 'n mistasting: ek was skytbang. Nou nog so klein bietjie.

Tog is daar soveel positiwiteit ook na vore. Liefde vir die lewe, liefde vir dit rondom my, julle ook. Dankie vir die net daar wees. Hopelik kan ons nog saam 'n toekoms hê.

Genoeg gedink. Môre aan jou wat hier lees. Ek waardeer.

-oOo-

## 2 Desember 2023

Terug in die thuishuis, terug in normale roetine van niksen.

Kemper gaan hok toe om daar te wag op die om watnouweer met hom te doen. Keuse is om dit weereens te neem na Etten-Leur om die lekplek verder te soek, of dit moet in sy moer in lek totdat ons weer oor 'n jaar sy APK moet doen, om weer voor te begin met lekplek soek, die wiel draai deur.

Of om dit net te loop inruil vir 'n nuwe, en by te betaal. Nou die dag in ons verveeldtyd loop kyk wat kos die goed nou – natuurlik wil die man daar vir my te min gee vir wat ek het, en teveel vra vir wat hy het.

Destyds in my eerste jare van titel kry anders as "meneer" – en man 'n meneer gevoel het met die titel al het jy gou agtergekom al wat 6 jaar op universiteit jou geleer het was hoe min jy weet – was ons in Windhoek gewees. Saam met ons was die Van Huyssteens – dis nou van die grênd mense van Stellenbosch, die twee.

Hulle het vir Tessa gehad – 'n Great Dane. Roelof vertel hy en Tessa stap in Kaiserstraat af en tel gou 'n gevolg van mense op wat al agter hulle aanloop en "die moerse groot hond" loop en bewonder. Een skraap toe moed bymekaar en vra: "Meneer, wat kos die hond?" In daai dae was R120 nog geld. Skielik is die hond ook nie meer so mooi nie. "Wat?! R120 vir so 'n maer fokken hond?"

Dis hoe ek ook gevoel het met die kemper loop kykery – skielik was die nuwe kemper nie meer so mooi nie. Dis interessant hoe 'n prys man se uitkyk kan verander.

Maar tog: die kemper tempteer my nou 4 jaar en gatjeuk is mos gatjeuk. Sal maar eers wag met anner dinge as die pienkstrik. Dis sy week wat Maandag begin, of dan hopelik sy einde wat volgende week begin.

Die koue van die winter is op ons. So half skielik begin.

-oOo-

**4 Desember 2023**

Dit neuk maar om die donker goed weg te hou – en dan praat ek nie van die pienkstrik self nie. Eerder van dit wat dit in die orige tyd aan jou doen. Ek sit my vrese weg en laat God daaroor Hom buig.

Dit gaan oor die belastings wat wag, die induik in swakker wees en weer opbou en dan weer induik. Dit gaan oor die inperking in tyd waar ek ander dinge kon doen. Dit gaan oor die negatiewe wat wil oorheers oor die positiewe, dis eerder 'n dreiging om die goeie te bedek.

Vandag lewer ek die geel vloeistof in, wag drie dae en sal dan hopelik die volgende hekkie kan aandurf.
Hoe maak jy dat die lekker oorheers? My salf is om te loop kyk na dinge wat ek kan gebruik sodra ek uit die tronk geskep deur die pienkstrik kan breek, my kemper bestyg en ek en D koers. Al is dit net oor die Schelde.
Dus: ek gaan die lekgat loop inruil vir 'n nuwe een met 'n MAN kop! Uiteraard met die SKI geld – kinners se erfgeld.
Sonder worries is mens dan, en sallie worrie oor die goed wat nie in die lykskleed se sakke kan gaan nie.

D begin redelik moeilik raak met die kort van gedagte ding. Het aandag nodig en dis soms moeilik as jyself elke dan en wan moet opspring en hol.
Dis net 'n huppel in die pad en dis oorbrugbaar. Net dem innie pad nou.
Dit het gister gesneeu en was binne 'n uur weer weg. Die vijfer is gevries en die innie huis bly koud.
Sal maar vandag stofsuig.
Luister, ek issie depressief nie, net gatvol.

Dan lees ek van die " spookrijder" – dis iemand wat die verkeerde kant opry op die snelweg – wat gisteraand in 'n gesin vasgery het op die A1. Beide kinners van 10 en 11 dood, ma en pa ernstig beseer. Die idioot van 19 in die ander kar ook dood. Dan wonder mens, waaroor was jy nou weer in die ellende in gevoel?
Mens kan nie kla nie.

-oOo-

## 5 Desember 2023

Dis alweer die tyd hier net annerkant Sint Niklaas – die goedheilige man. Tevore was die tyd van Sint Niklaas vir ons groot, maar nou is die kleinkinners groot, groter as 7 en het hulle die komplot teen klein kindertjies agtergekom. Hulle weet dis net 'n fabel, die Sint Niklaas ding met sy swartpiete wat nie meer swart mag wees nie.

Nou sit ons weer in die donkerdae sonder lig. Gelukkig het daar in ons straat weer kleintjies gekom wat die pappies opjaag om Kersliggies in die tuine te sit. Langsaan buurman se kinners is egter nou in, wat my pa sou noem, die rammerige stadium en dis donker by hom, soos by ons. D het verklaar sy gaan nie Kersliggies aanskaf nie, en toe raak sy aan die soek vir haar Kersliggies wat sy verlede jaar weggegooi het. Ek sê dit vir haar, net om dit weer te vergeet en aan die soek te raak.

Ek probeer my kopdonkerte te verdryf deur aan die kemperkoop te raak. My ding is dat ek altyd "buyers remorse" kry – as die ding voor die deur staan sien ek iets beters online. D het altyd gesê: "Hou op kyk – jy het klaar gekyk." Maar tog is dit moeilik – mens neuk jou eie lekkerte bietjie op.

    Môre gaan ons die voorlopige uitverkorene loop kyk – die electric moet bietjie pad kan vat. Kwyl sal gekwyl word, hopelik met nie teveel sterre in die oë nie.

    Die sal geblus word as die uroloog 4 uur bel met haar planne virrie pienk lintjie.

    Hopelik sal die Kersfees bietjie lig hê, hier en daar.

    Al is dit 'n kemper voor die deur.

-oOo-

## 6 Desember 2023

Ons sit alweer by die laaste dag voor die eerste dag van die volgende siklus – hopelik. Dis alweer 4 weke na die wegkrap van die pienk lintjie se letsel, en twee weke sonder die geelhandsak. Lyf voel beter, blaas vertel sy eie storie, nog.

Ek het altyd aan die pasiënte vertel hulle moenie toelaat dat die blaas op die brein loop sit nie – die brein is baas. Laat ek nou hier om verskoning vra aan alle lydendes wat onder my hande deurgeloop het: dis nie maklik nie. My blaas sit vierkantig op my kop en slaan die trom. Elke uur tot twee sê hy net hol! As jy water hoor loop, as jy 'n toilet sien, dan kom dit.

Mr T het een oggend met 'n oorslaap vir my gesê toe ek vir hom sê met opstaan hy moet gaan plas: "Opa moenie daai woord zegge!" 'n Volblaas laat hom nie order nie, en na die geelsak vertel hy my hy is vol en dan op selfs 'n paar druppeltjies!
    Ek het rerig 'n ouman met 'n blaas geword!

Om aandag weg te kry van die blaas gaan ons vandag Roosedaal toe, kemper loop kyk. Lanklaas iets gehad om na uit te sien. So 'n soortvan road trip met die electric Volvo. Gys Smit het destyds in Oos Londen 'n spoorweg praktyk gehad wat hom teen die mure uitgedryf het. Dan sê hy hy gaan huis toe en rol so bietjie in sy geld, net om beter te voel. Ek het nou nie kamers vol geld nie, maar darem die electric Volvo. "It make me smile" as ek agter sy stuur klim. Van die lekker sondes in my lewe.

Ek sit dink nou waarom ek die pad in my beroep geloop het wat ek gedoen het. Het jy al oor sulke dinge gewonder? Ek weet vroue fassineer my al van kleinsaf. Miskien was dit die dag toe ek my ma gevra het waar sit 'n vrou se now. Sy vra toe hoekom vra ek nou sulke dinge – waarop ek sê: "Die man oor die draadloos sing 'I wonder who is kissing her now'."

    Toe word ek maar ginekoloog om uit te vind waar sit 'n vrou se now. Weet nou al redelik baie oor vroue, maar weet nog nie waar sit die now nie. Miskien sit hulle op dit.

Vanmiddag sal die vrou uroloog my bel om te sê waarheen nou en hoe ek Kersfees 2023 gaan deurmaak. Opgewonde bangerig is seker hoe ek voel: Ek voel daar is nie als goed by die blaas nie. D: "Jy weet weer te veel."

    Weet ek veel oor wat wag. Soos die Nederlanders dit stel: "Ik raak echt niet vrolijk ervan."

    Wens ek was dommer.

-oOo-

## 7 Desember 2023

Dis nie aldag dat man op my ouderdom sulke vol dae het nie. Jy is gewoond om die dag se leemtes te vul met niks doen en skielik is daar min plek vir die lekkerte van niksen.

Kom laat ek julle vertel wat hou oumanne se lewe bietjie interessant.

Oggend begin vroeg – gaan mos loop kemper kyk, in Roosendal so 100 km weg, Oor die – of onder die Westerschelde deur – na die Overkant. Ons woon mos in "een landje apart", Zeeuws-Vlaanderen, afgeskei van die res van Nederland deur die Westerschelde. Om te kom in die res van Nederland moet jy deur die Westerschelde tonnel, en tol betaal.

Eerste dagvuller was twee ouerige mense – een met bietjie onthou in hom, en die ander sonder onthou wat heeltyd vertel "issie ekkie" – wat die T- tag soek vir die tonnel, totdat die onthou-een onthou dis in die kemper wat al gestoor staan in die "stalling". Toe begin soektog twee: Die "pinnenkaart" of kredietkaart aka 'n bankkaart. Weg, saam met my "rijbewijs" of bestuurslisensie. So weg dat vergeet en onthou later nie met mekaar praat nie: een probeer sonder sukses rustig bly, die ander kry stilstuipe, want dis mos "nie ekke nie".

Later dikbek in die electric, en vergeet deur die stoei om te oorleef die laaikabel, wat eers deur die onthou-een besef word toe ons annerkant die tonnel is.

Laat ons die dagvuller eers daar laat, anders raak die lang storie nog langer.

Kemper se kyk bring rustigheid en vrede. Wegteken van een en inteken van die nuwe gebeur, en omruil iewers in die nuwe jaar.

Die afspraak met die uroloog was telefonies en het gedraai oor 'n urinekweek wat twee dae gelede aangevra is. Ek kan die uitslag kry op my pasiënte portaal op die internet en kyk kort-kort of dit daar is.

"Jy weet te veel," mos, en daar vang die weet te veel ding my weer. Die uroloog sal my na 4 bel en die uitslag verskyn om 3 uur: Die kort-kort plassery word verklaar deur die teenwoordigheid van 'n ander kiem wat "fecalis" in sy naam het. Jy weet waar fecaliskiem sy woonplek het.

Nou eers julle leke ook slimmer maak: Blaasinfeksies in vroue is algemeen om twee redes: 'n kort urine leier (aka urethra) en 'n neiging vir van agter na voor afvee – sorrie aan die gevoeliges, maar dis gewoon so. Manne se vee maak nie saak nie, want hul urethra is mos lank weens die deng wat hang in oumanne en soms staan in jongmanne.

Ek is mos 'n ouman en weens min gebruiksatrofie deesdae, of miskien weens die onlangse ervaring van pype in die rewolwer se loop indruk en geelhandsak draery, watter een ook al die rede is: die urethra het waarskynlik saam met die rewolwer gekrimp tot vroue lengtes. Hoe anders het die fecalis ding in my blaas gekom.

Dus: geen geblaasspoelery, infeksie moet eers opgeklaar word. Dus weer 14 dae uitstel.

Dit weet ek als toe ek die uitslag om 3 uur sien. Hier kom die fokkit deel nou. Ek weet ek moet antibiotika kry en ek weet die apteek maak toe oor een uur. Ek bel 3 uur die assistente by die uroloog en gaan deur die "ons lijne zijn beset, een ogenblik geduld alsteblief" roetine en kry uiteindelik die dame op die foon. Vra mooi om die uroloog te vra om die voorskrif deur te bel en die blokkasie van die assistente sê net die "uroloog het druk" en ek het mos 'n telefoniese afspraak. Om my stil te kry sê sy later sy sal my boodskap deurgee – met latere insigte het sy dus nie.

Toe ek 'n halfuur na die tyd vir die afspraak onnodig sit en foon kyk, neem gatvolgeit oor en ek en electric storm hospitaal toe, Net om te sien die hele Urologie departement is al almal huis toe, kry met tweede telefoon probeerslag die uroloog in die hande, en die is "In overleg". As jy vir Hollander ken sal jy weet "overleg" is die hoofprioriteit. (Overleg in ons taal is vergadering) 'n Kwartier voor die apteek toemaak kry ek my voorskrif en maak dit net betyds om die antibiotika te kry. Sal nie my gespreksinhoud weergee nie.

Dus: ek het nou twee weke grasie met komplimente van my vee tegniek saam met die effekte van tyd en mishandelings op my urethra via 'n verkortende deng wat tans net deur die vermoë van onthou tog soms 'n funksie het anders as plas.

Kry vandag die kemper sal hom maar leegdra en volgende week loop ingee. Hoop net die kemper se lek bly geheim, anders wil hulle hom nie terugneem nie.

Vir die wat sou belangstel: Die electric het 300 km op sy battery gery sonder laai nodigheid – vegete kabel dus nie nodig gewees nie.

Gedink die Volvo sal sorg vir 'n bietjie ligpunt in my saai lewe.

Saam met natuurlik die nuwe kemper se insette.

-oOo-

**8 Desember 2023**

Ek sal waarskynlik voorlopig ophou dae hoef te tel – als loop tans op spore wat sy eie pad sal vind. Voel tans weer byna normaal, geestelik en liggaamlik nie meer so "zielig" nie. Hoef dus nie simpatie te soek nie. Grappie!

Kemper leegdra, en wegvat is wat die lewe gaan vul die volgende week.

Dit gee my tyd vandag om net so bietjie na binne te kyk en ook miskien so bietjie te filosofeer – as dit jou sal verveel om na 'n ouman se gedagtes te luister, gaan maar verby.

Mens moet altyd jou eie fabrieksfoute herken en raaksien. Sommige probeer dit wegsteek, vir homself en ander: foutjie. Leef daarmee saam, dis jy daai. Ek het baie en kan dus niks wegsteek nie.

My grootste een deel ek met baie – ek hou van vroue meer as mans – ook nie altyd op die romantiese hou manier nie. As daar in die ou SA tradisie van vleisbraai bymekaarkom is, sal jy my eerder by die mammies teen die mure vind as by die manne met die biere. Dis nou nie dat vroue stories my meer interesseer as die manne se spoggery van wie s'n is die grootste. Vroue is net mooier as manne en rustiger.

In my jonger ywerige dae het ek soms een van my ander fabrieksfoute laat oorheers – soms te veel die geselskap oorgeneem. Die is gelukkig een van die foute wat oor die jare onderdruk word.

My ma en ek, glo ek, het spesiale bande gehad – iets wat moeilik was as jy een van 8 kinners is en op nommer 5 uitgekom het. Tog het sy die vermoë gehad om my andersheid te herken en tog bietjie te vertroetel.

Die vroue aantrekking was natuurlik so met die hormoonontwaking soms meer 'n vrouelus gewees – die wesens het my gefassineer. Ek was so by so nie 'n allemans pel mens nie, maar as ek so terugdink aan my opgroei en kennis ingroei van die mens, is dit veral die kontak met meisies van dieselfde, of soms net so effe jonger as ek, wat die meeste na vore kom. Hartebreker was ek nou nie juis nie, maar het veral op hoërskool kontak gehad wat baie en die word gekoester op my oudag met spesiale hartplekkies.

Natuurlik was daar een wat in my later jare op skool oorheers het, en dit het paar jaar my oorheers. Haar onttrekking in my lewe was geleidelik soos ons, veral sy, na skool agtergekom het ons deel nie veel as dit by toekomsdrome kom nie. Die breek was omdat ek vasgevang was in lang jare studie en niks anders te gee het in tyd nie: kos my 'n ekstra jaar op universiteit, en vir haar 'n verkeerde huwelik met die soeke van "wil jongmeisie tyd geniet".

As bonus het D in my lewe gekom en my stukke bymekaargehou. Nou nog!

Dis natuurlik ook nie vreemd dat my fabrieksfout gelei het tot finale beroepskeuse nie: het nog altyd makliker met vroue pasiënte klaargekom as met mans. Geen wonder ek het die laaste jare in my beroep my besig gehou met die herstel – die Nederlandse reparasie klink byna beter – van die vrou se deel wat beskadig word deur haar kontak met manne. Byna my bydrae indirek aan die vroue nasie oor al die verkeerd wat ek gedoen het oor die jare aan vroue.

Dankie vir die luister as jy tot hier kon kom. Vir my altans was die deel van my stukkie menswees, lekker.

-oOo-

## 9 Desember 2023

Gisteraand weer een van daai stilstaan oomblikke beleef: D se grootste vriendin op universiteit se man is oorlede aan longfibrose – 'n versmoor proses wat al maande kou aan sy menswees. Kan nie aan 'n erger rede dink vir doodgaan nie. Weer besef jy, jy is eintlik besig om oor nietighede te kerm. Eintlik is mens gelukkig en geseën.

Ek gaan vanmôre nie veel hier kwyt raak nie.
Sal hopelik later meer bysit.

Dis nou later. Dit reën vandag soos dit gereën het daai dae – ons het altyd gesê op sulke dae het jy 'n bottel brandewyn, 'n bed en 'n sleg vroumens nodig.

Die kemper is sommer gou gereed en nou sal ons maar wag tot daar tyd is vir loop ingee – D kom uit die kemper en vra een van daai vrae wat nie antwoord het nie: "Herinner my weer hoekom ons hom ingee."

Mr T het eendag wat ons by sy speeltuin verbygery het – 'n tyd gelede het hy dit die peelpyn genoem – gesê hy word so met heimwee gevul as hy dit sien. Dis die ding – jy word met heimwee gevul as jy so sit en kyk na die kemper. Ons het 35,000 km gery deur Europa met hom oor 4 jaar. Baie gesien en baie ervaar.

Net so word ek met heimwee gevul as ek na die foto van ons 4 uit 1986 kyk – ons was toe in die mid 1980's: nog jonk genoeg om nie liggaamspyne te hê nie en ook jonk genoeg om nie teveel meer te dink aan die dag van môre nie. Ook nog jonk genoeg om dit te doen wat Marietjie boepens gemaak het. Die karavaan was nog nuut en het ons deur SA gery met een van die kinners met Bulpin se boek, "Discovering South Africa" op die skoot en hulle moes elke dorpie se storie lees soos ons by dit verbygery het, SA was toe nog my SA en nie ander s'n nie. Willie is die een links en hy was in sy jonger dae baie stout, op die foto se tyd was hy kalmeer onder Marietjie se begeleiding! Hulle sou hierdie maand ook hul 50ste troudag vier.

As ons by kampeerplekke gekom het – jy kon daai tyd in elke dorp se munisipale kamp lekker veilig staan – het die kinners altyd uitgestorm om die geriewe te ondersoek terwyl ek met my jonglyf kamp opslaan. Ons het altyd maar oor die Karoo gery binneland toe, of Natal toe. Eerste stop altyd was Laingsburg en kon jy klaar regsit om te sien hoe die mense van bo of van onder teen sonsaktyd inkom. Toe al menskyk as lekkerte gehad.

Camperzondernaam gaan ingegee word en camperzondernaam loop haal word eers in die nuwe jaar. Ons het die eerste karavaan hier "Erfporsie" gedoop – was met skoonma se geld gekoop. Toe die gatjeuk, van my hoofsaaklik – ek kon toe nog met D redeneer en kopsmokkel – lei dat die karavaan binne 'n jaar verkoop en omgeruil word vir die eerste camper, het D verklaar ons gee nie meer naam aan die goed nie, want naamding gee moeiliker weg as sondernaamding. Deesdae is ompraat makliker en voel ek soms bietjie skuldig – mag mos ook sondes hê.

Sal maar op die nat Saterdag sit en rugby kyk. Wat anders kan man doen?

-oOo-

## 10 Desember 2023

Uit gewoonte hou ek maar die telling by – aan eenkant hou dit boek, aan die anderkant dwing dit my om my kopnonsense neer te skryf. Raak nou 'n gewoonte, die ding. Weetie of daar nog gelees word nie: in Amerikaanse Engels praat hulle van habituate, gewoontevormend, verslawend en tog ook onbewustelike verbygaande gewoontes. Ek skryf, jy lees sonder om te weet waarom. My rede het begin by die kwaad wat my oorgekom het en miskien nog daar sit, joune is miskien nuuskierige vriendskaplike belangstelling. Whatever.

In my huidige nag kleinuurtjies draai die gedagtes rondom twee pole: Lewe en dood. Niks met morbiditeit te doen nie. Meer met die normaliteit daarvan, sonder die een bestaan die ander nie – as daar nie lewe was nie sou dood nie daar wees nie, as daar nie dood was nie, was lewe ook nie daar nie.

Die een ken ons: hy is die hier en nou. Die ander een ken ons nie – weet net dit is anders as die een wat ons ken. Sommige maak die hier en nou meer verdraaglik deur te glo aan die bomenslike, godsdienstige geloof in iets wat in beheer moet wees oor die bekende, en jou sal verwelkom in die onbekende, in die hiernamaals.

Sommige het 'n geestelike beeld oor hoe dit kan wees, ander wil dat dit so moet wees soos hy dit wil hê. Als om dit te verstaan. Sommige steek eenvoudig kop in die sand en fokus op die hier en nou, want die ken en verstaan hy.

Een idee wat ek nie verstaan nie is die "ons sien mekaar weer". Rerig? Die leefwêreld van hier is een van sintuiglike ervarings – dink jy jou sintuie gaan nog werk in die hiernamaals? Ek laat dit maar daar.

Tog spandeer jy net 'n oomblikkie van tyd in die lewe en sal merendeels in die dood wees – bestaan is dan nie meer nie. Dit kan soos 'n komputer hardeskyf wees wat jy formateer met uitwissing van wat nou is.

My menswees, my ekwees, my persoonlikheid wil nie aanvaar dat dit dit is, dat ek nou is en eendag net niks is nie. Daar moet 'n doel wees waarom ek nou hier met jou gesels. Tog? Dis waarom ek weier om te glo dinge is sommer. Ek glo in 'n Opperwese wat my en jou beheer: dit gee doel aan my en jou bestaan. Ek wil in beheer wees van my lewensgebeurtenisse, maar glo ook ek is nie in beheer nie – dit het ek telkemale beleef as ek omkyk na wat was en wat gebeur het met my tot hiertoe.

Godsdiens moet nie 'n mantel wees wat jy om jou bind ter beskerming teen die lewensaanslae, of die vrese oor die dood, nie. Die beloftes van hemel en hel as jy jou lewe so of so lewe, dwing nie vir my om in God te glo nie. Dis eerder 'n kwessie van 'n verhouding hê met 'n Opperwese sodat jy die lewe alreeds as hemels ervaar en beleef. Jou omgang met die hier en nou word so bepaal en lewe jy met dit om jou en met jouself makliker.

Ek kan my nie indink hoe dit moet wees sonder hierdie band nie: nog minder hoe jy dan met dit om jou kan bestaan – dit moet hel wees.

Genoeg diepte. Ons maak dit van nou so aangenaam as moontlik, nie net vir jouself nie, maar ook vir ander. Dan geniet ons wat ons het.

Jammer oor die loslaat vanmôre van die gedagtes – dis immers Sondag.

Geniet dit, dis al wat mens tans het. Wie weet wat wag.

-oOo-

## 11 Desember 2023

Noudat man aan het herstelle is om net weer later mishandelinge moet deurstaan is dit seker beter om net vir eers terug te sit, die gesonderige lyf te geniet, te niksen (ek eet teveel alweer!) en dinkgoete saam met onthougoete oor te skryf.

Kyk, daar was dae waar ek mos belangrik probeer wees het met uiteraard minerige sukses. Hier in die land van min kompetisie was dit nie veel moeite nie. My Afrika boeldog het destyds die tyd van sy lewe gehad – hy wis en ons ook dat hy nie veel van 'n vegter was nie – kon sy bobek en onderbek nie lekker bymekaar kry nie. Byt was dus meer slopperige slym afvee as seermaak. Die Hollandse honde word nie geteel om wetters van die werf af te hou nie en my Afrika boeldog se groot plesier was om hulle te wil bestorm asof hy hulle wil opeet, met wegholeffekte. Dit het hom laat belangrik voel, die afwesigheid van kompetisie.

Ek kon redelik die snywerk en naaldwerke doen wat nodig was om die versletenheid van die kindkryplek van vroue te repareer. My paadjie het al hoe meer in die rigting gegaan so aan die einde van mensregmaak tyd van my. Dit het tot gevolg gehad dat ek al hoe meer kongresse oor die sake bygewoon het, en paar keer voordragte gedoen het oor my manier van dink en doen. Soos ek in my groeityd agtergekom het, is dit so dat sodra mense jou agtergekom het hou dit net daar op, die belangrik wees.

Nou moet ek hier dit noem, ek brêg nie, ek noem maar net. En by dit dat D sê ek swem nie stroom op nie, die stroom loop net, volgens my, verkeerde kant toe. Het dus heelwat verskil van die "norm". Was na baie lande toe en deel van chirurgiese "workshops" – mens kan byna sê die vagina het my baie rond laat reis.

Ek wil net oor een so 'n reiskuier vertel.

Die dag toe die Turkse professor my genooi het om in Ankara deel te wees van so 'n operasie demonstrasie besigheid. D wou toe nie saam nie. "Ek slaap g'n in 'n Moslem bed nie."
Nou kyk mense, as jy gaan opereer, of werk, in 'n vreemde plek, vat jy jou eie spanners saam. Ek pak toe alle sny en regmaakdinge wat ek gebruik in 'n tas en die gaan saam. As ek my teatersuster by kon hê doen ek die ook – het haar in Moskou en Sint Pietersburg kon saamneem, maar die Turke wou nie. Dus was ek alleen met net my spanners toe ek in Ankara se lughawe aankom.

Gaan deur sekuriteit met X-strale van alles om daar te in (ander lande is dit net om op die vliegtuig te kom, maar die mense is bang jy kom skiet of iets by hulle, smaak dit my). Ek moet toe deur 'n klompie wagtendes wat sit en niksen met net die leerling poliesman wat die goete deurkyk. Ek weet nou nie of jy al gesien het hoe miere lyk as jy met jou vinger hulle spoor wegvee nie – hol in alle rigtings. Toe my kys met spanners onder X-straal ding deurgaan, sien jy manne hul skoon uit hul niksen skrik. Praat almal gelyk, beduie na die beelde en ruk wapens uit. Niemand kon my derde taal, Engels praat nie en almal parra parra net.

Ek het natuurlik in my onskuld dit nie verwag nie en wis nie waaroor die lawaai gaan nie, tot ek besef wat aangaan – hulle weet nie en verwag nie my tipe spanners nie! Ek beduie praat en die sleutelwoord was "doctor". Skielik gaan hul ligte aan, en besef dis ander soort martelspanners as wat hulle ken en almal sê: "Doktore" aan mekaar met "oo ja" in Turks by.

Met my spanners kon ek dus deur na die volgende paar dae.

My storie word nou te lank en die sal ek maar annerdag vertel. Ek en die Turkse professor het later jare bietjie van menings verskil, veral toe ons in Moskou saam was.

Annerdag se storie daai een ook.

-oOo-

## 12 Desember 2023

**Mondigword dag.**

Mens is maar in jou lewensiklus altyd aan die wag vir iets. Soms net afwagtend, ander tye vol verwagting – selfs met opwinding oor die onbekendheid in uitkoms van dit waarvoor jy wag.

Ek hou nie van wag nie, te ongeduldig – hoe langer die wagtery duur, hoe moeiliker raak dit om te wag. Dus maak ek die lewe moeilik vir myself, weet ek.

In die dae van aan die veilige kant van die lessenaar sit, was die uitsig so anders gewees. Jou perspektief en fokus was op genees, die goeie uitkoms. Jy sien bo-oor die induik in die genesingsproses wat deurgegaan moet word. Ja, jy weet van moontlike bykomstige gevolge soos komplikasies of net bloot die pyn en lyding as gevolg van die genesingsproses, maar jou oorkoepelende beeld is anderkant dit: uiteindelike verbetering van dit wat nou is.

Ek kan onthou van die antietjie wat, na ek verduidelik het wat die risiko's van die te doen operasie mag wees, onmiddellik vir my gesê het: "Dokter, die Here het nou net vir my gesê ek moet nie die operasie kry nie."

Ek sit nou ook saam met die antie aan daaikant van die lessenaar. Die afwagting, wetend wat nou gebeur, wat wag om te gebeur en ook wat die gevolge – goed en sleg – van dit wat kom gaan wees, maak mens soms bang en klein voel. Die wreedheid van moet wag is erg. Tog bly maar net een ding oor: om te wag, om te kan sien waar val die dobbelsteen.

Dan besef mens: Daar is geen waarborge en ook geen dag van nou is dit klaar met kanker nie. Dit is en sal deel van jou toekoms leefwyse word en wees.

Ek het dieselfde deurgemaak met my hartomleidings operasies, nou ook al 23 jaar gelede. Het so deel van my geword dat ek vergeet het daarvan, net om op die 16de jaar van met dit saamleef, herinner te word dis nog daar.

Hierdie is ook maar deel van die toekoms – een wat die slag nie 20 jaar gaan duur nie. Dit weet mens.

Gooi ouderdom by en jy sit op 74 so by so met hopelik 20 jaar voor jou, ek wil rerig geen verdere 20 jaar nog hê nie. Nie in die lyf nie.

Korttermyn wag en langtermyn wil wag is twee verskillende dinge. Sal maar geduldig die wag van nou doen, en selfs geniet.

Per slot van sake is dit mondigword dag, volwasse wees dag.

-oOo-

## 12 Desember 2023 Nadenke:

### Kersfees in dit wat dit geword het

Dis vandag 22 jaar gelede dat ons ons intrek in Smaragdboog 11 ingeneem het - 'n strandhuis in Onrus, 'n toegekampte huis in Somerset Wes is geruil vir 'n twee onder een kap huis en 'n Mercedes in die garage is geruil vir 'n tweedehandse rooi Volvo stasiewa.

Plus 'n heel nuwe lewenstyl. Die 18 jaar oue privaat praktyk in Somerset Wes se ryksmanswoonbuurte is ingegee en 'n loondiens aanstelling in 'n driemanskap in 'n klein perifere ziekenhuis in Zeeuws Vlaanderen, Nederland het die nuwe lewensaar geword.

'n Nuwe taal omgewing is ingevaar, 'n nuwe kultuur is omhels en 'n nuwe vasteland sou die woonplek moet wees. Die eerste Kersfees was in die nuwe wêreld aangepak – die seevakansie van die somer het plek gemaak vir die koue en geen sneeu.

Die eerste Kersfees was vol drama – Frans (vyfde jaar medies op Stellenbosch) kon kom vir die vakansie, Gideon nie en Ronette sou kom vanaf Engeland. Die groen mamba en sy dramas oor visas en ander negatiewe dinge het dit egter verhoed en is daar eensaamheid met kinners op drie kontinente beleef.

Die eie maak van die nuwe lewe het jare geduur en baie pyn veroorsaak – dit is nie vir sissies om jou brood so te moet verdien nie, dis nie vir sissies om bloot met drome alles te los, en alles weer van voor op 52 jaar te moet gaan doen nie, dis nie vir sissies om weer die vernedering van geen wetlike registrasie en die herregistrasie proses te doen nie, dit was nie vir sissies om weer almal te moet oortuig van wat en wie jy is – veral as jy dit hier binne weet jy is beter as wat ander jou aansien.

Gelukkig het ons Westers gelyk en is ons allochtoonskap as Westers beskou, nie dat ek nou nog weet wat die verskil is tussen 'n allochtoon en 'n Westerse allochtoon, of altans wat die voordele dan nou is van Westerse allochtoonheid.

Van vooraf leer van hoe daar in Nederland in toue afwagting gestaan word – hier gaan jy by die bakker in, sien daar staan 'n paar mense rond wat niemand in die oë kyk nie, maar mekaar tog dophou, niemand staan voor en ander agter hom soos die Engelse ons geleer het nie. Al wat jy doen is om te kyk wie na jou inkom, want jy is voor die een as daar om "volgende" geroep word.

Van vooraf leer dat sosiale wette van SA en Engeland – ons enigste verwysingspunte – hier nie geld nie. Daar is nie base en klase nie, daar is net medewerkers. Elkeen weet waarin hy in die samelewings boksie hoort en hier is hy die ekspert – moenie vir hom gunste vra buite sy boksie nie!

Al die dinge is deur stampe en "wat zegt u's" geleef en geleer. Selfs taalklasse en taal vernederings het deel van die heropbou geword. Deur dit alles, en omrede hiervan alles, het ons gegroei, die land en sy mense begin waardeer en liefkry. Totdat jy ook die Wilhelmus se eerste en sewende vers kon sing, en die vlag buite ophang. En die hulp wat 'n sukkelende rand en Springbokspan en die "Proteas" gelewer het kan nie onderskat word om die naelstring na annerkant al hoe meer gekneus, geknip en finaal deurgesny te kry.

21 Kersfese is beleef. Frans het op sy eie en met baie pyn en swaarkry ook hier beland – en sy gestoei is nog nie om nie, maar word darem makliker. Ronette het

ook nou die groen mamba moes wegmaak om met 'n rooie te vervang – nes ons. Beide het elk twee nuwe lewentjies hier kom neersit op ons nuwe voorstoep in Smaragdboog 11. Die nuwe begin het nuwe lewens begin en die nuwe lewens het die bestaan geword. Hopelik sal die nuwe jaar vir Gideon in Nieu Zealand ook ooptes gee.

Die pyn van toe is tans weg. Die lyding van toe lyk nou nietig. Ek kon myself verander, ek kon my beter en meer bekwaam, nie net as arts nie, maar ook as mens. Ek het trots Europeaans geword – nie dat dit beteken Afrika is uit my bloed nie, maar Afrika is nie meer als nie. Die pyn van die verlede hier en in Afrika is agtergelaat en gesalf met 20 Kersfese. Daar was sneeu, soms son en merendeels reën, maar die donkerte en liggies van Kersfees in Desember het die son, sand en see van Desember vervang en is omhels.

Selfs godsdienstige waardes het verander en verander nog: vrae mag en moet gevra word en antwoorde hoef nie altyd gegee word nie.
  Die engheid van die godsdiens van die verlede het plek gemaak vir 'n beter en oper en meer vertrouensvolle geloof in God en Christus se geboorte. Sonder om dit as 'n jas van beskerming te hê, is die beskerming daar en dit is die nuwe geloof en droom wat waarheid geword het.
  As dit God sal behaag sal ek nog vele Kersfese beleef, en as dit Hom behaag sal ek nog lewens – hopelik positief – beïnvloed.

Die afgelope een, en definitief die een wat oor twee weke gaan kom, is besoedel deur 'n virus en sy nalatenskap.

Verdeeldheid in die gesig van baie hartseer mense wat dierbares verloor het. Moenie vra waarom daar nog is wat die verdeeldheid voed deur ontkennings en swartsmeerdery – mens wil amper vra waarom en hoekom. Laat ons hoop 'n bietjie stilstaan en dink bring besinning.

Ek en my familie sê dankie aan dit wat ons gegun word, dankie vir die daarwees van jy wat hier lees en voorspoed vir die res van jou lewe en al die Kersfees seisoene wat wag.

-oOo-

**13 Desember 2023:**

Dit raak nou teveel, die dae in afwagting. Dit sal oor 'n week wees wanneer mens sal weet, gaan ons, kan ons al – die moet ons weet ek al.

Gistermiddag weer 'n lekkerte van Oupawees, of dan opawees, ervaar met my groot vriend van 10. Sy taxi gewees van skool en op pad het ons twee gou by die hospitaal, of ziekenhuis hier, gegaan om vir opa 'n plasflessie (urinemonsterbakkie) op te tel. Kon toe saam met hom deur die gang stap waarin ek soveel keer gestap het, hom wys waar ek gewerk het. Hy het so 'n aantal jaar my nie wou glo dat ek ooit gewerk het nie. "Kan niet zijn, opa is een opa." Oupas werk mos nie, en opawees is mos nie werk nie!

Was lekker om hom later swemles toe te neem en net te sit en niksen (of opawees) vir die uur.

Vandag het D 'n uitjie na paar van die vroue wat jare al tradisioneel sit en bypraat terwyl hulle sit en kerskakkertjies doen. Jaarliks sit die vier of vyf en sit goetertjies op stukke dennetakke en dit gaan nie oor kuns nie, maar net saamsit en praat oor dinge wat vroue oor praat – weet ik veel!

    Goed vir haar en ek is skaam om te sê goed vir my. Dit raak soms moeilik om dieselfde vraag oor en oor te hoor. Wissel soms die antwoorde af.

Ons donker dae begin al halfvyf smiddags, dit na grysweer heeldag. Nie te koud nie: ons is so op die randjie van dubbelsyfer weer bedags. Dis net nat!

Ander mag dink my bestaan is vervelend, of soos die Nederlanders dit noem "saai". Mens put waarde uit kleiner dingetjies en die voel groter as wat dit gevoel het jare terug. Dink is lekker saam met onthou, en daar is so baie om te onthou. Snaaks genoeg is die onthou voor 18 jaar lekkerder as die onthou daarna.

My job vandag: begin uitsorteer in die garage van al die goete wat uit die kemper gedra is. In Nederland praat hulle van hamsteren (hamsters maak mos bymekaar) as jy versamel, en ons het gehamsteren die afgelope 5 jaar toe die karavaan destyds gekry is en jy die paradys van kampeerwinkels ingegaan het!

    Ek gooi moeilik weg en my partner nie. Sy vergeet soms waarom sy weggooi of dat sy weggegooi het, en dan kry ek die skuld.

    Whatever.

Iemand vertel my nou die dag my taal word besaai met Nederlandse woorde en uitdrukkings. Kom ons noem dit verryking van Afrikaans met sy brontaal. Vergelyk dit met, ek weetie wat om dit te noem nie, die mix van taal indringing in SA deur die taal van die vyand (my pa se uitdrukking). Ek sien gister iemand vertel hoe blessed hy is of gebles dan. In my dae sê ek toe bles beteken om iemand te donner, geseënd is soveel mooier. Is mos. Franciska Mouton wys my daarop my bles het een s en die man s'n twee. 'n Ander algemene SA Afrikaanse woord is "amazing". Wat is verkeerd of wat het verkeerd geraak met fassinerend of fantasties?

Ek weet ek bly nie meer daar nie – sal maar met die Hollanders baklei wat nie helmets dra as hulle fietsry nie: ek weet hulle is hardekoppe en glo dit.

Miskien is dit amazing dat ek dinge raaksien wat ander nie sien nie, of is ek maar net gebless, met twee esse?

Ek gebruik maar julle uit SA se woorde dat julle kan verstaan, mos.

-oOo-

## 14 Desember 2023:

### Desember see

Met die uitsondering van 'n paar jaar het ek my hele lewe lank by en naby die see gewoon. Die gevolg was dat ek nou nie so deur die see betower is nie, dit was mos heeljaar daar.

Die soppiekoppies (as pappie agtertoe wil ry moet hy eers sê: "Pasop die koppies") wat elke jaar in pa se nuut gekoopte kombi agter in die kombi op 'n ry sit met groot oë – op pad Kaap toe storm die tyd van die jaar – is natuurlik anders. Hulle kyk al van Beaufort Wes af al wie die eerste die see sien. Ons het maar gekyk wie sien eerste die berg – ook maar 'n bron van baklei, want almal sien dit saam eerste en iemand wil die eer hê. Die bron van baklei was ook die nommerplaat spelletjie van as jy dubbel syfer sien, jy die een naaste aan jou kan bles met een s.

Seevakansie was elke jaar in my vryersklong dae Onrus se kamp toe – my pa het gesê mens moet een keer per jaar soos arm mense in die sand loop sit en eet van buite vure af, net om te waardeer wat jy het. Dit is dus twyfelagtig of die Onruskamp blyery nou eintlik vakansie soos in ontspanning is – definitief nie vir my ma nie, want die het nooit stilgesit nie – behalwe as daar geselskap is.

Later jare het die Klems saam kom kamp en was dit gesellig gewees met AD en sy ouers hier oor Nuwejaar (hoenders om eiers vars te kry, slagskaap aan 'n boom vas, en so aan tipe kampery). My bydrae was om die talente van die omgewing te bespied en nooit met 'n "vakansie romanse" te eindig.

Toe D in my lewe gekom het was dit kort na haar pa 'n strandhuis (die Transvalers spreek dit Stronthuis uit) in Kleinbrak gekoop het. Hulle kom jaarliks van die Transvaal af, en later toe die pelle ding ingekom het, het hulle Transvaal pelle daagliks op die strand gekry. Ons het natuurlik van die Kaap af gekom, jaarliks die tyd van die jaar. Ek sal en mag nou nie teveel oor skoonmens vakansie vertel nie – dis moeilikheid soek sake daai. Wrywings was maar daar en later met die kinners wat bygekom het, het die vakansie rerig nie vir my, en D later, 'n plesier geword nie.

Dus het ek toe daar geldjie was, in Onrus in Krigestraat my eie plek gebou en met drome van lank daar kuier was dit heeltemal 'n "overkill" plek gewees.

Was naby genoeg vir meer as net Desembervakansies en het naweke ook ingekom as die kans daar is. Later met die universiteit as tweede huis van die kinners, het hulle ook die plek soms gebruik.

Ek moet egter erken, seevakansie is nou nie by my soos dit vir die Soppiekoppies spul uit die binneland is nie. Ons het gewoonlik by die see later in Januarie eerder gegaan na die Soppiekoppies spul weg is met al hulle nuutgekoopte goeters – klassiek was die manne wat hul speelgoed uit die plastieksakke skeur op die strand en met die planke en seile die see aandurf sonder sukses, dit in Desember. En dan Januarie kom die plaasboere van die omgewing met hul trekkertaaiertjoeps en ry die branders met hul boere têns (wit bolywe en bruin arms).

In my opgroeidae in Alexanderbaai was die seetoegaan naweke om kreef en vis te vang en nie om te loop swem nie. Heeljaar lank.

Hier waar ek nou woon is Desember natuurlik in die grijsweer maand en is dit eerder liggies sit in die tuin – vroeër het ons na Kersmarkte gegaan en later nie meer nie, om van die vertrappings weg te kom. In kort is Desember maar grys en koud en word die donkerte bietjie weggehou deur Kersliggies. Januarie is dit net donker met vroeër die oplugting van Ijsweer – die is ook nou nie meer nie weens die Amerikaners se Republikeine en die Chinese se dinge wat die natuur opneuk en ons ly daaronder. Laat ek liewers politiek skuins laat lê. Raak net de donner in vir al wat 'n sogenaamde "regse" is!

Dus: Desember het seker maar sy seevakansie bekoring verloor en soek mens maar die bekoring rondom Kersliggies en uitsien na die Kersfees dinktyd. Die klapperskietery hier oor veral Nuwejaar (soos hulle dit noem Oud Nieuw) is natuurlik 'n steen des aanstoots en 'n verhaal op sy eie.

Net 'n laaste opmerking oor die tyd van die jaar. Ek het paar keer hier in Nederland op Nuwejaarsaand moes werk en die mense het my snaaks aangekyk as ek my as Nieuwoudt voorstel op Oud Nieuw.

-oOo-

**Desember 2023:**

2023 raak nou op. En ek moet herken ek ook!

Elke jaar die tyd begin mens net moeg raak, veral die laaste tyd by my. Vroeër was dit deel van die eindjaar spel om terug te kyk oor die jaar en goeie tye weer te herleef. Dit is asof dit deesdae nie meer in my 'n wil is om die terugkyk te doen nie. Veral vanjaar het ek geen sin daarin nie.

Selfs die lekker van die rugby vanjaar word versuur – deur die reaksie van die verloorspul veral en natuurlik oor die proses wat ek tans deurmaak wat begin het toe die rugby by sy aanhef gekom het.

Die terugkyk is gewoonlik op sportgebied en politiese gebied. Polities is die wêreld tans so opgefok deur oorloë wat net nie wil ophou nie en politici wat als vervuil. Die gebeure in die VSA en hier ter plaatse word gedryf deur populiste wat mense uitbuit, en die glo als wat die van die kant skreeuers skreeu. Ek kannie glo dat mense so dom is nie, maar daar staan aan die einde van die mensdom tog dom. Dus.

Net polities gesien is en was 2023 hopeloos 'n gefaalde jaar – 2024 voorspel alreeds om nie beter te wees nie.

Die Olimpiese spele is hoofrede om 2024 te wil op sportgebied. Ook in Frankryk ... en ons ken die Franse. Soos een eenkeer hier gesê is, "een fout volkje".

Ek wag nie eens in spanning hieroor die nuwe jaar in nie, net soos ek nie eens uitsien na 2024 se einde nie met die idiote in die VSA wat weer president moet kies – en saam ons almal se toekoms – tussen twee ou drolle oor 80 jaar!

Daar is soveel rede vir moedeloosheid en nie te wil om in 2024 te in nie, maar ook soveel rede om 2023 net verby te kry. Hier in Europa met sy donker Desember en afwesigheid van sneeu wat vroeër so bietjie jou laat glimlag het, is dit nog moeiliker om nie depressief en moedeloos te word nie. Tog moet mens vorentoe en die agtertoe laat wegval sonder om bagasie saam te vat. Maar hoe?

Jy probeer glo als sal regkom, maar dit het Jan Brand 'n eeu terug ook gesê, en het dit reggekom?

Ek weet net ek is gatvol vir die jaar, ek was ook gatvol vit 2020 met sy virus en mal mense oor die virus. Tog het dit weggeval en was ons redelik beter af gewees in 2021 en 2022.

Die Here sal moet help, want ons kan nie meer nie – die help moet veral wees om mens te laat verstaan as dit kan. Of dan net om jou krag deur genade te gee vir dit wat is.

Ek is nie depressief nie, net gatvol gesukkel.

Miskien is die terugkyk oor 2023 nodig net om jou voete op die aarde te hou en lig vorentoe te kan sien.

Maar tans is ek nie lus om terug te kyk nie.

Laat ek liewers na om my kyk – niemand steur hulle mos aan my as dit kom by wêreld oplossings soek nie.

Die week gebeur daar twee goed in my ou lewentjie: Ek hoor Woensdag of ek uiteindelik reg is vir die spoelery en kanker aanvallery en ek hoor of my olielekkende kemper aanvaar is vir inruil op die ooreengestemde prys – 'n prys wat so by so ver onder waarde is. Die een is prioriteit, die ander is net om die lewe aangenamer te maak.

Laat ons maar daarop fokus: miskien is daar Krismis glimlagte.

-oOo-

**17 Desember 2023:**

Na wat? Weet julle nog? Dis reg – dis 26 dae verlos van die geelhandsak. Dit was veronderstel om net twee weke tot drie weke te duur sonder pyn en lyding. Toe kom die infeksies en antibiotika en die voortdurende stryd met my lyf, deur myself.

Ek sal nou nie detail gee nie.

My ma vertel van die ou dokter wat in Alexanderbaai was. Nou moet ek bynoem Alexanderbaai waar ek gebore is – waarskynlik behalwe van die diamante wat daar was, die enigste noemenswaardige gebeurtenis van die plek, my geboorte as nommer 5 by my ma ('n redelike spoed besigheid was dit daai dag!) – was 'n soort van toevlugsoord vir dokters wat wou gaan wegkruip vir die mediese raad, gewees. My ma vertel dat een antie sit en kla by die dokter en vertel in detail van toontjie tot kroontjie al haar kwale, gatkwale inkluis. My ma sê die antie kom vertel haar dat toe sy asemskep sê die ou dokter vir haar: "Maar mevrou, hoekom vrek jy nie maar nie!"

Laat ek volstaan om te sê ek was naby vrekte. Dit was soos daai ding wat jy beleef met 'n erge griep/diarree besigheid. Jy sluit die toiletdeur en dan sluit jy hom oop, anders kan die mense jou dooi lyf nie vind as die deur gesluit is nie. Gelukkig moes ek net een gat ondertoe hou en nie soos met 'n maaggriep uitwerk waffer kant moet nou bo die toilet gehou word, bo of onder.

Ek wil nie kla nie. Gaan nou redelik. Maar dis nie waaroor ek dit wou hê vanmôre nie.

Ek lê en dink oor die neiging wat mense het om hulself te betitel, of nie te betitel nie. Mens self weet nie op watter ouderdom gebeur dit nie, maar iewers verander jou titel – dis soos die 'het' en 'de' woorde in Nederlands blykbaar, jy kry net die gevoel daarvoor. Ek praat van die titels wat mens kry, oom en tannie. Jongmense het daai gevoel. Oumense wil die titel nie hê nie, want dit laat jou – dis reg – oud voel.

Die dokter en doktor en professor titels verdien jy deur papiere te loop haal. Hier in Nederland is dit net doktore wat dr. titels mag hê – let op die punt agter die dr. Dit kry jy deur 5 artikels te skryf, en jy hoef nie eens die alleen skrywer te wees nie. Dan is jy lewenslank betitel. Daar bestaan nie dr sonder die punt titel nie (dit mag andersom wees). Ons ous wat sewejaar plus nog klomp dinge en jare saam moet doen, mag net jouself 'arts' noem. Verder word jy as meneer aangespreek. En om die arts titel te mag hê moet jy elke 5 jaar bewys lewer jy het 'n sekere aantal byskolingsure bygewoon, anders is jy dit kwyt. Ons ou "dokters", of artse dan, mag net pensioneerde arts gebruik! Die dr met 'n punt hoef niks by te doen nie – dis lewenslank.

Ek weet nie wie sulke dinge beheer nie, maar "dis gewoon zo", as jy iemand hier vra. As jy hier 'n spesialiste praktyk besoek sal die dr. titel mens sien tussen die ander name sonder dr. Bly weg van die een met die titel – hulle is gewoonlik vroulik en het die vyf artikeltjies na hul studie geskryf terwyl hulle man gesoek en of kinners gekry het. Die mense sonder die dr. titel het toe al ervaring opgedoen.

Die Britte doen dit anders: Jy mag jouself dokter noem, maar as jy spesialiseer en jy word vereer met 'n lid van 'n sekere groep, word jy weer "meneer" of mister. Die ding kom van die dae toe haarkappers chirurge ook was - die "physicians" wat hulself verhewe bo die haarkapper/chirurge gevoel het, het neerhalend na die misters gekyk. Tipies Brits word die mr titel later opgehewe na eretitel. (Die Engelse het mos die vermoë om enige ding belangrik te laat klink – jy sal nie the Royal Tennis club kry nie, of the English Tennis Club nie, jy kry The Tennis Club).

Net laastes – die ding raak nou te lank. Die Nederlanders het ook 'n mister of mr titel, vir die advokate beroep, of laat ek maar sê die mense in die geregtelike beroep. Hulle noem weer enige prokureur advokaat.

Enigiemand hier wat 'n graad het, veral op honneurs of meestersvlak mag homself drs. noem – dis eintlik om jou te onderskei as gereed om die doktorsgraad te mag doen, met 5 artikels.

Ek weet ook nie meer wat ek myself mag noem nie – bly maar by Andri.

-oOo-

**18 Desember 2023**

Dit gaan 'n lang week wees met al die dinge wat koers moet kry. Om dit te gedenk gaan ek 'n stukkie wat ek in 2021 bedink het insit. Die storie van twee jaartalle, plus aan die end nouse jaar ook sommer ingooi.
    Gesprek met myself – twee jaar van mekaar.

Het jy al gesit en dink – ek weet dis een van die gevaarlikste dinge wat bestaan as ek begin dink (volgens my vrou, my ma daai tyd, en ander) – hoe jy met jouself sal omgaan as jy net jouself kan ontmoet toe jy so twee jaar gelede jouself was.
    Dis waaroor dit gaan: perspektiewe.

Twee jaar gelede in die jaar van 2018 het die wêreld so anders gelyk. Daar was Brexit – toemaar ek sal niks hieroor sê vanmôre nie. Daar was 'n Trump aan die bou aan sy Trumpisme. Ja, ek weet, hieroor niks te sê nie en dis net deurmekaargeit, maar tog kom die punte van die Trumpisme en Brexit bymekaar in die jaar van nou. En dan was dit die jaar waar ek nog net 2 jaar in my niksen deel van my lewe in was, en paar stents verdien het om net die niksen deel so bietjie te rek.
    Wat nog was daar in 2018? Dis waar die probleme begin. Ek kan aan niks dink wat daar was nie – niks wat my vrolik gemaak het, niks wat my besig gehou het om te niksen in sy volle woord van niksen, net niks om te kan wys dat 2018 iets was. Of was dit?
    2019 het sy rugby gegee en die pak vir Engeland – dit was iets om die jaar sy golf te gee. Daarna. Niks.

En toe happy New Year ons en 2020 kom – ietwat rustig en so ietsie van 'n gerommel oor 'n antie wat vlermuislus gekry het in 'n plek in China en 'n VIRUS. En man, toe raak als deurmekaar en besig en die voordeur klap toe, en die komplotte word uitgedink en versprei, en die opleiding van eksperts begin. Nie net in die mediese wetenskap en die oorneem van die aarde deur 'n orde wat nuut is, en sommer om nog geld by te gooi is die ou met die brilletjies en sy windows en sy hekkerige naam die groot sondaar. Als met komplimente van dr Google en die YouTube en die man in die huis van wit in die grootste land in die wêreld wat dit nog greater wil maak. En die virus en die Brexit en die Bojo en als gebeur saam en gelyk … en mense gaan dood en word siek. Als gaan toe saam met die voordeur.

Die voordeur gaan bietjie oop, want die mense word minder siek en gaan minder dood en toe kom die mense uit. Net om weer siek te word en minder dood te gaan die slag, maar tog ook en die tweede golf kom oor ons, want die komplot mense wat nou 6 maande van Google/YouTube opleiding agter die rug het word die eksperts en die eksperts moet hul bekke hou. Wat weet hulle?

En die virus floreer, veral in die plek waar die president nie verkies word nie omdat hy verloor en omdat die anner mense gekroek het. En hy wil nie loop nie en dis al amper Krismis. En die voordeur klap weer toe en die mense word van die strate gejaag. Uit die winkels uit voor presente gekoop kan word, en die kalkoene word gespaar – veral die grotes.

En Brexit Brexit omdat die visse wat die Engelse nie eet nie hulle s'n is. En die fish en chips sal nou herring en chips moet word.

My liewe vriend uit 2018 waar niksen die oorheersende ding is, rus maar goed uit, ry maar rond met jou kemper, want kak wag in 2020.

Nou is dit soveel jaar later, of so voel dit. 2023 wil 2024 word. Wat wag daar? Miskien maar goed dat mens nie weet nie, maar jy kan jou indink. In 40 lande word verkiesings gehou, paar daarvan kan die verkiesing maar in aanhalingstekens wees. As Trump "weer" oorheers sal demokrasie definitief nie meer wees nie. Meer as dit wil ek nie sê nie.

    Ek klou aan die lewe en weet ook nie meer hoekom nie.

-oOo-

**20 Desember 2023:**

Hierdie dag begin vir my al 3:00 in die kleinure van die oggend – omdat my kop met gedagtes wakker is. Ou kwaal, nuwe gedagtes. Of dan maar dieselfde patroon.

    Gee gou mediese opvolg notas:

    Gister is die urine skoon gevind wat beteken dat die infeksie opgeklaar is – letsels daar van dit wat gebeur het met hoofsaaklik, soos ek verwag het, dat die blaas oppie brein sit. Klein kapasiteit beteken elke 2+uur gaan uitplas, met blaaskrampe.

    Als dinge wat beheer kan word.

    Staan ek so bietjie weg van myself beteken dit dat die spoelings nou kan gebeur, en staan ek weg van my ongeduld om aan te gaan, dan is geduld die wagwoord. Die is egter ver weg!

    Tog is mens buite beheer en moet die pasiënt maar wag vir wanneer die stompkant van die mes se mense dit in kan beplan wanneer dit vir hulle behaag – miskien 'n verkeerde woord, wanneer dit hulle kan pas – of ek ingepas kan word.

Weer die konflik tussen die ongeduldige pasiënt en die geduldige versorger. En ek weet mos wie gaan wen – dis geduld wat moet wen.

D: "Gedra jou, jy maak die mense net kwaad."

Dus gedra ek my en wag my beurt af. Oorlat ek moet.

Als is die prys van "teveel weet" en ongeduld om aan te gaan met dit wat wag.

Het vandag "maandverbande" vir manne gekry op D se bevele. (Maandverband is die Nederlandse woord vir daai doeke of goete wat vroue maandeliks moet dra om te keer vir ongemaklike ongelukkies – as jy weet wat ek bedoel).

Die blaas gee boodskap ek is vol, en sonder waarskuwing word sy opvolg van nou maak ek leeg, uitgevoer.

Wat het van my geword? Volledig 'n ouman wat lek.

Net nog 'n ding wat jy aan jouself moet erken – hopelik is dit net tydelik, maar ek weet as die spoelings begin is dit vir 6 weke erger – jou waardigheid is daarmee heen en maandverband dra is jou voorland. Soos vroue die las van maandverband dra aanvaar, kan ek ook.

Dus: pas maar aan. Verskoon maar as julle my toevallig sien en my stappie is so ietwat wydsbenerig. Dis net tydelik en sê niks – soos Al Debbo gesê het: "Laat net een donner lag!"

Vandag hopelik die oproep kry van kom in virrie spoel.

Intussen wag vir die kemper se toetsuitslae en hoop die Hollander aanvaar die oue se olielek. D wil al die jack innie gat steek – onthou julle die storie van die ou met die papwiel?

Laat ek gou vertel – is 'n lekker lewensles storie: Die man uit die Transvaal is op pad Kaap toe. Soos dit maar was, en hopelik nie meer so nie, was daar maar wantroue tussen die Noorde se mense en die Kolonialers suid van die Oranjerivier. Ons Transvaler kry 'n papwiel in die middel van die Karoo, wel spaarband maar geen jack (okey domkrag) nie. Hy sien 'n plaashuis doer ver en begin toe soontoe stap. Op pad loop redeneer hy met homself: Sê nou hy stap tot daar en die Kaapse mens daar weier om aan hom, die Transvaler, hul jack te leen, dan weer kom dit op dat hulle darem seker ook Christenmens is en sal dit nie doen nie. En so gaan dit aan met dan wil, dan wil nie. Hy kom by die plaashuis, nou heeltemal oortuig die mense sal nie hul christelike plig nakom nie.

Hy sê toe: "Steek jou jack in jou gat," draai om en loop terug.

Dit is dus geduldig wees tussen die niksen deur. My partner se koppie is redelik leeg oor onlangse dinge en moet ek my besig hou met oor en oor verduidelik wat vandag en gister besluit word.

Hou my besig terwyl ek wag.

Gister weer my grootste vriend se taxi na skool gewees – my lekkerste taak. Dit reën onophoudelik en met sy inklim kla hy oor die ongemak van gedurige reën. Ek vertel hom dis Nederland en dit hoort dus daarby – as dit te lastig is kan ons maar Sahara toe trek. Hy begin my toe vertel hoe die aarde gevorm het uit vulkane en met 'n meteore reën uit die ruimte en water wat met een meteoor hier beland het. Ons gesprek beland by die dinosourusse en hul uitwissing. Hy vertel dis een groot komeet wat die aarde getref het en hulle uitgewis het.

Ek vra toe en waarom net hulle en nie alle ander lewe nie. Soos altyd as hy op die einde van sy dink en kennis beland slaan hy oor in Engels: "We do not know everything, you know."

Toe kry ek 'n lesing oor evolusie.

Smaak my die mannetjie het oma se verstand gevat, want ek het nog myne.

Ten minste is haar blaas droog en sy in die overgang, en moet ek maandverband dra tot my ewige verdriet.

You cannot have everything.

-oOo-

**21 Desember 2023:**

Môre gaan dag 1 weer begin – eerste spoel is beplan vir 10 uur. Sal maar sien hoe dit sal gaan, ten minste weer 'n verdere stap om die pienkstrik te probeer losknoop. Dis wekliks vir 6 weke en dan 3 maande breek (waar gaan we naar toe met de kemper?) en dan weer TUR, of net kyk, en dan 3 weeklikse spoel en so aan. Dus word my niksen/toertyd se wanneers bepaal vir my en nie deur my. Ons noem dit in mediese taal morbiditeit – iets wat nie net deur die siekte bepaal word nie, maar deur die mis/behandelings protokolle.

Ek ken vir alleen wees en alleenheid is deel van mens se bestaan. Die alleenheid van kanker is 'n ander ding.

Die alleen wees het ek in sy sterkste fokus al twee keer ervaar.

Die eerste was 'n angsaanval, waarskynlik, wat ek gehad het na my hartomleidings in 1999. 49 jaar oud, drie op universiteit, omring deur die verantwoordelikheid van 49 jaar te wees, en platgeslaan deur die gevolge van te veel verantwoordelikhede en sorge van mense behandelings wat nie na wense was nie – laat dit daar. In kort, angsaanval waar ek die tweede dag na die omleidingsoperasie alleen gelê het. Die gevoel van in die hel op aarde te wees wil ek nie weer hê nie.

Die tweede alleen, alleen voel was toe ek op die tafel gelê het terwyl die kardioloog hier binne in my binnehartare pype insit en rondkyk – hart aritmie gekry as gevolg daarvan. Een oomblik lê ek en die man uit Irak praat in ons twee se variasie van die Nederlandse taal. Ek sien sy oë rek en hy slaan my op my bors, en voor ek kan vra wat het ek dan nou gemaak, sak ek in die vreemdste omgewing in weg. Moeilik om te beskryf, maar dit was die heerlikste heerlik alleenheid. Net ek omring deur lekkerte. Toe word ek weer teruggebring na op my rug op die tafel, nursie wat my wange vashou en mooi praat met my oor wat gebeur het, terwyl my Irakse vriend rustig verder gaan met "dotteren" of hartkaterisasie en insit van "veertjes" om my niksen tyd nog meer te rek.

Die alleen wees sonder om nou al een te wees word deur julle verlig, en daarvoor sê ek dankie. Die hel van net jy en jy alleen wat die sorge van dit wat werklikheid – en duidelik nie altyd lekkerte in die werklikheid – word deur net te deel verlig. Iets wat sommige nie besef nie – ek onderskat nie die waarde van jou rol en myne daarin nie.

Dit maak die alleen wees se hel soort van beter, en gee selfs lekkerte daaraan.

Iets anders in my lewe van nou: Vanmiddag gaan my vriend weer sy swem eksamen doen en is opawees weer nodig. 'n Ontspanningsrol waar deel die kern is om die alleenheid te verdryf. Dis wat bevoorreg beteken, en seëninge tel is. Hennerik, my ander vriend – ek het nie veel van die goete nie – se vrou het so in haar helder oomblikke eendag vir my en Hennerik gesê ons moet ons seëninge tel – ek sê toe ek hoef nie, want ek het net een, naamlik vir D.

Alle seëninge loop maar deur haar, al raak sy stadig weg ... Dit gaan egter goed met ons aanpassings en bly mens helder in dit wat nou is en dit wat wag omte kom.

Soos ek gesê het: Môre is weer 'n nuwe dag en begin weer dag 1.

Laat ons moue oprol en insink in die alleenheid sonder om alleen te wees.

-oOo-

### *Tussendoortjie*

*Dit raak nou tyd vir bietjie asemskep – kom ons blaai die 2023 boek terug na 'n tyd waar als rustig was, en jy net op die kemping hoef te sit en om jou heen kyk – kanker was in die toekoms.*

### Iewers in Oos Europa:

### Zit op de camping

Vandag is dit F1 dag – die manne pak mekaar in Baku en ek roer my nie.

Die voortent van die kemper is opgesit – D kan daar oppie kemping sit terwyl ek my duime rol en wag vir die dinge om te gebeur.

Die Nederlanders het die neiging om op alles te sit – hulle sê nie hulle was iewers of is iewers nie – hulle sit daar: op skool, op universiteit en op die kemping, orals word gesit.

Die lekkerte van om oppie kemping te sit is so ongeveer van 12 uur die middag af as die ander met hulle goete opdaag. Jy sit voor jou kemper en kyk hoe daar gestoei word met die opsit van die kemper/karavaan.

Die beste is om te sien as daar karavaan voortent opgeslaan word – veral as dit net die oom en antie is.

Die eerste wat jy sien is die antie wat op en af loop om te sien waar moet hulle staan, en dan om te besluit hoe gestaan moet word. Die oom vul die papiere in en kom dan later aangery. Ons het al sover gegaan dat ons nie self staanplekke wil kies nie, maar eerder wil dat dit aangewys word waar jy moet staan.

Met die staanplek bekend word daar lank onderhandel hoe die ding moet staan. En dan word voortent opgeslaan – die lekkerste is die karavaan voortente wat klomp pype het, en veral as die spul op 'n hoop lê en dit uitgesorteer moet word. Daar was so 'n paar jaar terug in Nederland 'n oom gewees wat die antie met die opslanery met 'n mes bygekom het!

Ek sê mos, party dae moet man maar vir genade bid, want as jy krag het slaan jy dood.

Ons het vanmôre met die sprinkane gaan melk koop en met so 'n klomp goed terug gekom dat ons dit nooit opgeëet sal kry nie! Die kemping waar ons is, is een van die goeies met alles wat jy wil hê, veral netjiese skoon badkamers. Gelukkig is ons net so 4 kempers tans hier en hopelik bly dit min, want twee storte en drie toilette is bietjie knap as daar klomp soggens met benoude boude afstorm op die toilette veral.

Laat dink my aan die plek waar ons was so 'n paar jaar gelede. Hoekom toilette op die kampplekke deure het met gate onder en wande wat nie tot teen die dak gaan nie, weet ek nie. En in Frankryk sit jy nog met 'n vrou soms langs jou! Een oggend het ek lekker sit en boodskappe doen, lekker alleen en kon die geure en klanke goed laat loop sonder skaam word. Net lekker gesit na die aanvanklike lawaai, hoor ek 'n buurman/vrou langs my inskuif.

Ons groet nie, maar weet van mekaar, dus gedempte geluide maak is die wagwoord. Net toe ons begin gewoond raak, of dan tuis raak, met die omstandighede, hoor ek 'n Hollandse pa met sy kleintjie van so 4 inkom. Dit was ook toe my buurman skielik 'n harde knal laat hoor met die uitwerp van wat nie meer saggies binne wou bly nie. Ek hoor net die kleintjie skree "opa!" en hy begin onder die deure inloer waar hy sy opa kan kry! Nogal snaaks om skielik 'n gesiggie te sien wat tussen jou voete verskyn onder die deur. Of sy opa van die poeperige soort was kan mens seker maar aflei!

Ons staan hier op gras, en dit lyk droog, en D vertel my gedurig hoe 'n lekker plek ons het – skoon vergeet van die gras wat 'n kontraïndikasie moes wees.
Volgende week word Charles uiteindelik werk gegee – D kry hom jammer totdat ek uitwys hy sit en niksen nou al 70 jaar en moet uiteindelik stop daarmee. Ek is net so oud soos hy en ek het dit andersom moes doen: eers werk en nou kan ek niksen. Wie het die beste deal gekry?

Wens ek kon jul meer van die toer vertel, maar daar is lekker niksen en word net gesit op die kemping.

-oOo-

## Dagboekinskrywings

**22 Desember 2023:**

Hier begin ons weer heel onder. Dag 1 van die volgende hoofstuk – miskien genees hoofstuk, maar om te wen moet jy blykbaar ly.

Ek is nou eenmaal soos die swartes, die injection moet strong wees! Destyds in die Ciskei moes jou behandeling dadelik wys daar gebeur iets, hoe meer drasties en pynlik, hoe beter. Jy spuit nie saggies in nie, nee, jy jaag die ding rof in – man moet dit voel!

Ek benader die spoelery vandag met dieselfde benadering. Die ding moet reaksie ontlok – en reaksie is 'n mengsel van inflammatoriese reaksie en immuun respons. Dit beteken lokale reaksie redelik onmiddellik, dis lokale irritasie en pyn met so 'n dag later die immuun respons; koors, spierpyne en algemene malaise van grieperigheid.

Die "sterkte toewens" is dus om dit te kan "vat". Iets wat hierdie banggat vir pyn nou nie voor gebou is nie.

My bekommernis is meer hoe mr Blaas die goed gaan hanteer – hy vattikakkie. Hy gaan die goed wil uitspoeg – het jy al pille vir 'n hond probeer gee. Dis nou hy daai.

My taxi is skoondogter. Ek word gepyp, gevul, ontpyp en dan huis toe gestuur met gevulde blaas. "Ek gaan nie pa in my kar vervoer nie."

Vra my môre of die nappy gehou het, in my electric.

Geen genade.

In Engeland vertel my dogter dat hulle die laaities in swartsakke sit as hulle die moddergatte na die rugby oefening huis toe moet ry. Miskien moet ek maar 'n swartsak saam vat as ek in die kattebak gelaai word.

Gister het my vriend sy swemdiploma gekry en sommer 'n dubbel Big Mac geëet – 'n man wat nie graag vleis eet nie! Lekker om die klein dingetjies te beleef.

Laastens, die kemper. Hollander is nou eenmaal so – sal nooit sommer net prys of vat nie. Moet altyd "wat te zeggen hebben". Bel die man gisteroggend. Hulle sou ou kemper deurkyk (word BOVAG hier genoem) en dan moet ek betaal, of dit word van inruilprys afgetrek, as daar dinge reggemaak moet word. Voetstoots geld nie hier nie. Ek is benoud oor olielek, en dus nederig. Hy vertel my van hele lystje goed wat fout is en dis meer 'n lysie nonsense goed. Veral oor die dinge wat ek later laat insit het wat hy so by so nie voor betaal nie. Geen woord oor dit waaroor ek worry nie, geen woord oor die olielek nie.

Nog nooit so gejabroer in my lewe nie – paar euro betaal en weg is hy. As hy nou kom met olielek is dit sy kemper, nie myne nie. Myne staan gloednuut by hom en wag tot ek klaar 'n blaasgespoelde man geword het.

Oor 5 uur sal ons weet hoe mr Blaas die dinge gaan vat: strong injection of nie.

-oOo-

**23 Desember 2023:**

Die hele proses waarmee ek besig is, is om die emosionele en soms rasionele ervaring daar te sit wat in die kop aangaan van 'n ou dokter wat geklap word met die pienkstrik. Die tot stilstand roep van die niksen tyd as dat daar skielik 'n pienkstrik om die blaas geknoop word. Dis nie net die loop kry van kanker nie, maar die loop kry op 'n plek waar jy nie altyd oor praat nie – definitief nie in ordentlike geselskap nie (ek weet ook nou nie of hierdie altyd ordentlike geselskap is nie!).
 En dan in 'n mens oor wie daar beweer word hy weet te veel.

My hele lewe as arts was dit egter anders. As jy uit die universiteit kom met 'n stetoskoop ('n ding wat by my net 'n simbool was soos die slangetjie om die stokkie, want ek kon die ding nooit gebruik of verstaan nie) in die hand, dan weet jy net een ding – jy weet niks. So wegsteek-wegsteek gaan man maar die toekoms in en oor 40 jaar se frustrasie van niks weet en probeer maak of jy als weet, loop gooi jy die stetoskoop en slangetjie op 'n stokkie weg.
 En nou skielik met die pienkstrik om die blaas sit ek alweer met weet te veel! Soos Mr T nou die dag gesê het: "Men kan ook niet als weten."

So alswetend loop lê ek mos toe gister op dag 0, moet broek aftrek by die nursie wie ek destyds uit my alswetende tyd opgelei het en nou die baas is en ek die ouman wat pienk gestrikt is. "Het is okey om net de broek na benede te doen". Dinge word vasgevat, gesmeer met weet ek veel wat, en in is die pyp met min seremonie.

Die gevoel van nou gaan dit oor die prostaat en die nou bekende hier kom die blaaskramp pyn, is alles deel van die te veel weet geheue bank. Dieselfde met die inspuit van die hopende genesende vog wat gif is vir die pienkstrik daar diep binne man se skaamte deel.

Die Plafonkykende teveel wetende ouman deur betraande oë doen wat hy altyd doen, maak 'n grappie. Sallie sê wat die grappie was nie. Al reaksie van nursie was om nog vinniger en harder die gif in te spuit – smaak my ek het in my teveel weet dae verkeerde dinge geleer aan haar wat haar op dwaalspore gesit het en nou kry sy my terug, want my pyne gaan by die bekende verby.

Dan is dit klaar en eindig ek met die gif binne in 'n blaas wat dit wil uitspoeg en nie kan nie, want ek het gevra in my helder oomblikke van teveel weet dat die kateter binne moet bly – ek sal tuis dit self na 'n uur uithaal. Kan mos, het mos baie ander s'n uitgehaal.

Het jy nou al probeer broek optrek, dinge wegbêre en regop bly met 'n blaas wat al krampende protesteer teen als wat aan sy pienkstrik gedoen word? Natuurlik nie, anders sal jy nie nou hier lees wat die ouman wat dink hy weet teveel ervaar het nie.

So dankiesêende vir weet nie wat nie is ek daar uit met knippende knieë. Oor my skouer hoor ek net "one down, 6 to go".

Kon na 'n uur die kateter uitkry met die gevoel van elke millimeter van die tans in onbruik van die vorige gebruiksorgaan.

D: "Hou op fokkit sê. Jy wil mos dink jy weet te veel."

Wat het van my lewe geword – net 'n ge-onedownsixtogo.

Al wat ek nou so 20 uur later van die punt nul kan sê is dat daar min effekte van die pienkstrik aanslag was sover. Niks van die weet teveel dinge – net die jy dog jy weet als dinge. Weet nie of ek dankbaar of bekommerd moet wees nie. Sal moet kyk wat gebeur – uiteraard wag nog 5 mishandelinge op hierdie trajek – julle is nog nie van my af nie.

En belangrikste is soos die Nederlander dit stel: "Weet ik veel!"

-oOo-

**24 Desember 2023:**

Die hekkie was laag, laat ons hoop dit bly so.

Die Stormers het gestorm, die bul se stert is geknoop en sit tussen sy bene vasgeknyp, op pad terug na hul leë stadion in Pretoria – as dit nog die plek se naam is.
Hier gaan ons weereens in Nederland 'n nat, winderige grys Kersfees hê. Vrede op aarde is daar hier, maar in die beloofde land nie, nog minder in die sneeuvelde ooswaarts van hier.

Sal maar rustig wees en niks verder sê nie- nie oor enigiets.

Met moeite.

2023 het sy plooie gemaak en hoop vir 2024 is min. Daar wag soveel om te gebeur – voorspel kan mens, maar wil nie waag nie.

Hopelik draai die wêreld deur en miskien, net miskien, is daar 'n beter wêreld aan die anderkant.

-oOo-

## 25 Desember 2023:

Vir my was bultop altyd makliker as bultaf, so ook trapop as trapaf. Waarskynlik 'n fabrieksfout, die ding. Mag letsels van grootword wees, mag deel wees van my komvandaan bestaan.

Ek moet eerlik hier herken: Kersfees, of dan die Grootdae deel van die jaar maak my ongemaklik. Behalwe dat dit die tyd van die jaar is wat as 'n merker daar is vir oud agter jou sit en nuut voor jou, het dit nie veel – vir my altans – om die lyf nie. Soos man vorder in jou gebrei word deur dit wat oud was en dit wat in die plek daarvan kom, word jy meer sinies: opwinding van verwagtinge raak net 'n illusie.

Waar Kersfeestyd vreugde moet wees, raak dit onthoutyd van mense wat nie meer daar is nie – die leë plekke aan tafel staan meer uit as die plekke wat nog gevul is. Totdat jy later begin wonder wie se plek is volgende jaar leeg.

Ja, ons probeer die leemtes vul met vreugde dinge – Christus is gebore, God het mens geword om aan ons sy beeld te kom gee as iets anders as die kwaai man uit die ou testament. Presente word uitgedeel en ons vreet ons dik en verkeer vreetsaam in vrede, sonder om vreedsaam te wees. Onwillige kindertjies moes lees uit die Bybel en aantrek soos Josef en Maria met poppe as baba.

Moet ook nie te lank die saamgeit wees nie, anders begin honde en skoonmense eers, dan later die ander wat mekaar net eenkeer 'n jaar sien, baklei of net ongedurig met mekaar raak. Die Nederlandse spreekwoord van "gasten en vis blijft net drie dagen fris". Gelukkig is dit net 7 dae tussen Kersfees en Nuwejaar en 358 tussen Nuwejaar en Kersfees.

Ekself het nie juis kleintyd presente gekry nie. Ons Kersfeeste was later met verstand kry bietjie soos arm mens gaan kamp by die see. Later toe ek met die grênd mense deurmekaar geraak het, was dit sakdoeke of dasse of onderbroeke in my enkel toegestaande pakkie. Die het ook al lankal opgedroog.

Grooteet was ook later deel van Kersdag. Die onmin wie die Kers-spyskaart en wie die Kerstafel gaan dek was deel van Kersfees opbou, so ook die vaak loop sit in middernagdienste. Met eie geld kry het ons maar alleen loop sit in Onrus. Ten minste was daar vrede op aarde.

D hou van Kersliedere en ek speel dit vir haar. Oukersaand gisteraand was lekker rustig, net ons twee met haar liggies wat flikker teen die muur en buite in die donker tuine. Wet Krismis en geen white Krismis. Stille nag, rustige nag.

Vir my het Kersfees bietjie dinktyd, alleen voeltyd geword. Soos wat godsdiens ook maar is, dis jy en dit wat in jou is – meer verkeerd soms as reg se besef – waar net jy alleen verantwoordelik is. Glo sonder om in vrees te glo. Wees nie bevrees nie.

Ons sit een jaar agter ons, gaan die nuwe jaar binnekort in. Met die hoop en geloof van beter ingebou omdat Kersfees daar was.

Sonder Kersfees sou dit so leeg wees vorentoe, Kersfees is dankbaarheid dat ons kon sien hoe en wie God is om ons leiding vorentoe te gee.

Dis niks met presente en grooteet te maak nie.

Of as dit is, is dit om te wys die vreedsaamheid se vreetsaam is die wêreld se dinge.

Net tydelik.
Geseënde Kersfees is nie merry Krismas nie.

-oOo-

**26 Desember 2023:**

Vanmôre word ek wakker met net skoon kop – nie skoon gedagtes nie, die is gewoonlik besoedel, maar skoon soos in leeg.

En toe kom gooi Facebook se herinnerings 2015/2016 se draai voor my neer (ek het dit elders opgesit).

26 Desember 2015 was dit nog so lekker om hier rond te gewees het.

Sedertdien het als verander - van Trump wat besluit het hy gaan Amerika great (again?) make. Die eiland hier langs ons in Europa wat onafhanklikheid wou kry en toe gekry het en nou nie meer weet hoekom hulle dit wou hê nie, want dis nie so lekker nie en natuurlik, being British, sal hulle dit nie herken nie – nie aan hulself of ander. So kan man aangaan.

Die woord Corona was toe 'n bier gewees, nou is dit iets heel anders, antivaxxers was klomp gekke hier in ons Bybel Belt en in die VSA se Bible Belt, die woord vals het meer in valstande gehoort en nie in nuus nie, en komplotteorieë was 'n onbekende begrip. Sosiale media was net 'n lekker kuierplek en nie 'n plek wat die alternatief geword het van die "mainstream media".

Navorsing, of dan – kan jy glo ek kan die Engelse woord nie in my kop kry nie! ("research!") – was iets wat wetenskaplikes gedoen het met dubbel blinde ewekansige studies, en nie iemand wat op die toilet sit met sy selfoontjie en dr Google se raad en inligting "navors" nie!

In kort: 2015 was so lekker onskuldige net lewensgeniet. In die begin was 2016 nie sleg nie en het die rimpelings van veranderinge wat voorlê ongesiens byna verbygegaan.

Hier sit ons nou met die littekens van Trump, Boris Johnson, Covid en die gevolge is orals duidelik – daar is 'n malheid onder die mense wat ver van klaar is. Ons hou in Europa EU parlementsverkiesing in 2024, die VSA hou verkiesing met nog 'n duidelike Trumpgevaar op die horison – en glo my, as jy nog nie moeilikheid gesien het nie, sal jy dan sien as hy weer die koemander in tjief word – en daar is 40 lande wat verkiesing hou in die wêreld van vandag wat onverstaanbaar verander is na 2016 en daarna se leefwêreld. Putin was toe nog net 'n moontlike gevaar, nou is hy duidelik aan die doodskiet saam met die Israeliete wat nie weet van ophou kwaad wees nie.

Die EU sal nie dieselfde wees na 2024 nie – dit word nou al gesien dat daar onmin gesaai word deur die wat veronderstel is om norms en waardes van die verlede te handhaaf – die konserwatiewes. Ding is, in Europa is verregs nie gefokus net op konserwatisme of behoud van wat jy het nie, hulle het almal 'n meer sosialistiese deel as wat selfs die verlinkse liberale het. Verregs hier beteken soveel anders as die beeld van die verregse hillbilly van Amerika met sy rooi petjie en geweer in die hand.

Kom ons glo in die toekoms, al weet ek nie wat die geloof in moet wees nie.

Die Here het goed geweet om my kanker te gee en dit sal my genoeg besig hou om nie globaal paniekerig te raak nie!

Ek weet nie meer nie – soos ek al vir my vriend Hennerik gesê het toe hy my vra wie weet: "Vra vir Fok, want fokweet waarheen ons gaan."

Dit gaan goed met my, die "strong injection" het gister ingeslaan en my uitgeboul vir 6 uur en net so skielik weer weggegaan – nes die Covid vaksiene ook gedoen het. Dus gebeur iets hier in my binneste.

Goeie ding.

Dus: voorspoedige Nuwejaar, al weet ek nie meer wat die krummels is van voorspoedig nie.

-oOo-

**27 Desember 2023:**

Om te aanvaar is een van die hoofeinddoele in die lewe. Hetsy of dit gesondheid is of domheid of enige vorm van siektes. Selfs om te aanvaar jy is die beste op jou gebied of die mooiste of wat ook al jou fokus is.

Mens strewe altyd na beter, al is jy op die toppie van die hopie. Dis moeiliker soms om bo te bly as om bo te kom.

Ek sukkel met die ding in my – om te aanvaar wat dit kan doen, en hoe om dit teen te gaan, is een ding, maar om die hoekoms en waaroms te aanvaar is iets anders.

Gisteraand weer konfronteer geraak met die effek van dit op D. Sy sukkel met die aanvaarding van dit wat haar opvreet, en ek het soms gefaal in my ondersteuning, en dan moet sy my kwale ook nog verwerk.

Dit als onder die kombers van die lewensdrukte rondom mens. Dit help nie meer om net jou kop in die sand te steek nie. Hier in die kleinuurtjie peul dit uit, raak groter en grotesker.

Ek dink ek gaan vandag net in die electric klim en iewers heen ry met haar. Net bietjie wegkom.

Die neerdrukkings effek van die grijsweer in Desember eis sy tol. Dis nat, winderig en aan en af koud. En nou is storm Gerrit glo vandag in Brittanje op pad hiernatoe.

Selfs om te veel te weet of om net te aanvaar is nie genoeg nie.

Maar baklei of windlaat teen die wind help ook nie
Dus probeer man maar, maar dit bly moeilik.
Om te bly aanvaar.

-oOo-

## 28 Desember 2023:

Dit was nou lekker: die sit in die Volvo met sy veiligheidsaanpassings in die verkeer, waar die kar net saamvloei. Wat 'n ervaring! Die reikwyte van 100% gelaaide battery was 300 km. Die cruise control maak dit moontlik, bly konstante spoed versnel en rem so op sy eie en hou 3 karlengtes agter die een voor jou. Al irritasie is die bestuurmetodes in Nederland waar daar gedurig van baan verwissel word deur die ander bestuurders. Die spoedbeperking is 100 km per uur, as almal dit handhaaf in die sneller baan, kom ons almal gouer anderkant!

Weer die nuwe kemper (natuurlik) loop kyk en paar dinge by laat sit. Ding is, gister oggend was ek opgevreet deur "buyers remorse". Die nuwe het in my kop in grote gekrimp en was die oue skielik nie so sleg nie, ondanks sy olielek. Met die weer bekyk egter tevrede en het dinge weer in sy plek geval!

Môre is dit tweede spoel – die slag beman met kennis en ervaring van die eerste. Dus behoort dit beter te gaan. Net nie maklik die waardigheidsverlies deel ... al weet jy jy kry bietjie daarvan weer terug.

Verlede week het ek so bietjie met die uroloog wat saam met my gewerk het – 'n onblusbare blinkstefaans van Belgiese komaf, maar aangename vol selfvertroue mens – gesels. Hy was net terug van 'n Namibië toer. Dit neem my natuurlik terug na my Suidwes dae.

Ek het met 'n Suidwes administrasie beurs met die totale studieskuld van 3,000 rand geëindig - onthou dit was 1968 tot 1974 toe jy jou Volksie nog kon volmaak met 1 rand se petrol, en die rand nog Daan desimaal se waardes gehad het. My eerste Citroën Club was 2,100 rand uit die box uit!

Huisdokterjaar gedoen in Windhoek, eerste baba gemaak daar en is toe opgeroep om Volk en Vaderland (meer soos fokkenvaderland gevoel) te "verdedig" in 1976. D met kleintjie vir haar Broederbond pa gestuur intussen.

Dit was die laaste 3 maande van daai armyjaar wat ek in Katima Mulilo was, wat altyd by sal bly. Regte Safariland met "oorlog" ervaring van iets tussen niksen en iets beteken vir die plaaslike bevolking – ons het daagliks die gesondheids sisteem in die armykamp en in die plaaslike hospitaaltjie aan die gang probeer hou.

Die plaaslike hospitaal het met komplimente van oom PW Botha in Pretoria alles gehad wat oop en toe kan maak, net geen dokters nie, wel lokale verpleegpersoneel aangevul met medics.

Ek kan onthou dat as daar 'n opname was, het die hele familie buite die hospitaal gekamp, kosgemaak en aangedra vir die sieke met geen vasgestelde besoekure. Jy het saalrondte gedoen met 'n vlieëplak in die hand, want die mense kan mos nie 'n sifdeur op die houtraam oopdruk nie – die siwwe was almal geskeur en die vlieë het vrolik ook ge-in en uit.

In my saal, wat uiteraard die vrouesaal was, het ek een vrou geërf van die vorige soldaatdokter wat 'n groot rou vrotwond in die boud gehad het. Aan my is vertel dat sy reguitbeen gebukkend staan en wasgoedwas het in die Okavangorivier en is van agter gebyt deur 'n krokodil. Die het haar van agter gegryp, maar gelukkig het 'n ander vir ta sien kom en "pasop!" in hulle se taal geskree. Antie kon wegspring maar die boude is mos groter as by ander en die het bietjie vertraag saamgegaan met 'n stuk daarvan wat krokodilkos geword het.

Dus: vrot stêre in my saal met groot belangstelling van die vliegbevolking van Katima Mulilo Hospitaal.

Ek was so bietjie ge-ervaring met vrotgoed behandel na my tyd in die Ciskei. Die antwoord is heuning deurweekte lappe op die rou sere. Natuurlik nog 'n vlieglokmiddel. Ek parkeer die antie in die een hoek van die saal en dit lok die vlieë weg van die ander pasiënte daarnatoe. Kon so die gemiddelde vliegbelasting per pasiënt verminder van 20 na 'n meer vlieëplak beheerbare 5.

Probleem was, my heuningbehandeling het gewerk en na 3 weke was sy sonder die lokmiddel en kon aansluit by die ander se 20 vlieë per pasiënt, tot die ewige verdriet van my en die ander pasiënte wat amper gewoond geraak het van hoe dit voel met minder vlieë om hul heen. Teen die tyd kon ek hulle elk van 'n vlieëplak voorsien en ook leer om die goed dood te slaan.

Ewenwel: welkom in Afrika geneeskunde.

Ons het ander ervarings ook daar gehad, maar ek onthou nou dis mos nie die bedoeling dat ek hieroor moet skryf nie. As ek dit reg het gaan dit oor my ellendes in 2023, op pad na 2024.

My ellendes is meer verdraagsaam gemaak deur die wêreldse dinge met komplimente van Volvo en Knaus en MAN in die dag en datum van 27 Desember 2023.

Die jaar val nou vinnig op sy rug, en goed so. Ek is nie meer lus vir 2023 nie, en dit wat kom moet maar kom in 2024.

Net miskien kom daar goeie dinge ook.

-oOo-

**29 Desember 2023:**

Gister slaan dit my skielik voor my kop – ek is bang. Ek is vir die eerste keer in my lewe bang vir die toekoms!

Dit is 'n geweldige ervaring: nie net bang vir dit wat vir my persoonlik wag nie, maar vir dit wat in 2024 voorlê orals. Die Trumpisme, die verskuiwings – of dan aardskuddende gevolge – wat plaas gaan of kan vind op politieke front. Al die tekens is daar dat die globale gemaksone van samesyn in die global village nie meer gaan wees nie. Elk vir homself op sy selfsugtigste nasionalistiese gemaksug.

Glo dat van bo hulp sal kom is miskien 'n uitweg, maar dis byna kop in die sand wees. Om bang te wees is natuurlik, om die konsep daarvan vierkantig in die oë te kyk is iets anders. Dis vreesaanjaend. Ek het nog altyd my toekoms omhels, selfs uitgesien daarna. Maar nou? Dit sal goed kom, of alles sal regkom bly 'n vae grashalm om aan te klou.

Vandag weer spoeldag: Two down, 4 to go soort van.

Môre is dit weer eind van die jaar naweek – oud nieuw tyd vir Nieuwoudt. Die 74 ste een vir my. Geen wonder mens is skytbang nie.

Laat ons maar weer eet en vrolik wees, klappers skiet en sing "sal ons ou vriende ooit vergeet". En die wat jou wil onthou, ook onthou. Happy met 'n traan in die oog.

-oOo-

**30 Desember 2023:**

Met die dat ons nou mylpale oorsteek gaan ek ook net weekliks iets oor die pienkstrikstryd byvoeg.

Dinge val nou in plek: Die gif gaan weekliks in die blaas, maak my suffer vir dood, raak rustig soos die bakterium uitgeplas word en dan wag ons vir die immuun reaksie. Die BCG is 'n aktiewe virus en gee lokale ontstekings reaksie en 'n sistemiese immuun reaksie. Watter een die pienkstrik aanvat, is so bietjie van 'n raaisel.

Die protokol sluit in die TUR van die tumor (wegskil deur die urethra), die opvolg word bepaal of blaasspier betrokke is, indien nie word 6 weeklikse spoelings gedaan met BCG, en dan word 3 maande gewag en die resultaat word beoordeel. Verdere opvolg en behandeling word hierdeur bepaal.

Jammer vir die lesing: wil net perspektief skep.

Nou my eie ervaring: Na die TURBT het ek paar komplikasies gehad, eerstens bloeding, toe perforasie van die blaas en dus 10 dae van kateter dra, en toe twee sarsies van blaasinfeksie.

    Die spoelings is tans besig en elk volg die nou bekende patroon van die spoeling self se waardigheidsaanval – duur darem net 15 minute met pyn episodes direk van die prosedure self. Gevolg deur so 5 uur van die brandpyn en selfs beheerverlies oor urinering – redelik na aan hel. Man klim later in warmbad en lê net! Gevolg deur geleidelike verbetering na so net elke twee uur dringendheid van niksie, sonder pyn. Die immuun reaksie word na 72 uur verwag – effe koors en grieperigheid wat so 8-12 uur duur.

    En dit is dit – weekliks vir 6 weke.

Ek sal dus weekliks wat oor die ding sê, maar nog met inkremente my snert loslaat. Soms eenkeer per dag ander kere meer soos my kop vol raak!

    Die emosionele las word ervaar met rukke van rustigheid tussen in.

Vandag kom my suster se seun uit Londen oor vir die dag na hy gebruges en geghent het. Sien uit daarna en natuurlik die etery en kuiery.

-oOo-

**31 Desember 2023:**

Uiteindelik kom ons aan op die laaste dag van 2023:

As man 'n joppie gedoen het en jy kom op die so ja oomblik aan, staan terug en bekyk jou handewerk en is trots op dit wat jy verrig het, of sien dis nou nie wat jy in gedagte gehad het nie, kan jy dit wegbêre. Of jy kan dit opfrommel en weggooi.

    Wat sal man met die jaar doen?

Gister sny ek my bakkies uit die saamwees foto van ons "Oujaar" foto – verskeie redes hoekom die eet op die 30ste was en nie vandag of môre is nie – en die meeste kommentare van "vriende" hier was, hoekom lyk jy so moerig? Ek wil die teenvraag vra: "Hoekom nie?"

    Met die lekker van die eerste maande toe die jaar begin het en sy oudheidsplooie van die tweede deel waar net die Bokke vir ons lig gegee het – lig wat bevlek is deur 'n agtereenvolgende Franse, Engelse en Ierse/All Black suurgatgeit (mens sou nie dink dat net een punt sulke groot verskil kon maak nie) – dan weet ek nie meer nie.

    Dis nie net dat my lekker lewe van niksen besoedel is deur die pienkstrik stront nie, maar die Israelies, die Russe, die Arappe, en die domdeel van die mensdom het hul deel gedoen. Dan praat ek nie eens van die onderlae van Trumpisme en die opbloei van haat en nyd teen als wat van buite kom. Mense wat so min geloof het in hul eie norme en waardes dat als wat anders is buite gehou moet word, want dit wat hulle is en het sal mos vernietig word.

    Help nie jy vra waarom hulle dink hullese ding is so broos dat dit nie aanslae van buite kan oorkom nie – as dit die geval is, is hullese ding werklik die moeite werd?

    Moeilikheid is, dat die modder wat so aan die einde van 2023 versamel het, ingedra gaan word in 2024. Die gevoel van my oor 2024 is redelik universeel. Ek sien nêrens mense wat beter voorspel vir dit wat wag – ek is en was nog altyd 'n optimis, maar die slag weet ek nie hoe om 'n optimis te wees nie.

Ek is bang vir dit wat wag in 2024. Ek hoop natuurlik dat geloof, hoop en liefde se grootste nog altyd liefde gaan wees.

# *Deel 8*

# *2024*

*Die hoogty vier van komplot teorieë en ander waansinnighede is hier!*

**Kontantloos betaal, 666, en die hedendaagse duiwel as antichris:**

Die jaar van 2024 het sopas begin en die vrolikheid en goeie voornemens wat ek gehad het, het 'n knou gister en vanmôre gekry. Is dit wat vir ons wag die res van die jaar met aanhef as die VSA verkiesing hou tussen twee oumanne – een 'n drol, die ander wat lyk soos een van oudgeit? Ten minste het die een darem grootmense onder hom versamel en niemand gefire nie.

Dit het begin met 'n plasing deur iemand wat kla oor, ek dink dis Woolworths, wat kontantloos betalings gaan vereis en nie meer kontant nie. Hier by ons is dit al hoe meer so dat jy "pinnen" en nie met kontant betaal nie. Ek dra geen kontant by my nie, behalwe as ons deur Duitsland toer waar hulle net kontant by die kempings wil hê (swartgeld, of belasting ontduiking, sien).

Die een wat die plasing doen het dit toe oor die storie – aan my onbekend – dat dit die begin van die oorname deur 666 is en die antichris, sit 'n ander by in die kommentare (comments vir julle uit SA), en toe raak die sluise los – veral toe ek "aagfoktog" intik.

Kontantloos betaal is mos die teken van die NWO wat oorneem en die 666 en die antichris – beginnend in Israel en Jerusalem vertel die oom wat vir almal uit die

Bybel preek iedere dag – ek het hom al verwilder van my blaaie, maar hy is "vriende" met die een wat die ding begin het.

Net as tussendoortjie: Een van my teatersusters het altyd die storie vertel van die ou wat die ander een uitgevang het hy lieg. Hy sê toe: "Nou glo ek jou nie vandag nie, en ook al die ander stories wat jy gister en eergister kwytgeraak het!"

Ding is, dat as die mense met die Bybel onder die arm preek en dit begin ronddwaal met die komplot teorieë wat duidelik snert is, dan wonder ek wie is die valse profeet en wie is die antichris?

Ja, ek weet mens moet hulle ignoreer, mens moet definitief nie met hulle (en Jehova getuies) aan die stry raak nie, maar as jy net stilbly en hulle herhaal hulle idiotiese snert, dan word dit later aanvaar as die norm.

Iemand het nou die dag uitgewys hoe Donald Trump iets kwytraak wat duidelik onsin en vals is en almal reageer die eerste keer. Dan herhaal hy dit later en weer en weer, en almal bly stil en skielik word dit die waarheid onder die wat hom volg.

Dis hoekom ek nie stilbly nie, dis hoekom ek telkens uitwys as daar teen die norm snert uitgebasuin word.

Verskil is dat ek dan die persoon die voordeur wys en my rug op die persoon draai.

Ek vra weer: is dit hoe 2024 weer als van 2020 en 2021 gaan herhaal?

Aagfoktog.

-oOo-

## Dagboekinskrywings

**1 Januarie 2024:**

Kom, sê jy nou vir my waarom mens mekaar voorspoedige nuwe jaar moet toewens, en wat sien jy as voorspoedig?

As ek moet lys sal dit my heeldag besig hou met eers net uitvee wat 2023 inbring in die nuwe jaar in voor ek nuwe dinge van hoop op voorspoed moet kan lys.

Mag die dom in die mensdom eerste sterf.

Laat ek maar kommin wees en net sê: heppie new year!

-oOo-

**2 Januarie 2024:**

Daarsy – ons hebben van start gegaan, soos dit in Nederlands gestel word. Sal seker ook vir nuwe Afrikaans geld!

Dis al die tweede dag en al wat gebeur het is, niks – soos my Nuwejaarsvoornemens – as daar niks is, is daar niks om na te strewe en te bereik.

Soos Bob Dylon skryf in To Ramona:
*"You're better than no one*
*And no one is better than you*
*If you really believe that*
*You know you have nothing to win and nothing to lose."*

Geld ook vir dit wat in versamelde gedagtes en ervarings was van die jaar wat verby is – die goeie en slegte saamgevoeg in 'n eenheid gee net dit: 'n balans van nul.

Om te dink die nuwe jaar gaan anders wees is maar net 'n illusie.

Ons vat hom soos hy kom en verwerk hom as hy verby is.

Ek was lekker aan die uitry van die ou jaar toe gebeur daar iets onaangenaams op die 30ste wat ek liewers nie oor wil praat nie – dis nie inhuis probleem nie, nog minder inhuis mense en inhuis vriende wat die gif gespuug het. Mens het illusies wat net ontplof in jou gesig – illusies oor wat jy is en wat jy voor staan, asook illusies van die wat nog onbekend is en dan skielik hul mantel afgooi. Moeilik om jou illusie van ander en jouself dan van afskeid te neem. Feit bly: mens het dit soort ding rerig nie in jou lewe nodig nie en moet dit afskud – al is dit moeilik.

Ek het destyds toe ons vir die eerste keer in 'n kompleks van omheinde huisegroep ingetrek het beland tussen klomp ou mense – ryk afgetredes wat ook gevlug het na groepsvorming en die beskerming wat dit bied. Hulle het 'n "corporate body" gestig en gou blyk dit toe nie een wil voorsitter wees nie. Ek, in my onskuld, neem dit op my. Aanvanklik was my hooftaak om te keer dat hulle 'n lysie reëls opstel – wetend dat as daar reëls is sal een van hulle gou rondloop en seker maak die reëls moet nagekom word. Die hele ding het geëindig dat ek die pispaaltjie geword het waarteen almal hul bene oplig, en met aggressie.

Gou besef ek het dit nie in my lewe nodig nie, en hul job in hulse gatte gesteek.

Maak seer as mens tot so iets gedryf word, maar dis gewoonlik die enigste uitweg, Gooi dit oor jou skouer en vergeet daarvan.

Dus geen Nuwejaarsvoornemens nie, dan is daar niks om te bereik op daai "to do list" vir die eerste week van die jaar.

Ek sien uit na die nuwe jaar en wat dit gaan aanbied, teleurstellings en uitkoms van negatiewe voorspellings ingesluit.

    Soos die spreuk hier gaan: De wêreld draai door. Ons moet maar net klou om nie af te val nie.

-oOo-

**3 Januarie 2024:**

Ek weet, ek het belowe om eers aan die einde van week 2 met week 3 se weeklaag te begin, maar vergewe my – daar het jaarwisseling gebeur en sommer baie ander dinge wat nie met my te make het nie, en ook enkeles wat met my te make had.

    Ek sal nie oor my skokke in die mensdom of dan meer spesifiek een mens mee uitbrei nie, en beperk bly tot my lyf.

Die hel onmiddellik na die spoelvloeistof in my ingegaan het, was die slag erger. Ek het later die dag loop sit in 'n bad warm water en net gelê en suffer. Die injection was die slag "stronger than strong!" Hoop net die vervloeksel werk of het gewerk. 5-6 uur lank geen blaasbeheer, en dit brand per druppel wat uit die binneste na buite kom. En toe is dit weg en gaan dit oor in die nuwe normaal wat ek het sedert die geelhandsak opgehang was.

Saterdag kuier gehad en was dit baie lekker gewees met my mense – ek gedra my en blaas gedra hom. Sondag se lekker niksen op die Oujaar en probeer slaap met klappers wat raas – het die tweetjies vroegaand gehad en lekker sit en klets en raklets (weet dit word anders gespel).

Maandag was dit weer die verbygaande immuun reaksie wat die slag nie fel was nie, en nou is ons weer in die vaarwater van die nuwe normaal.

Net om bietjie buite om die huidige te gaan – ek droom mos gisteraand oor my dae in kakie. Die dae het al so in standerd 8 (mag vroeër wees) begin met wat skoolkadette genoem was. Ons is in 'n ry staangemaak, kakieklere uitgedeel wat sommer net uitgedeel is. Meeste al flenters "gedril" deur ander, kortbroek wat moeilik opbly weens sy grootte en my toe nog smal middel, pype wat stokstyf staan en hemp wat of te klein of te groot was. Kakiesokkies met heelgemaakte gate in. Met die uitrusting was ons Vrydae aangesê om skool toe te kom – almal ewe gehawend en pateties sonder dat jy dit agterkom.

Dan word ons die laaste periode gevra om op die skoolgronde in groepies te loop staan, so drie-drie met een wat aangestel was as drilsersant – ek dink Rooipiet was in ons klas die man. Styweholstappie word in jou ingeskree en stywe arms loop ons op en af terwyl daar kort-kort gehalt word met die aanvanklike in mekaar in vasloop – sommige manne was dower as ander en sommige se briek was ook skieliker as ander.

So het ons Vrydae laaste periode tot in Matriek deurgebring – later het jy agtergekom hoe om die styweholstywe arm lopie te doen sonder dat jy beskree word.

Later kon die wat nie bang was vir 'n geweerskoot in die kadetperiode gaan skyfskiet en is Rooipiet soontoe.

Ons het ook sulke ou voorlaaiers gekry om mee parkate (snaakse bewegings) uit te haal as die "sersant" dit skree.

Moenie vir my vra wat die doel van dit als was nie, ons het mos in die sestigerjare gedoen wat gesê word om te doen ... sommige wel.

En toe gaan ek universiteit toe en hoef nie direk met nat agter die ore te loop weermag nie. Sien, ons wat blank was, die bevoorregtes en veral die wat staan en piepie wat nog meer bevoorreg veronderstel was om te wees, is mos uitverkorenes om die land te help verdedig. (Ek soek nou nog na daai voorregte).

Gegraad en goedkoop arbeid is toe my voorreg om op die manier die kakieklere aan te trek – die slag darem in "battle fatieks", geboots en al en eers 'n wit strepie op die skouer terwyl jy vir 6 weke verneder moet word deur 'n klein stront byna die helfte van jou ouderdom, en later met een sterretjie geluitnant en gestuur waar dit PW mog behaag. Gaan werk in hospitale ver van die beskawing met mense wat werklik siek was en wat "ipolice" skree as jy met jou armyfatieks by die kliniek aankom.

Op die grens moes ons ook geweer dra en ek wat skytbang is vir die ding het dit onder protes gedoen. Die medics troepe se groot plesier was om te sien hoe ek grond toe duik as hulle hul geweer oorhaal agter my – klein stronte.

Die droom gisteraand was net om my te herinner ek is nie meer in die army nie en hoef nie kakie te dra nie.

Al wat gebeur is dat ek weer beryg word met 'n doringdraad oor 2 slapies – byna so erg as om styweholstapies te maak.

Ook maar buite eie beheer dinge.

Soos Prediker gesê het, jy sal rondgedra word deur mense wat jy nie ken nie na plekke waar jy nie wil wees nie.

-oOo-

**5 Januarie 2024:**

Dis tyd vir die derde een. Halfpad van die eerste aanvullende aanslag op die kettings wat my bind – pienkstrik kettings.

Ek is tans weer aan die bokant van goedvoel, weet ek sal afgaan tot onsekere vlakke, net om weer na bo te gaan – hopelik.

Ijsweer word die naweek voorspel hier in die Hollandje se modderpoele wat gaan verijs. Dit beteken sonskynweer, oplugting na soveel grijsdae van reën en wateroverlast. Ons pompe hou, my eie waterwerke verbeter en vae beloftes van beter dae is daar.

Al is dit maar skyt-skyt die bult uit.

-oOo-

**6 Januarie 2024:**

Die derde een was glad nie erg nie – ek word nou, smaak dit my, of gewoond daaraan om broek te laat sak vir vreemde vrou/nurse, of ek raak 'n blaasspoel ekspert. Die tyd wat die BCG uitspoel na die verpligte 1 uur binne hou het natuurlik sy brand sarsie, dit hou so 4 uur aan en elke druppel brand die hel uit jou. Dan so ietwat blaas onstabiliteit, en na 18 uur terug na gewone aktiwiteits blaas dinge.

Drie klaar, drie om te gaan.

Toe ek so binne die brand dinge is, bel Gertjan van die kemper plek – sal 18 Januarie gekry kan word. Die uroloog antie wil my weer innie TUR dinge in hê eind Februarie, en tussenin moet ek my niksen tydverdryf probeer inpas. 12 Maart is dit weer die kardioloog, met tandarts wat ook nog aandag, en geld uiteraard, soek. Ons wil Engeland toe vir twee weke, en die Goosens daar se gatte jeuk gedurig – moet nog hulle tye van wegwees/tuiswees ook inpas.

Ek sien al dat 2024 se niksen tyd opgeslurp en opverdeel word deur die oudword dinge se werkinge en teenwerkinge van leeftyds gebeure.

Wat bly oor van my lewe?

As ek nie so stout was in my verre verlede nie, het ek ook nie dinge gehad om te sit en onthou terwyl ek in die dokterswagkamer sit en ongeduldig geduldig wees nie.

Toe ek gister weer my broek mag optrek en uitkom, sit D lekker gesellig tussen twee ou manne – ook maar lekkende lotgenote – en is onwillig om saam met my huis toe te gaan.

Gaan haar ook nie weer saamneem nie – smaak my sy sien my lydingsbesoeke as 'n uitje.

-oOo-

**Padkos:**

Soos man uitbeweeg weg van jou huis en dinge waarin jy grootgeword het, word jy mos heropgevoed. Jy moet dinge anders doen – veral ons manne word mos geleer om anders te word. Sommige kere word jy na soveel jare bekyk en gesê jy is nie meer die man waarmee ek getrou het nie, jy is anders! Nou wie se skuld is dit dan?

Een van die dinge wat ek moes indien in die opvoed trajek onder andere is om die pad aan te vat sonder padkos. Ons het nooit gery as kind sonder 'n padkosmandjie. Gekookte eiers – hardgekook tot hik induserend toe – en natuurlik skaapnek – heel koue skaapnek wat met knipmes so van die been afgeëet word totdat jy die nekwerwels kan knakbreek om by die witslangetjie murg uit te kom. Geen toebroodjies en sulke tipe groente soos koue hoender nie – koue hoenderboudjies is nie groente nie en die was wel soms by. Nie as plaasvervanger van koue skaapnek nie, maar as aanvulling. So ook vleisbolletjies.

Toe ek innie Kaap tussen die Transvaal toe getrekte Meisenholle, en die enkele Roose wat nie getrek het nie, beland het, was die donker dag in my opvoedlewe na die nuwe Andri die dag toe ek vir D Alexanderbaai toe gevat het met my Fastback volksie om haar vir ma goed te loop wys, en ek vra waar is die padkos dan. D se tannie was in Bostonstraat en sy was die teiken van my vraag. Hulle lag toe vir my.

Dis toe dat ek besef hierdie mense is anders – hulle ry sonder padkos. Hulle ken nie van langs 'n grondpad staan onner die enigste boom, en koue skaapnek eet vannie been af. Is dit hoe grênd lyk? Toe moes ek al besef het ek sal anders moet word, hulle gaan nie verander nie. Seker moes ek toe gehol het.

Hier sit ek nou na meer as 50 jaar se lewe: anders. Ek moet daagliks was, ek moet dankbaar lyk vir alles, al is ek nie. Ek dra glad onderbroek. En skoene en skeer en ry sonder padkos. Eet maar langs die pad garage pies en toebroodjies.

Wat het van man geword?

"Jy is nie meer die man met wie ek getrou het nie."

Vra jy my nou vrae waarop ek nie antwoorde mag gee nie – ook 'n aangeleerde ding daai.

-oOo-

**7 Januarie 2024:**

**Ik wil wat zeggen**

My Hollandse kleinseun het toe hy so net na praat se begin eendag in die geselskap aanmekaar praatbeurt gesoek met "ik wil ook wat zeggen" en toe hy uiteindelik almal stil het om ook beurt te kry, skoon vergeet wat hy wou zeggen.

Gaan hier ook so – man begin met 'n storie en dan halfpad deur vergeet jy wat jy wou sê. En dan kom dit.

Dus: ik wil ook wat zeggen. Bylas is seker die woord.

Die immunologiese reaksie wat soos griep voel het na die vorige spoelings eers ingeskop na 72 uur: die slag na 21 uur. Skielik voel jy beroerd, lyfseer, snotterig, kopseer en net nie lekker nie. In Nederlands: "Lekker is wat anders". En soos met covid se vaksiene, en hier ook soos tevore, verdwyn dit skielik na 5 uur.

Die goed het 'n effek – hopelik sluit dit in dat die pienkstrik ook los geknoop word.

Vandag se dag word belowe om ijsweer dag te wees. Sonskyn dag as die voorspellings reg is. Kom ons hoop so.

Verder is dit mos Sondag – die son van Sondag moet mos son beteken, of is dit die son van sondig – net een lettertjie anders as in Sondag.

As my Nederlands meer suiwer, of soos hulle dit noem "puur", was, het ek als in die taal van die voorvaders gezeggen.

Ek en D kyk graag geskiedenis video's op YouTube in ons grijsweer dae. Onder andere Europese geskiedenis, maar ook verder weg. Nou net 'n paar klaar gekyk oor die geskiedenis van Napoleon en die Nederlandse verbintenis (7 serie) en ook na die 80-jarige oorlog tussen Spanje en Nederland. Vertel uit 'n Nederlandse oogpunt en natuurlik was die Hollandse soldate baie dapper gewees! Niks oor die 1,500 wat oornag huis toe gegaan het net voor Waterloo.

Toe kom ons op een af wat oor die Kaap de Goede Hoop gaan. Net halfpad deur die eerste episode gehou en gestop toe daar gewys word van 'n antie met Westerse klere aan, maar 'n stukkie springbokvel oppie kop, en so 5 stuks wat saam oppie maag loop lê en voorvaders aanbid, kamma, en kla oor Jan en Maria wat standbeelde het en die vertaal meisietjie van Khoi oorsprong wat net 'n plank het met fynskrif op. Was kamma nie bewus van die herinnerings balk nie en raak skoon bewoë oorlat hulle so benadeel word. Ons Nederlandse filmmaker vertel net hoe Jan-hulle die mense verneuk het en vertel nie dat as jy as nasaat standbeelde wil oprig, dit uit eie bron finansier moet word, en nie gegee moet word nie.

Ek het nou die dag een verjaag wat kamma Nama wil leer en kamma Namma is, wat minder Namawoorde ken as ek, soos my ma gesê het, ghaai!

Als is goed en wel om kultureel te wil hervorm met jou eie mense, maar dan moet jy nie 2023 standaarde toepas in 1652 nie, nog minder ander kulture die skuld gee vir jou eie ellendes.

Die foute van die verlede meet jy teen die norme van daardie tyd en nie op vandag s'n nie.

Die antie met haar lappie op die kop se van is Kleinhans en praat net Engels, asof die Engelse van die verlede in SA beter was as die nasate van die Nederlanders.

As ek so na die SA van vandag en die Afrikaans sprekers van vandag daar luister, smaak dit my Engels verdring als.

-oOo-

**8 Januarie 2024:**

Ek het gister my weer vasgeloop in die waansin van 2020 – sal later meer oor dit sê – maar wil eers hierdie episode van my met die vaksiene bedryf vertel:

**Prikmeester**

Daar is min dinge wat meer plesier gee as om net te gee – ek sit eenkant met 'n hopie spuite met opgetrekte antivax gif. Om by my uit te kom is daar klomp hekkies wat die arme mense moet oor – neem paar dae net om jou dag te kry waarop jy klaar moet staan met opgerolde mou – en dan kom dit so harmansdrupperig met die ry af. En uiteindelik – die man met die prik staan gewapend en reg!

Nog voor die arme slagoffer kan "corona" sê, hoor hy net "klaar – u bent nu een geprikte mens!"

Ek is nou al in die tweede week van sit en prik een na die ander – ons doen in totaal so 2,000 per dag – dis nou twee 8 uur skofte van 4 tot 6 prikkers. Die Hollanders noem dit "aaneen lopende band". En die einde is nog nie in sig nie.

Ek sien pasiënte by wie ek 18 jaar gelede glo die baba uitgehaal het (natuurlik onthou ek dit nie meer nie, maar die geprikte wys my daarop, daar was een wat 17 jaar gelede ook gebaba het, paar geligte blase kom verby en selfs 'n man wat by sy vrou se geboorte was, lank gelede. Dis al asof ek saalrondte doen!

Ek kon die twee al sien aankom van ver af – lyk aanvanklik jongerig, maar soos hulle naderkom, kom hul ouderdomskatting ook al hoe nader aan myne. Lang hare tot op die skouers van beide, duidelik twee slaai eters, want dis maer en hippierig. Die mannetjie se los broek word opgehou met kruisbande, maar dis die vroutjie wat duidelik die een is wat kom prik haal. Bewe soos 'n riet en kyk al van veraf na my asof ek iets gaan doen aan haar wat sy al vergeet het dit het gebeur. Bang-bang.

Na die laaste hekkie ge-oor is kom hulle by my aan – sy moet letterlik deur die mannetjie regop gehou word – wil nou nie meer na my kyk nie. "Ik vind de prik verschriklijk" mompel sy. Ek stem saam met haar: "Dis hoekom ek aan die stompkant van die naald sit," vertel ek haar. Nou het ek haar aandag – vra dat sy vir my na die mannetjie moet kyk en aan 'n lekker T-bone steak moet dink, en toe ek die pleistertjie opplak wil sy nie glo die "verschriklijke prik" is al klaar geprik nie. Nog 'n fan bygekry, dink ek.

Die ou kom daarin met 'n verbleikte Springbok petjie op – en ons gesels rugby. Hy is een groot Bokke fan en mis geen wedstryd as die Bokke Europa toe kom nie, vertel hy my en ken alle tellings, maar weet nie wat Bokbefok beteken nie. Voor hy kon Rassie sê, is sy prik geprik en is hy daar weg.

So het my dag Dinsdag en Woensdag hul oggende ingekleur gekry.

Moenie vir my kom vertel die mense wil nie Boosters hê nie.

Soos Macron sê: Pis off antivaxxers!

-oOo-

**9 Januarie 2024:**

**Vasgebind**
Destyds toe my enigste paspoort die groene was en veral toe ons nog vasgebind was met die muishond van die wêreld etiket om die nek, was dit vir my geweldig klosterfobies om net gebonde te wees in SA en Suidwes. Die eerste wat ek gedoen het in 1990 was om te koers – toe VSA toe en rondtetjie in Engeland.

Nou sit ek weer vasgebind deur die ding in my blaas – kanker vertel hulle my en gelukkig net oppervlakkig en dus redelik hanteerbaar, mits ek die reëls nakom.

Dit behels weeklikse spoele na 'n aanvanklike binnewand skraap in die blaas en dit gaan vir 6 weke aangaan – genadiglik word ek 'n 6 weke grasie daarna gegun waarin ons natuurlik die kemper oplaai en koers. Het egter verantwoordelikhede in Engeland by R en daarna sal die kemper sy ry moet kry.

Die las van sit op een plek en niksen terwyl die magiese kragte wat toegedien word hopelik hul skade aan die slegte en geen skade aan die goeie veroorsaak, is dat ek om my heen gekyk het, en die ou kemper se skete net te veel gevind het. Dus nuwe een gekry met oue ingeruil. Ons het destyds in SA toe die kinners uithuis uit gaan agtergekom kleiner gaan beteken nie goedkoper nie.

Hier ook weer. Al die losgeldjies is nou op – die ontvanger hier het gister sy pond vleis ook nog gesoek!

So all dressed-up and nowhere to go, byna.

Het baie plekke om na toe te gaan, maar skaars geldjie bepaal waar en hoe lank, en met natuurlik belemmering in tyd waar "dokters besoeke" die tydgleuwe bepaal waarin rondgeloop kan word. Sluit ook afstande in wat weggeloop na toe kan word! Soos 'n hond met 'n ketting aan 'n paal vasgemaak.

Ek wil orals na toe, D wil nie ver buite die grense van Nederland loop in nie.

Totaal weer 'n nuwe ding hierdie inperkings wat tevore nie daar was nie.

Tans kan ek net so een of twee maande vooruitbeplan – moet maar aanpas.

18 Januarie staan die nuwe (duur) kleiner kemper voor die deur en sal dit darem vreugde kan bied om dit in te rig vir die eerste reis, waarskynlik Maart eers!

-oOo-

**11 Januarie 2024:**

Nou ryg die dae en weke in. Moenie dink dis net saai en opeenhoping van gewoonte wees oor wat in man se onnerlyf aangaan nie. Die oomblikke van wanhoop en bangraak bly maar net op die onderkant van onderdrukte oppervlak.

Selfs die dophou van die stroom is al 'n hoogtepunt in die dag! Ek weet die letsel sal nie sommer weg wees nie, hy is net hopelik kleiner.

Laat ek liewers oor annerdinge dink. Ek lees gisteraand oor die wanhoop van 'n vriend wat pas uit die ICU na 'n algemene saal in SA verplaas was, en dit laat my dink aan die SA Provinsiale Hospitaal ervarings van soveel jaar gelede.

Later miskien enkele staaltjies, maar nou eers die olifant in die kamer.

Ons het deur die oorvloed van "apartheids" SA geneeskunde gekom – met ons loslaat op die mensdom in 1975 was dit al wat jy geken het. Nog geen privaat Mediclinic en ander nie-privaat of staatshospitale nie. Net hospitale met eenkant vol en anderkant leë blanke kant sale. In die middel gedeelde teaters en ander nie dupliseerbare fasiliteite.

Aan beide kante alles wat kan oop en toe maak, geen tekort aan goete wat nodig is vir gesond probeer maak. Beide kante verpleeg - pasiënt verhouding van 1:5.

Later in die laat sewentiger en tagtigerjare het die kant van die "gekleurdes" meer aandag begin kry – selfs aparte eie hospitale. Ek het meer as 10 jaar in die grensgebiede, merendeels Ciskei, gewerk in net Staatshospitale waar gratis mediese dienste was.

Later jare het privaat hospitale begin kop uitsteek. Mediclinics eerste, toe ander. Dit was omdat die blanke deel van geneeskunde afgeskeep geraak het. My kinners is almal in Frere Hospitaal in Oos Londen gebore in die sewentigerjare en ek het toe voltyds in Mdantsane se Cicilia Makiwane Hospitaal gewerk. Ons dienslewering daar was strate beter as wat dit in Frere was. Daar was in die tweede helfte van die sewentiger, vroeë tagtigerjare niks wat ontbreek het in ons hospitaal in die swart woonbuurt nie. Toe verander als na 1990. Ek was toe vars uit Tygerberg se meule en het eers in Hottentots Holland Hospitaal (vanaf 1984) voltyds die dienste in ginekologie en verloskunde probeer ophef - tot 1990 was ons nog goed voorsien met als. Toe ek aanvanklik wydsbeen tussen provinsiale en privaat pasiënte my weg moes vind, was dit in die laat tagtigerjare duidelik dat provinsiale staatsondersteunde pasiënte voorkeur bo betalende pasiënte gegee was. Male sonder tal moes ons terugstaan met privaat pasiënte tov provinsiale pasiënte. Op teater waglyste, maar ook met toelatings.

Dis natuurlik nie wat huidig graag gehoor wil word nie.

Die behoefte aan die privaat kant vir net dienslewering (let op, nie verbeterde dienslewering nie) het gelei tot die begin en ontstaan van Mediclinic Vergelegen. Uit ons privaat geneesheer korps moes ons geld neersit voor Rembrand sy deel neergesit het.

Na 1990 het toestande geleidelik versleg aan die provinsiale hospitaal kant, met natuurlik verbetering in die privaat Mediclinic Vergelegen kant, soveel so dat ek nie meer die swakker toestande in Hottentots Holland Hospitaal kon mee voortgaan nie. Ons pasiënt-verpleegster verhoudings was in die privaat groep die voorgeskrewe 5:1, in die staats ondersteunde HHH was dit 25:1! Die sale was oorvol met beddens wat net-net jou toelaat om tussenin te beweeg. Toe die vet swart antie van die Staatsdepartement van Gesondheid ons in Vergelegen gedreig het om die hospitaal te sluit omdat ons beddens nie die voorgeskrewe meter van mekaar was nie (natuurlik ignoreer dat dit erger is in HHH) het ek besef hoe dubbel standaarde in die nuwe SA was. Voor my oë het dienste sodanig versleg dat ek nie meer in HHH kon werk nie.

Dis een van my redes om net weg te kom in die beginjare van 2000. Veral toe een van my gratis pasiënte gesterf het in HHH weens swak omstandighede van versorging veroorsaak deur inkorting van dienste. Het al oor die pynlike situasie geskryf.

As hierdie skrywe klink asof ek sit en tjank, moet julle my vergewe. As dit lyk asof ek my nie-betalende groep pasiënte versaak het, vergewe ook asseblief. Daar was baie baklei voor dit gebeur het. Ek was selfs voor die mediese raad gedaag om my te probeer intimideer om stil te bly – natuurlik onnodig vir stront.

Dit was pynlik om te sien hoe dienste beweeg het van meer Eerstewêrelds as Eerstewêreld na Afrika geneeskunde. Uit ons dienslewerings oogpunt van die jare sewentig en tagtig aan die nie-betalende staatsondersteunde sektor was die "wreedheid van apartheid" 'n seën!

Al wat ek mee wil afsluit is dat privaat geneeskunde in SA tans beter is as enige tipe dienslewering in geneeskunde in die res van die wêreld. Ek het my patologie uitslae die volgende dag gehad, geen waglyste in die teater, pasiënte kon gesien word wanneer dit die pasiënt pas en die pasiënt kon my 24/7 kontak. Hier waar ek nou is

neem patologie uitslae meer as 7 dae voor jy dit het, is teater waglyste tot 6 weke – pasiënt hoor pas 7 dae voor die tyd eers – en is die toeganklikheid van pasiënte tot die arts baie beperk met klomp barriers.
Ek kla nie, inteendeel, ek wil net uitwys dat privaat pasiënte in SA het niks te kla nie.
Nog minder die moddergooiers oor apartheids geneeskunde van voor 1990.

Môre is dit nommer 4 uit 6, volgende week net voor nommer 5 gaan haal ek my kemper. Intussen is my stroom alweer bietjie pienk – mag bloed wees, mag die pienkstrik wat loskom wees.
Sal nie weet waffer een voor eind Februarie nie.

-oOo-

**12 Januarie:**

Na 10:00 vanmôre sal dit 4 down, two to go wees!

Weet wat wag, is so bietjie behoedsaam op my hoede vir die mishandeling wat wag – is dit mis is dit te maklik, is dit raak is dit suffer op die lydingsweg na beter word, hopelik.
Gevul dus met twyfel of daar uitgesien na of opgesien moet word teen, wat wag.
Kom moet dit kom, verbykom moet, omkom nie.
Dus: die einde van een week, is die begin van die volgende – die wêreld draai deur. Met ons daarop.
Aan die einde van week 5 wag die gaan haal van die nuwe kemper en dit alleen is al iets om na uit te sien.
Soos die Nederlanders dit sê: "Success voor wat wachten".

Die injection raak al hoe meer serious sterk! Gewone stryd met aanvanklike uitplas van die BCG met brand in elke druppeltjie – die kom so een een uit na die blaas wat vertel hy is vol (hy lieg).

En nes die brand minder word, kom die immuun reaksie sterk – ligte koors, bietjie bloed in die plas, lyfseer en sommer net algemene malaise. My nurse (D) sit net en frons en hol sonder om te weet waarvoor as ek haar stuur – as ek nog harder praat (die plas loop net) dan nog erger. Dus ...

Vandag se nurse by die broeklosmaak verjaar ook op 30 September – seker hoekom ek en ou nurse goed gebond het – gif se in was rerig nie erg nie, seker hoekom ek nou suffer!

Kemper is betaal, ek is armoedig met darem 'n kemper iewers in Roosendaal. Soos Wim sê, fokus op daai lekkerte en kyk bo oor die nouse suffer.

-oOo-

### 14 Januarie 2024:

### Hashtagweek klomp al

Met al die gehashtagery wil ek sommer net deurmekaar wees in hierdie deurmekaar jaar wat nog net twee weke oud is. In tye soos die is die beste uitweg om jou kop innie sand te steek en met boude omhoog net met jouself besig te wees, maar wat as jouself ook deurmekaar is – binne in die onbekende in?

Dis nou al sedert 8 Oktober dat ek net met my onderlyf doenig is, D sê ek is al lankal met die onnerkant dinge, eie en ander, doenig. Sallie met haar stry nie – deesdae stry ek en oortuig net om agter te kom sy het vergeet dat sy oortuig was en begin ons weer voor. Dus ...

Die Arappe het nie net met iemand se hulp oppie olieplekke beland en vind aanmekaar iets om ons besig te hou – dis nou so tussen Israelhaat deur. Waar die Houtis of hoeties vandaan kom weet net hulle, en as dit nie die was nie sou daar 'n ander wees. Feit bly, die wêreld gaan warm word vanjaar, en dis nie net alleen omdat die oliebron alleen saam met die Trumpisme die klimaat opdonner nie. Die klomp met die streeplappe om die nek van die landjie daaronner Afrika vat met ek weet wie se geld, die wêreld aan omdat daar glo mense vermoor word, in reaksie tot moord en dis mos nie nodig om jou te verdedig nie. Israel voel fokkol al lankal en dit gaan niks uitrig nie, behalwe om net jou geld te loop mors. In Den Haag. Moenie onse groot redder Putin betrek nie. Ek sien hoeka BRICS het sy B van Brasilië verloor.

    Miskien moet ek maar so kop innie sand bly by my onnerlyf.

    Hashtagmyonnerlyf dus. Hopelik weet ek later waarheen dit gegaan het.

-oOo-

## Tussendoortje

**Die All Clear:**

*En op 14 Januarie 2023 het als so anders gelyk ...*
Met die dat ek vrye tydsbeweging het en deur die jaar nie te lank vooraf hoef te beplan waar en wat ek wil doen nie, is daar egter een klip in die skoen – dis hieroor waaroor ek dit wil hê vanmôre vandat die weer buite wil lyk of Engeland hier na ons toe wil spoel en die Hollanders moet water wegpomp lat dit bars.

Ding is, wat my bind is die gedurige opvolg afsprake wat man kry – gaan sien jy die garage met jou kar, plan hulle 'n opvolg afspraak in, as jy die tandarts gaan sien, wil die jou weer oor 6 maande sien – sommer die tannekrapper of mondhigiënis ook, dan is die Rheuma dokter van D wat elke 6 maande haar krom hande wil sien, die huisarts wat "controle besoeke" in beplan, die kardioloog wat APK keuring wil gee ... dit hou net nie op nie.

Gister was ek met my asma wat 'n veranderde voorskrif wil hê by die verpleegster van die dokter – hy is "vry" die dag en dis al wat ek kon kry. As jy vir Hollander ken sal jy weet jy kan hom/haar nie intimideer nie, maak nie saak waar die op die voedingsketting sit nie (die een onder – stagiêr gewoonlik, is nog die moeilikste). Ek probeer my ding doen van "oud-gine" – help fokkol, sy het 'n protokol en ek moet dit volg! Met loopslag kry ek 'n handvol opvolg afsprake.

Nou dit: hierdie roetine afsprake vir mens wat geen klagtes het nie is al lankal iets wat ek teen skop. As gine het ek nie papsmere gedoen op vroue wat nie baarmoederhalse het nie (post histerektomie), nog minder vroue gesien wat se hele "hoenderhok" met eierstokke uit is nie. Het soms pasiënte verloor daaroor, want dis dan wat die man langsaan doen, dan moet dit mos!

Kom die ou dokter vertel julle nou 'n ding of twee – die kuns van geneeskunde is dat die pasiënt neem iets waar in sy liggaam se funksies wat volgens haar nie as normaal deur kan gaan nie. Sy gaan dokter toe om te hoor of dit net 'n afwyking van normaal is, maar nog steeds deel is van normaal, en of dit miskien dui op iets wat aandag benodig anders word haar lewenskwaliteit benadeel. Soos een in die Kaap my eendag gevra het: "Dokter, wat gaan aan met my lyf?" Die kuns is dan vir die arts om die evaluasie te doen en uitsluitsel te gee: die moeilikste diagnose is om normaliteit te diagnoseer. Dis ook die moeilikste om dit aan die verstand van die pasiënt te bring dat dit wat sy waarneem nie haar gaan benadeel nie!

As iemand asimptomaties is, is daar baie min dinge wat jy sal waarneem as arts wat 'n groot invloed op uitkoms gaan hê. Papsmere is een wat wel vroeë veranderinge in selpatrone kan gee wat jy dan met minimale ingrepe kan verwyder – dan moet sy wel 'n serviks hê!

Om aan iemand wat kom met 'n kankerbehandeling opvolg sonder dat sy simptome het, die sogenaamde "all clear" boodskap te gee, bestaan nie! Enkele toetse op bloed in paar tipes kan help, maar selfs dan is dit nie sommer net "daar is niks, maak geen sorge" nie. As jy egter iets vind met kanker opvolge dan help dit.

Ek dwaal af: Ding is, roetine opvolge in asimptomatiese gevalle oor tanne, hart en als wat in man se lyf is, is daar om jou lewensloop te verbeter en te verleng. Die sleutel is dat dit van geen waarde (meer) is in 'n ouman van 73! Op 30 en so aan miskien, maar nie vir my meer nie.

Vir my om nou skielik gewig te loop verloor gaan net my lewe verder versuur met hongertes, of om vir my skielik te wil bloeddrukpille gee of my tanne skoon te skrap elke 6 maande gaan my lewe vorentoe nie verbeter nie. Selfs om nou skielik 'n prostaatkanker uit my te krap gaan my nie gelukkiger maak nie – vingers in my watsenaam verhoog my morbiditeit!

Wat die spul opvolg afsprake doen is egter om my lewens morbiditeit te verhoog – ek wil vry beweging van tyd hê. Die klomp afsprake veroorsaak dat ek nie kan onbepland my jaar aanpak nie – die enigste ankers in tyd wat ek wil hê is om kleinkinners te loop kuier of op te pas as jy gevra word.

Dus, los my uit. Ek glo so by so nie die all clear boodskap nie. As ek klagtes het as ek wel kom kla – soos die Nederlanders sê: "Geen bericht is goed bericht".

Miskien, net miskien kry ek volgende week my VOLVO XC 40 vol elektriese kar. Dis waarom ek nog hier sit en koud kry en asmapompie benodig voor.

So ja, ek het dit ook nou uit my uit.

Goeiemoôre uit 'n nat en koud Nederland.

Soos ek sê: 14 Januarie 2023 lyk so anders as 14 Januarie 2024!

-oOo-

## Dagboekinskrywings

**16 Januarie 2024:**

Dis middel Januarie, hier in die Noorde nou nie die mooiste mooiste maand nie. Inteendeel, hier waar ons in die holtetje van die Holste land sit, is dit net nat, donker, modderig en koue wind wat jou binnetoe jaag. Geen ijsweer, soms bietjie son en sneeu dit net in elders.

Ek sit en dink en wonder so by myself, wat kan mens positief sê oor die maand? Destyds toe ons nog in die Suidekant ons oorlewingsrol gespeel het was Januarie die son maand, die warmste maand, die Transvalers is goddank huis toe maand, en was dit ons maand om see toe te gaan – skoolkinners is so middel Januarie skool toe. In kort: rus en vrede het toegesak oppie Kaap.

Blink karre, blink presente en seeswemgoed is vervang deur plaaslorries en selfgemaakte kampeertente en trekkertaaiertjoepe in die branders. Ons kon die jaar positief aanpak.

Die hier en nou? Moeilik om dit te wees, behalwe as jy aweregs kyk na Januarie in Holland.

Jy hoef in die maand nie 'n beeld van positiwiteit te wys nie – dit alleen is al positief.

Jy hoef nie skaam vir jou ronnelyf te wees soos dit in Julie se somer is nie – dis ook 'n positiewe ding.

Jy kan al die vorige jaar se gefaalde diëte wegsteek in dikjas klere – ook positief sou ek sê.

Jy kan net jouself wees, waar jy op die bank voor die TV sit – kannie uit nie, dis te onplesierig en koud. Man kan sit en rugby kyk met al die nuwe kompetisies waarin SAkaners speel in hulle eie spanne en as vullers in die

Europese spanne. Nogal interessant om te sien hoe groot tellings aangeteken word teen spanne sonder Suid Afrikaanse DNA's in die spanne. En lekker om Farrel se gesig te sien na hulle goed opgerol is – soos een kommentaar gesê het: "It look as if he saw a ghost."
Ook nog 'n positief uit die negatief.

En ek en my kwaal? Moeilik om positief uit te haal, maar weer positief uit die negatief – die spoeling van Vrydag (nommer 4) het my kragte getap. Iets gebeur in my dieptes moet ek glo. Dis eers vandag op dag 4 wat ek energie kry. Kop sak, en D word moeilik. Dis asof sy meer leemte kolle kry as ek suffer.
Ons soek maar uitsien na dinge. Môre gaan ons uiteet met haar grootste Nederlandse vriendin, oormôre treinry om kemper te loop haal, en Vrydag se vyfde spoel uitsien word as positief verwerk: 5 down, one to go, soort van. Vandag is stofsuigdag – positief is huis wat skoon is word skoner.
Negatief? Ek is die uitverkore stofsuier op 'n midweekdag waar geen rugby is nie en dus nie nodig is om TV te kyk nie.
Nog 'n positief binne in die negatief.

-oOo-

**19 Januarie 2024:**

Sien vanmôre my week tellery het deurmekaar geraak. Maakie saakie. Vandag 5 down, one to go.

Die week met D se een vriendin gaan uiteet – 'n ou staatmaker wat bygekom het toe ons nog nuut was hierso. Saam oud geword, ek en haar man se onnerdinge het saam kapot geraak, D se kop, maar haar dinge smaak my hou nog.

Uiteraard sit ons ou lotgenote en bekla onse blase en prostate en ellendes so oorie kos. Sê ek vir haar dat in my lewe het soveel jong vroue nog nooit aan my onnerste ding waar jongmanne se verstand sit, gevat nie.

Twee observasies: Eerstens is die ou so dood dat hy net aan hom laat vat, reaksieloos – dink ek, want tweedens is my pens in die pad waar ek lê en wonder oor dinge, en kan dus nie sien of die eerste observasie reg was nie.

Vandag weer aan my moet laat vat. En die nagevolge verdra met pyn en lyding. Hoopvol, doubtful en die dinge. Gatvol wil ook deurskemer.

Kemper in al sy blinkgeit en bankrotmaakgeit staan buite en kyk oor ons heen.

-oOo-

**20 Januarie 2023:**

Oor 'n week kan ek voorlopig "so, ja" sê.
Julle wil my vertel Afrika is nie vir sissies nie, ek het al gesê emigreer is nie vir sissies nie. Nou lat ek vir julle vertel hierdie ding van vir 6 weke in jou blaas die gif laat spuit, dis nie vir sissies nie.

Sowat van suffer het ek nog nooit deurgemaak nie, week na week. Aanvanklik is die verlies van waardigheid. Jy loop lê op jou rug, 'n nurse kom, beveel jou om jou broek te laat sak, was die toter en druk 'n pyp in tot in jou diepste diep. Als terwyl jy plafon kyk en wens jy was elders.

Later is die "prosedure" niks. Man laat later broeksak sonder om beveel te word, en is nie meer skaam nie. Want jy weet dit wat later by die huis kom is die drif op pad hel toe. Dit hou aan vir 6 uur en dan bly hol, eers elke halfuur, later deurie nag uurliks om te keer jy pie jou nat.

Vir 6 weke lank weet jy wat wag en jy doen maar. Gedienstig, geduldig, gedwee.

Al motivering om dit deur te maak is dat dit mos die pienkstrik gaan losknoop.

Weet jy wat demoerin se grense gaan toets – as dit als niks gedoen het nie, sê die duiwel.

Wyk Satan.

-oOo-

**6 Feb 2023:**

Die ou bekende roete gevolg van die afgelope 20 plus jaar – ferriery wat basies dieselfde patroon volg van te vroeg al by die plek van vertrek aankom is (3 uur gemiddeld met die rekord eenkeer 6 uur!), wag en wag en later in die proses van hurry-up and wait beland waar jy met opwinding deur die eerste poort gaan om by die volgende te sit en wag vir 'n ou wat na 'n uur op sy gemak aangesuiker kom, net om weer by 'n wagpoort verder te loop wag en so aan. Ons het gewoonlik van Zeebrugge gery in België na Hull en daar was dit chaos met paaie wat gebou word. Toe die klaar was, was daar chaos met vragmotors wat gelaai word, containers wat rondgesleep en verskeep word totdat ons later ook so tussen die lorries inparkeer word. Toe kom Brexit en saam daarmee verdwyn die Zeebrugge opsie en bestaan net die Europoort (Rotterdam) – Hull roete. Die ferries vandaar was beter en mooier en die roete korter in tyd, egter nog oornag. Net verder om van huis na die vertrekpunt te ry. Om een of ander rede het die Zeebrugge-Hull ferrie deur 'n sluis moes gaan in Hull, die ander een nie.

En toe gister: feitlik geen vraglorries wat saam gelaai word nie, rustigheid in die laaiproses en is ons verbasend met kort wait prosesse in die hurry-up deel gelaai. Selfs met die aflaai is ons vroeg toegelaat om af te gaan en in die kar te loop sit en wag vir uitry – natuurlik voor in die tou, want ons was mos vroeg al by oplaai gewees! Met uitry ook nie voorgekeer deur die doeane nie en kon ons net met "good morning, the left side is the right side and the right side is the wrong side" op weg gestuur in Hull se oggendverkeer in.

As vermaak met die opklim al was daar so 20 tal oumanne – kom ons noem hulle skoennatpissers – op sulke vreemde skooter, bromfiets geneuke wat met groot bravade voor almal kom parkeer het, knaters in vuil broeke wat duidelik 2 weke laas gewas was reggeskud het, met ou verslete Hells Angels nagemaakte leerbaadjies rondgestaan het en die lawaai ding tussen die bene traag stil gemaak het. Die ou spul was duidelik op 'n mannetoer iewers heen gewees en op pad terug na home. 'n Regte skoennatpissers ouderdom, met een ou wat tatoes oor sy agterkop gehad het uit sy nek uit, hare glad afgeskeer, soos al die ander ook.

Met die afklim weer het hulle al in die ferrie hul bromraasgoed aangesit lank voor ons kon afklim – uiteraard was die afklim beduiers uit die Ooste verwerf gou moeg vir hulle en was hulle sommer voor die VIP karre al afgejaag.

Ek het vir D die eerste beste plek in Hull gaan soek vir haar verjaarsdag English breakfast – eers verkeerde gatkant plek by beland en toe darem by 'n beter plek uitgekom, Wingfieldfarm restaurant. Daar die electric opgekoppel en vol gelaai en het ons so "left is the right side" op pad gegaan.

Nou sit ek hier, die enigste een wakker saam met die katte en hond. My tyd een uur voor die ander s'n.

D kry vandag 'n "facial", wat dit ook al mag wees wat 2 uur duur. Dis die bederf hier altyd, en ek moet sê dit lyk mooi, al lyk dit maar dieselfde na dit as voor dit.

Ek wens iemand wil my inboek vir 'n bottom – D beweer ek kry dit mos nou al die afgelope drie maande.

Sien ou Charles het nou ook dieselfde gatskete as ek: hy is een jaar ouer as ek. Wonder of hy ook soos ek mishandel gaan word.

-oOo-

**8 Februarie:**

Ek sit maar twee dae in, want hier gebeur nie veel nie – net koud grys en nog winter. Vandag bietjie sneeu wat val – nog natte sneeu wat nie sy lê kry nie.

Het my fish en chips gehad, my costa koffie en twee keer middag happies gehad by 'n plek waar die waitress 'n oorbel tand en klomp ysterwerke deur alle sigbare en onsigbare plekke het – wou foto neem, maar ek is gekeer. Moet my glo gedra.

Moeilik om indrukken te gee sonder vergelyking met hoe dit hier so 5 jaar voor Brexit was in vergelyking met nou en natuurlik hoe ons gewoond is in Nederland. Paaie was altyd sleg, nou nog meer. Lewenskoste is definitief duurder. Tog hier en daar vooruitgang, maar ook nie. Op die ferrie het ons altyd hordes vragmotors gehad wat saam oorkom – die slag byna niks. Op pad ook geen ander nommerplaat vragmotors as Britse. Nou moet ek bysê dat Hull die begin roete was vir vervoer na Ierland vanuit Europa – die is gestop weens te veel in en uit Engeland papierwerk. Hulle gaan nou direk na Ierland onderom Brittanje.

Verskeidenheid in die winkel is ook nie meer nie – als is met Union Jacks gemerk as "made in Britain". Ek vra een in die winkel of daar nie iewers "not made in Britain" goed is nie, want ek vertrou nie meer goed wat nie die EU seën op het nie. Sallie verder die gesprek vertel nie!

Britte bly aangename mense en kan mens lekker orals gesels – al verstaan ek nie altyd die Lancashire uitspraak nie.

Gelukkig is D klaar verjaar – raak duur die weeklange verjaarsdag van haar.

Die naweek gaan ons weer lekker Engelse platteland rugby kyk – altyd 'n ervaring!

-oOo-

**14 Februarie 2023:**

Ek het te veel los drade in my lewe – hoe die spulletjie bymekaar gaan kom sal nogal tyd en inspanning verg. Van beide het ek nie veel meer nie en as ek nog geduld moet bysit dan is dit 'n verlore saak.

Hier in die land van die Engelse – definitief nie van die engele nie – was genoeg tyd vir eenkant wees en besin en bekyk, en eenkant sit wat te hope is en wat nie te hope is nie. Als gaan vanjaar tot 'n punt moet kom. Dis die te hope deel.

Oor twee weke word weer die rooi lyne getrek van wat in my lyf aangaan en sal dit weer dag 1 word van iets tans onbekend. Tot dan, kop in die sand en hoop op sonskyn.

Wil volgende week die kemper so op 'n klein rondrytjie vat en dan bêre tot ons meer rigting bepalende dinge het.

Met my gaan dit tans goed sover die lyf aangaan – geen tekens meer van blaas belasting en as ek vergeterig wil wees het die kanker storie net 'n illusie geword.

Met D gaan dit dol – te veel insette verwar en ons moet dit rustig doen. Agteruitgang is daar as jy fyn bekyk, maar eintlik gaan dit goed.

Dus Vrydag na Doshi, my vriend uit Mumbaai wat nou in Kettering 'n mister is, en dan Saterdag na Harwich en Sondag vandaar na Hoek van Holland. Hoekom die Britte dit Hook of Holland vertaal sal net hulle weet.

-oOo-

## 20 Februarie 2024:

En hier kom ons weer gekonfronteer met dit was is, en dit wat wag.

Oor 7 dae sal ek weet of dit wat as fase 1 gedoen is, enige effek gehad het. Moeilik om dit wat innie kop in is weer te gee hieroor.

Dat mens bang is, dat mens vir 'n maand bietjie kop innie sand was is seker. Nie dat dit helemaal geen leemte was oor wat broei en wag nie, maar tog het rondry ietwat van 'n verdowende effek gehad. Die naarstiglik oplees oor moontlike uitkomste het stil geword. Wil nie meer teveel weet nie.

Die afleidings was daar, en nodig gewees, maar nou moet mens weer die realiteite in die oë kyk en daarmee saamleef. Keuses sal oor 'n week uitgespel word en gemaak moet word.

Wag in spanning vir D minus 0 dag.

Die duiwel was weer doenig vandag al was vandag die enigste dag van sonskyn. Dus beplan om kemper te loop haal en net rond te ry. Afspraak is gemaak, kemper is onderdak uitgehaal en agter valhek parkeer. Ek het sleutel vir die hek ... en toe pas die een wat ek dag die sleutel moet wees nie. Die duiwel, sien.

Langstorie kort. Ons ry toe maar Knokke en Blankenberge toe – beide kusplekke in België met die electric. Kom tuis en kry die sleutel wat die valhek oopmaak in my sak. Die duiwel, sien.

Word ook maar oud.

-oOo-

**21 Februarie 2024:**

Met swaar gemoed die "verlore sleutel" gaan toets ... en dit werk! Kemper staan nog buite, en ek en kemper ry so 'n lekker bonding rondte met die gevolg dat swaar gemoed wegraak!
Net om saam te vat: Die eerste dag van uitwerk iets was verkeerd, was op my verjaarsdag, 30 September. Was in Lyon aan het gatkrap vir die manne wat by hul kempers gesit het met hul AB varingkies en die Rose op die vlae.

Dadelik gekoers huis toe – twee dae se harde ry, net om in die hurry up en wait ry te beland. Dit was eers in November dat die ding uitgeskraap kon word, gevolg deur gate in die blaas en geelhandsak dra. Blaasspoelery volg weekliks met baie ongemak. Ek kla nie.

Nou wag ons vir die kontrole waar gekyk en gereed is om weer te skraap as die pienkstrik nog nie helemaal weg is nie. Die risiko vir herhaling is groot weens die grote van die primêre letsel en sy graad van differensiasie. Was beperk tot binnewand sonder spier betrokkenheid. Hoop dit bly so.
Verdere opvolg word bepaal deur wat gekry gaan word op 27 Februarie.
Intussen is D definitief al hoe meer afhanklik.

Die grootste frustrasie is maar wat ons almal het, jy wil nie mense rondom jou belas en 'n las wees nie, jy wil onafhanklik bly so lank as moontlik.
En dit neuk maar as jou lyf jou in die steek laat.

-oOo-

**22 Februarie 2024:**

Die dae maak my deurmekaar, ek dag dis nog gister dan is dit al vandag – miskien moet man maar net verdaag!

Ek voel soms soos die ou in die storie – het dit al vertel, maar dis weer van toepassing! Die man uit die Transvaal is op pad Kaap toe – dis nou in die oudae se SA – weetie hoe dit deesdae gaan noudat Transvaal Gauteng geword het nie. In daai dae was daar maar redelike vyandigheid tussen die Kaaitjieponders, of dan Kolonialers van die

Kaap en die klomp bo die Vaalrivier. Onse man van die Transvaal af kry in die middel van die Karoo 'n papwiel en het nie 'n jack (dompkrag in goeie Afrikaans) nie. Hy sien in die verte 'n plaashuis en stap soontoe. So in die stap loop en redeneer hy met homself: Die bleddie Kapenaars is mos snaakse mense, die man daar in daai huis sal nie vir hom 'n jack leen nie, veral as hy die ronde Tronsvolse uitspraak hoor. Dan vertel hy homself weer, nee, dis mos ook Gristen mense – hy sal darem seker die jack vir hom leen. So issie/is loop hy, en toe die man van die plaas die deur oopmaak, is ons man van die Transvaal al oortuig die bleddie Kapenaar gaan nie vir hom die jack wil gee nie. Hy sê toe: "Man, steek jou jack in jou gat," en begin terugloop.

Met die gewagtery vir wat wag en wat gaan of kan of moet gebeur – als deurmekaar in my kop – raak ek soms net gatvol en wil die jack net in die gat laat steek!
    Dan weer kom hoop en wag man maar vir wat goed kan wees – selfs gisteraand al gedroom ek sien net mooi epiteel op die TV-skerm Dinsdag.
    Mag dit so wees – mooi pienk binnekant van 'n ouman se renoveerde blaas!
    Ai tog.

-oOo-

**23 Februarie 2024:**

Dis nou al slaaptyd en ek kom nou eers met iets.

Rede is dat dit 'n redelike deurmekaar dag veral vir D was, en dit laat haar heeltemal die kluts verloor. Hardewerk kon haar so teen eenuur rustig kry en het ons maar gesit en F1 kyk.

Dit het begin met 'n E-pos van die huisarts wat gister 4 uur kom met die boodskap dat D om 8 uur vandag 'n afspraak het. Ek het geweet dis verkeerd, want die mense begin nie so vroeg met afsprake nie. D glo my nie en dus sit ons daar om 8 uur, net om te hoor dis 'n fout gewees.

Daarna was als deurmekaar in die blond by my se kop.

Dit was my dag – het nie eens kans gehad om oor die ding in my onnerlyf te worry nie!

-oOo-

**25 Februarie 2024:**

Nog twee slapies, dan is die volgende hekkie met sy onbekendheid daar. Ek wil nie teveel dink oor wat wag nie, elke dag sal vir sy eie besluite op sy eie feite en meriete moet sorg.

Wat egter seker met diep in self inkyk en dink moet gebeur, is om stil te staan en te kyk wat gaan aan in mens se binneste. Hoeveel het verander as gevolg van dit wat ongenooid in my kom sit het.

Ek weet ek loop met 'n goeie lading woede rond – meeste was al lankal daar, maar die ding maak die onderdruk daarvan moeiliker. Soort van direkte reaksie as ek sien iets is nie reg nie. Tevore het ek soms reageer sonder dink, dink volg en het ek uitgevee as ek nog kon. Nou gee ek nie om nie, verkeerd is verkeerd en as die een wat snert kwytraak dit doen. moet hy weet hy praat snert. Om stil te bly laat hom dink hy is reg.

En daar is soveel net hier op FB wat mens kan voed in jou boosraak reaksies! Van Trumpisme, verregse populistiese snert, misbruik van lewenswaardes gebaseer op godsdiens gewoonlik, afdwing van onwaarhede oor vaksiene, en so kan jy aangaan.

Ek wil nie eens vra waarom is dit nodig nie, daar is geen rede waarom mense hul besighou met snert nie. Miskien lê die antwoord hierin: dat mens koring van kaf skei en net reageer op dit wat 'n verskil kan maak. Tog moet mens besef jou reaksie is nie gerig op die snert verspreider nie, maar op diegene wat in stilte lees en nie homself laat hoor nie – maar tog 'n opinie vorm.

Dinge raak nou te diep. In kort, ek is gatvol en demoerin, makliker as tevore.

My wapens om in my omgewing myself te verskans, raak minder. En dit frustreer.

Dit is wat die onsekerheid inbring, en mens kan net wag tot die oomblik van seker weet wat is – dan kan jy beter jou mate van toekoms wat wag mee beplan. Geduldig wees, be patient, wees weer net pasiënt.

Maklik te sê, moeilik te wees.

Al probeer jy nie te veel te weet nie.

-oOo-

**27 Februarie 2024:**

Baie van julle het hierdie pad saam met my gestap – tot dusver altans.

Die pad was vir my as ou-arts halferig bekend. Ek was daar met ander se lywe wat die pienkstrik ingehad het. Die slag was dit in my.

Dit was waarom ek van die begin af die pyn van herkenning aan myself, my gevoelens en ook die weg soos hy voor my ontvou het, neergeskryf het. Ongelukkig moes ek lesers kry wat saamlees en ek het geëindig met mense wat saam beleef het. Daarvoor is ek julle ewig dankbaar – dit het die onbekende meer verdraagsaam gemaak.

Nou het ek weer die plato van die meer bekende bereik: hopelik is dit vorentoe 'n gelykpad. Miskien nie. Om tot hier te kon kom het my egter sterker gemaak. Die angel van om te besef jy het kanker is om hierdie rede nie meer so skerp nie.

Hopelik sal my pad met die ding, en die saambeweeg daarmee, vir ander help. Ek dink ek was gelukkig om dit vroeg te kon herken as afwykend – dit was na 'n maand van ontkenning egter. Geluk was met my, en genade van bo is die gewer van die geluk.

Dit mag wel wees dat die ding weer gaan kop uitsteek, my bewapening is egter beter as 'n paar maande gelede. Die vergrootglas van geneeskunde skyn op my. Ek was daar met my hart, en omdat dit daar was, was die donderslae van terugkeer van nooit wegwees geneeskundige, afgeweer gewees.

So glo ek dat dit ook sal gaan met die ding. Vir die volgende twee jaar is my lewe met tussenposes alreeds uiteengesit. Dis in die tussentye waar ek gaan lewe. Meer kan ek nie vra nie.

Weer dankie vir die daarwees. Dit help en het gehelp.

Ek skuld baie aan baie.

*Weer wil ek halt roep om net so bietjie te filosofeer rondom die onsekerhede van nie weet wat wag nie. Ons maak beloftes en belowe hemel op aarde as dit wat jy wil net gebeur. Hier het ek die einde van 'n lang onseker pad gevolg, gevul met heelwat vorme van behandelings wat inbreuk maak nie net op privaatheid nie, maar ook op jou menswees en die uitkyke op die lewe vorentoe, en agtertoe.*

Dit is dus vanpas om hier in te sit wat deur my gegaan het in die onseker dae van Covid en vaksiene – die jaareinde van 2021.

-oOo-

**Geloftedag op die Belofte van ander – wat was en wat nou is:**

Dis so moeilik om hier, vanuit Nederland, oor hierdie dag te skryf. Daar is soveel onthoue en herinnerings wat mens het hieroor.

Ons het destyds in Alexanderbaai, daar ver op die Noordwes grens teen die Oranjerivier se mond in die woestyn ook die dag gevier, met Pa dit wat altyd gereël het.

Meer oor hierdie byeenkomste vanuit my kinder oë destyds.

Teen ons sitkamermuur het 'n prent gehang van 'n skildery van die Bloedrivier gebeure. Mense wat vasgekeer sit aan die eenkant en alle kante toe moet skiet na krygers wat deels op strepe platgeskiet lê, en deels nog nader storm. Om daagliks daarin vas te moes kyk het beelde ingebrand van geweld en doodslag.

Elke jaar is daar gekamp teen die Oranjerivier se walle op Pachvlei, en jaarliks het ons 'n "feesprogram" met toesprake en kerkdiens gehou en ook jaarliks het mens, soos jy groter word, bewus geraak van die gelofte – dis selfs soos Dingaansdag Geloftedag geword het.

En soos Engels ingesluip het in die naamgee eers en later in die gelofte selfs.

Almal het soos Voortrekkers, of dan soos ons gedink het Voortrekkers moet lyk, aangetrek. En toe die kampery meer vryery geword het vir ons jongklomp vol hormoongepakte oorblyfsels – meer belanggestel in die nasate van die boerevolk en miskien die metodes van voortplanting van die boerevolk se nasate, as in die beloftes wat gemaak is.

Net die dra van Volkspele rokke deur die nasate het bietjie lastig geword in die donker, tot die gebruik van soos voortrekkers aantrek ook verdwyn het in ligte somersrokkies en jeans.

So het mens oor die jare gegroei saam met die Geloftedae wat een na die ander verbygekom het. Tot jy later deur die voortvarendheid van die jeug eers net skuldig gevoel het as jy nie aan die "feesvieringe" ala Alexanderbaai kon deelneem nie, en later die dag verander is in naam en voorkoms en belangrikheid deur die voortdurende winde van SA veranderinge, en dit net nog 'n dag in die jaareinde gebeure geword het.

Die winde van veranderinge het my blaartjie terug na die wortelland gewaai en hier in Zeeland op die kant van die Westerschelde kom neergooi. Skielik kon ek weer Afrikaanse klanke hoor en weergee sonder dat jy vertel word jy het iets iewers gesteel na 'n onregverdige geveg iewers op die walle van 'n rivier in Natal.

Die nuwe vryheid het weer begin om mens na jou wortels hier en tuis in Namakwaland laat kyk, en die winde van veranderinge het ook mens se daaglikse gedagtes en siening van sake van die dag en die verlede in nuwe perspektiewe en klarigheid bring.

Geloftedag 2021 was anders. Dit neig weer om mens te laat onthou van opofferings wat in die verlede gemaak is om die land van geboorte so te kry dat ek daar gebore kon word – al is dit aan die anderkant van die land waar die groot baklei was. Dit bring ook in fokus ander tipes opofferings wat nie kleur of volks gebonde is nie, en dit bring ook in fokus die hier en nou. Ek is weg, ek sal seker nooit weer die plek kry soos ek dit verlaat het nie. Ek het 'n nuwe begin begin en die "vreemde" my nuwe woonplek gemaak. Ek praat die taal wat ek graag wil en kan en geniet: en ek word toegelaat om dit te doen.

Hier, en nie daar waar daar bloedgespat het sodat die rivier rooi is.

En natuurlik die hier en nou waar ons as individue ingetrek is in 'n wêreldwye pandemie, saam daarmee die onsekerhede van die toekoms waar jy ingegrendel was agter jou voordeur, geskei van familie en vriende. Waar jy ook sit en jou eie beloftes gemaak het.

Dit bring selfs soms die vraag onwillekeurig na vore. Beteken die uitvoer van die Here se kant van die gelofte dat mens in SA vir altyd die oorwinnaar sal wees van Wit bo Swart, of dan Beskawing oor Onbeskaafdheid? Of beteken dit dat Sy uitvoering is dat ek en my nasate hulle weer kon laat wegbeweeg waar mens in vrede kan bly en net dit wat jy gekry het geniet. En dit in die taal wat ons Afrikaans noem. Ek is seker dit beteken nie vir my dat ek "feesvier" soos van ouds nie.

In Europa sien ons byvoorbeeld dat daar op sekere datums "dodeherdenkings" is eerder as "Victory parades" soos op die eilandjie hier langs ons.

Ek wil herdenk, sonder dat ek onder 'n verpligting is, en eerder omdat ek wil.

Die skuldgevoel wat ek destyds gehad het oor die "verantwoordelikheid" wat aan my deur my geboorte oorgedra is deur die beloftes gemaak deur paar benoude boere in Zoeloeland, is vervang deur 'n dankbaarheid gevoel van wil dankie sê. Nie net vir myself nie, maar ook vir ander, ongeag of hy/sy toevallig aan my kant van die draad gebore is.

Dit moet vir ons almal geld, waar jy ook al woon.

Geloftedag 2021 is vir my meer 'n herdenkings en dankiesê dag.

*Die oggend van 27 Februarie 2023 het ek my weer bevind vol beloftes, maar die slag eerder om net die krag en genade te kan ontvang om dit wat gevind sal word te kan aanvaar en saam met die sekerheid van wat wag die toekoms aan te kan vat.*

# Deel 9

## Die Nuwe Normaal kan terugkom

**27 Februarie 2024:**

**Die TUBR 2 in die Operasie kamer**

Uit die teater. Lyk of letsel voorlopig weg is – uiteraard nog tekens van BCG effek, maar as biopsies negatief is, sal ek net 3 maandeliks spoele kry.

**In kort: Waarskynlik is die pienkstrik betyds gevang.**

<u>Dagboekinskrywings</u>

**4 Maart 2024:**

Groot Drama hier in die landje apart gewees vanmôre. Die sonskyn, geen wind wat waai nie. Botter kan nie smelt in die Zeeuwse vlaktes nie. Salige dag.
    Dus: D op fiets en met die vryheid van geen wind en lekker sonskyn raak sy op 'n agwatstrontwat manier aan die ry. Opdrag was sy moet net op haar gewone rondte bly – ek mag nog nie fietsry nie.
    Wat doen sy? Raak weg, skoonweg. Gelukkig het sy darem na my geluister en haar iPhone by haar gehou. Bel my na 'n uur om te sê sy sit nou tussen die kerke van Zaamslag (8 km uit koers uit). Ek probeer beduie, maar sy ry verkeerde kant toe – ou laai sy kan nie noord en suid in die kop kry hier in die Noordelike Halfronde.

Gelukkig het Apple se "findmyfriends" haar kon lokaliseer op 'n kaart en het ek haar loop soek.

Daai kop is so deurmekaar soos kots – sy aanvaar dat dit so mag wees en protesteer nie meer nie!

Nou is madam besig om takke en bolle en die vader alleen weet wat als in die tuin af te sny – op haar gelukkigste.

Die Kaap is weer Hollands in Terneuzen.

Môre word die kemper loop haal en Woensdag koers ons vir paar dae af teen die Franse kus en volgende week sal die neus ooswaarts gedraai word.

G'n meer tuisblyery nie!

*Dit was toe, weens die storms teen die Franse kus, noordwaarts tot naby Hamburg waar ons op verskeie Marina staanplekke met die nuwe kemper op sy "nooiensvaart" gegaan het. Net wat die dokter georder het. Net D se tydsbegrip is nou heeltemal weg en die 10 dae was volgens haar maande!*

-oOo-

**20 Maart 2024:**

**Noordwes Duitsland toer: Eerste wegbreek met die nuwe kemper: Noordwaarts vir 10 dae**

Tans is dit nog nie toer nie, meer wegkom of pogings tot wegkom. Hoofdoel vir nou is om die kemper, die nuwe kemper, reg te kry. Spieël was gebreek en die moet vervang word en paar ander klein dingetjies word nagegaan.

Dus is ek en D vroegmôre al by die verkoop plek in Oud Gastel, naby Roosendaal. Sprinkaantjies uitgelaai, orders gegee en is ons daar weg vir McDonalds brekfis, as man twee hardgebakte eiers op 'n skons so kan noem. Rondtetjie van 20 kilometer gery deur plekke met name soos Het Holle, Stampersgat (laat dink aan my eerste jaar se doop met "hardegat word sag" stampery in die modder met 'n kussingsloop oorie kop). D: "Smaak my dit het nie gehelp nie." Kruisland en Oud Gastelveer. Baie lekker deur die Polders gery, moet ek sê.

Om eenuur was kemper klaar en koers ons noord. Die reis het begin. Mikpunt was 'n boerdery kemping so 10 km buite Amersfoort. Ek en my vriend Hennerik het eenkeer op 'n skaapfokkery (teel is fok in Nederlands) geslaap, gelukkig moes ons twee nie help met die gefokkery destyds nie! Ons ry deur die chaos wat in Nederlands 'n file genoem word – enigeen wat by Dorderecht, Utrecht en sommer net op die A27 al gery het sal weet waarvan ek praat. Beland later op die afdraai volgens die GPS beduier na Maasbergen, en Woudsberg (weet nie waar hulle die berg gesien het nie, dis net plat) en toe beland ons op polderpaaie. Iewers was iets verkeerd, want die orige afstand word ook net meer, en die plaaspaadjies net nouer en die trekkers en lorries van voor net meer. Op een plek trek ek bietjie uit die pad en kry as dankbaarheidsgeskenk 'n klomp krappe op die nuwe, heilige fokkin duur kemper se sy!

Kry net voor moedeloosheid en D se "moesie gekom het nie" uiteindelik die plek genaamd De Pol camperplaats langs die koeistal met klaende koeie in wat blykbaar heeljaar op stal staan met voor en agter die rye koeie 'n gangetjie. Eenkant word voer gegooi met vreet vark vrek houding, agterkant word die koeimis uitgewerp en bymekaargemaak. Seker om met die volgende boere betoging iewers voor 'n politikus se deur gegooi te word. Tussenin word dinge aan die koei se spene gesit wat so om die beurt aan die 4 tiete suig. Laat my dink aan my pa wat altyd gesê het ons moet mooi kyk na hom, die ou melkkoei, want as hy nie daar is nie, wie sal dan vir inkomste sorg.

Dit was my dag gewees op die 20 Maart 2024. Soveel anders as op 20 Maart 1999 toe ek my vyf koronêre vatomleidings gekry het! Dis nou 25 jaar later en ek het die vermetelheid om te kla oor paar krappies op my kemper se wand!

-oOo-

**21 Maart 2024:**

**Noordwes Duitsland toer**

Na die pure plaas ervaring van koeie wat met geswolle tiete staan en huil oor afwesigheid van bulle in hul lewens, het ons gesukkel om uit die dorpie te kom. Mens sou sweer Belge het die dorpie uitgelê – jy ry jou vas in padwerke, te groot lorries op te nou paadjies, of stegies, en dit als met 'n nuwe camper wat vars krapmerke het!

Die GPS beduie, D sit en beduie tussen oppasse en ek probeer self my pad uit vind. Klomp omdraaie en beland in sommige se "driveways" wat dink hulle kry kuiermense, het veroorsaak dat ons kon uit uit die besigheid.

So na 200 km – wat nodig was om D kalm te kry – het ek begin plek soek. Met regent en nogmaals regent onderweg, is hoofvereiste dat dit nie modder/gras staanplekke moet hê nie. Mikpunt was Meppen in

Duitsland net oor die grens (Nederland het 'n Meppen net ons kant van die grens!). Daar gekom om eenuur, Duitser sit en niksen tot 3 uur en ons sien net modder staanplekke, al was dit mooi op die rivier se rand en die dorp ook interessant, het ek 'n plek gesien so 'n halfuur verder weg. Emsland camping. Harde staanplekke met elk sy eie privaat badkamergeriewe.

Ons sal hier twee aande staan en Saterdag verder noord koers. Nou moet ek iets soek om die gemoed te lig. Gisteraand kyk ons na 'n ou met 'n Afrikaanse naam wat met sy antie orals rondry en YouTube filmpies maak. Driekwart van die tyd sit en selfie hy. Praat so stadig en klink so Noord Transvalerig gelees uit die klanke wat hy maak. Ek spot al lankal met D oor haar vorige boyfriend uit Pietersburg, sê ek dis ook maar goed sy is nie met hom getroud nie anders sou ons kinners, wat mos hulle kinners sou wees, almal stadig praat.

Intussen sit ons in die kemper weggekruip vir die reën met ou moesie wat vertel ons moes liewers suid gery het.

-oOo-

**27 Maart 2024:**

**Noordwes Duitsland toer:**

Vandag in helder sonskyn, windloos gery na Bremerhaven, al met smal paadjies deur veelvuldige dorpies en paaie met weerskante boomlanings en wat die Nederlanders noem, sachte berms (dis die randte van die teerpad wat direk oorgaan in modder. Met 'n sloot langsaan).

Dus, met ou moesie wat redelik gemoedelik is omdat ons neus so ietwat suid begin draai, wat sit en backseat drive op die frontseat se een boud in die lug sodat sy nie in die moddersloot beland nie. Moenie my vra hoe daai een werk nie. Ek kan ook nie alles weet nie.

Uur se ry gewees en dus aangenaam om so rustig koeskoes vir te groot lorries vir die smal paadjie te ry deur die mooi Duitse platteland en plattelandse dorpies. Kaufland deurgeloop en toe kom staanplek kry tussen ongeveer die hele Duitsland. Sal hier staan tot Sondag van Paasnaweek.

Weervoorspelling: Reën en reën vanaand en môreoggend (die strook reën strek van hier tot in Frankryk). Ons sal dus verder aan die reeks oor Marie Antoinette kyk. Begin ek mos toe oplees oor Louis XV en sy oupa Louis XIV en is die mense nou interessant om oor na te lees.

Ek wil nie afdwaal nie, maar die stuk geskiedenis oor die Franse sal ek nog eendag moet kom vertel vanuit my Namakwalandse oogpunt.

Bremerhaven, dis waar ons nou staan. Saterdag se weervoorspelling vertel van 20 grade en sonskyn – ons sal dan die twee sprinkane (lees voufietse) opsaal en loop foto's neem. Hier waar ons staan word net campers toegelaat en staan ons gesellig teen mekaar. Kan darem tafel en stoeltjies uitpak (hulle noem die camping gedrag).

Nou net kom hier so 'n kemper met Belge in en verskaf vermaak waar ek my biertjie sit en bekyk. Oumens seks het my een oom dit genoem as oumense aan die stry raak binne die grense van jare se getroud wees. Eers sit die antie binne by die oom terwyl hulle al in die rondte ry en plek soek tussen alle kempers. Stry-

stry oor waar – eintlik was daar maar net een plek skuins voor my oop.

Die kemper se loop staanmaak gebeur met die antie nog binne-in. Ek sê vir D hier kom fout, dis nie hoe mens dit doen nie. Antie moet uitklim. Wat ook gebeur na hulle tot staan kom, so skeef in die staanplek in, te na aan die ou wat al daar staan.

Ek wil loop help, D hou my terug weens haar skaamte vir my.

Antie klim uit, en beduie met die handjies wat elk van daai geel wigte in het waarmee jy die kemper level. Blykbaar gestuur na hulle gesien het die kemper staan nie gelyk nie. Nou sien sy wat ek heeltyd sit en sê: Die kemper staan skeef in die gat en staan heeltemal te na aan die ou langsaan. Sy beduie van buite, omie is maar soos ek – eiewys. Later is die oumens seks sommer in die openbaar soos hulle twee sukkel om mekaar te verstaan.

Ek skaam my en klim in my kemper – selfs ek wil nie meer betrokke raak nie. Toe ek later deur my kemper se gordyne loer, staan die kemper op sy manier en is hulle weer gesellig.

Dit raak nou koel en ons twee gaan sit maar in ons kemper. Hier gaan ons vier dae bly en moet ons vrede handhaaf.

-oOo-

**28 Maart 2024:**

**Noordwes Duitsland toer**

Kom ek gisteroggend voor die enigste twee toilette vir manne hier te staan met benoude boude ... en loop vas teen die kennisgewing geplak op beide deure "Defect".
 Die antie wat die plek moet oppas het 'n lang tou pruttelende benoude boude oumanne wat toustaan om te vra en nou? In Duits vertel sy van kapot en ander woorde wat ek nie begryp nie. Toe my beurt kom probeer ek met my beperkte Engelse woorde en sy met haar nog meer beperkte vocabulary. Op my "what now" kan sy my beduie na die vroue toilette met 'n "be careful!"
 Weetie of dit bedoelend was oor die hoeveelheid wat losgelaat moet word sodat nie ook hul toilet geblok raak nie, of dit 'n beperking op die geluid oorlas wat tesaam gaan, of is dit maar net die sidestep as daar 'n vrou voor my is.

Lees nou die dag van die omie wat met die dominee die laastes was wat die antie se varsgraf na die gaan inlê van haar, oorgebly het na almal karre toe geloop het. Daar is skielik 'n donderstorm met blitse in die verte. Die omie draai toe na die dominee en sê: "Sy het in die hemel aangekom."

Dit als net om te vertel hier waar ek teen die Noordsee sit in my kemper het op die dag 9 niks gebeur nie. Grootste opwinding was toe die dreinmanne die mannetoilet weer aan die werk gekry het.
 Heeldag gereën en ons het darem so 'n draai gestap teen die dyk. Vandag hopelik meer ruimte vir Sprinkaantjies opsaal.

-oOo-

## 31 Maart 2024:

### Noordwes Duitsland toer: Lutten, Nederland:

### Bembom Paardefokkery:

Ons is op pad huis toe. Op Sondag van Paasnaweek, om verskeie redes. Een is om die verkeer te mis en op Sondae is die vragmotors ook nie op pad nie. Slaap vanaand oor in Slagharen, en meer spesifiek op 'n plaas waar die boer 'n Arabiese perd fokkery (teel) het.

Baie netjiese omgewing en ook fantastiese sanitêre geriewe.

Ek wil egter 'n aspek van die toer met julle deel - ek soek nie simpatie nie, en nog minder raad. Dit gaan oor die lewe as jou huweliksmaat net al hoe meer wegraak. Dis nie net die verlies van onlangse geheue nie, nog minder die omgang met herhalend dieselfde antwoord te moet gee nie. Dis meer hoe sy kompenseer en probeer rasionaliseer wat aangaan.

Dis moeilik as jy skielik agterkom maar jy moes mos geweet het en nou weet jy nie meer nie. Met die rondtrekkery is klein dingetjies soms groot dinge – hoe die kraan werk by die stort, waar die goed gebêre word. Dan praat mens nie eens oor die gedurige soek na jou dinge en dan vergeet waarna jy gesoek het.

Wat ook gebeur is dat sy begin om iets te doen, iets anders sien wat aandag benodig en skoon vergeet waarmee sy aanvanklik besig was. Ek praat nie eens oor taakverdelings met die toerdery nie. Ek moet aan alles dink en alles doen, plus nog tjek of sy na haarself omgesien het! Ek kla nie – ek doen dit met plesier.

Gesprekvoering is aanpassing met ek wat die gang van die gesprek moet onderhou. Dieselfde opinie word herhaaldelik gegee asof dit die eerste keer is. Ons gaan ook nou in 'n fase in dat ek soms moet help verklee. En onthou van was, pille en so aan.

D kan nie begryp dat ons net 10 dae gereis het, sy dink dis weke wat ons op pad is. Mens kan nie redeneer nie, want as jy dink jy het oortuig kom die beginpunt van die redenasie weer in.

Daar is helder oomblikke ook. Daar is waardering, dink ek, maar daar is tye van kwaadwees en ek is maar die pispaaltjie. Ekself het in die proses baie oor myself geleer – en my geduld raak beter. Die gedrag is al hoe meer soos die van 'n kind en die hantering moet daarby aanpas.

Dankie vir die luister. Verder was die nuwe kemper soos 'n droom en ry is 'n plesier. Hoop dit hou!

-oOo-

**3 April 2024:**

*Opbou na die volgende behandelings trajek: weer blaasspoelings.*

Met als terug na die "normale" sluit dit ook die ellendes wat op die agterste plaat geskuif was, om te kyk of die blaas ding net terug wil kom van nooit wegtegewees het nie!

Geen tot weinig klagtes, met gewig wat weer neuk om te veel te wil wees.

Volgende Woensdag begin die eerste van die 3 geskeduleerde blaasspoelings weer. Wekliks maal 3 dus, en nie 6 nie. Dan sal daar 6 weke gewag word en die antie met die pyp gaan koekeloer hoe lyk dit binne. Dus sal dit die spanningsvolle oomblik wees.

Die kop is skoon, die kop het tot 'n groot mate dinge verwerk en wil-wil positiwiteit weer kop uitsteek. Die blaas neuk nog met saans se geopstanery. Koffie en alkohol veroorsaak erge blaaskrampe en dis seker die beste medisyne om man van die goed af te kry. Ek begin myself al oortuig alkoholvrye bier is lekker!

D is ook beter noudat sy in haar huis is. Wasgoedwas en tuinkyk is glo lekker. Alhoewel sy netnou vir my vertel hoe lekker was die Duitsland kuier gewees. Toe ek daarop wys dat sy nou op die wal staan en grootbek wees, en toe sy in die water by wyse van spreuke was het dit gekla en gekla, moes sy maar net glimlag oor die waarheid.

Toe ons oudste kleindogter so 5 was het hulle gereeld hier kom kuier elke jaar – hullese ma verlos vir 'n week of twee jaarliks. Die Rene was ook van die wat net op haar stert bly sit het en nie plan gehad het vir loop nie. Ek het haar al met hulle Queen vergelyk wat ook net wou bly sit destyds op haar troon. Toe Rene die dag opstaan en loop, was dit loop sonder kruip tussen die groot sit en loop, met die gevolg dat D en die oumagrootjie Jeeah! geskree het. Dit het D die bynaam ouma Jeeah! gegee.

    Nou kom ek by my punt: Rene het op 5 gereeld vir D gesê: "Ouma Jeeah, stop saying it, you keep on saaaaaying it!" Ouma Jeeah keep nog steeds saying it. Veral noudat haar kop leeg word.

    Kemper moet aandag kry om terug na sy blyplek te gaan, maar buite bly dit nat. Iets wat ouma Jeeah! keep on saying!

-oOo-

**4 April 2023:**

Dis geweldig om op 74 te besef jy groei nog steeds. Nou die midrif deel groei nie, maar die mensdeel in die kop groei. Met dit wat ander sal wil sien as al die ellendes rondom ons, begin die groei stimulus daarvan se besef inkom.

Na 51 jaar se saamwees neig mens om so elk sy eie koers in te slaan, maar die afgelope tyd het dit gestop en omgedraai.

Dit besef ons gisteraand. Met D se kop wat soms wil leegloop, kom daar helder oomblikke en waardeer mens dit, so ook met die pienkstrik geknoop om my blaas.

Daar was nou 'n "rusperiode" van 6 weke en in die tyd kon mens jou losmaak van die aanvanklike skrik, heroriënteer en so bietjie anders kyk om jou as selfs 'n jaar gelede.

Volgende week begin 'n nuwe fase, hopelik 'n doodslaanfase, maar sy naam bly kanker, en daarom vertrou mens niks! Tog voel mens beter beman vir dit wat voor is, juis omdat minder onsekerheid daar is.

D se dinge raak ook makliker, want aanvaarding maak deel uit en reageer beide van ons gemakliker oor dit en teenoor mekaar.

Daar is tydsbesef verlies by haar, daar is optredes wat met dit van 'n kind vergelyk kan word en als besaai met net onsekerheid oor als. Die herkenning van die 3 dinge maak my reaksies tot dit makliker en selfs gemakliker.

Ons verstaan selfs optredes van haar pa en ma nou beter toe haar ma in die beginfases was van demensie.

Dis goed dat ons dit kon bespreek met mekaar op hierdie stadium.

Verder sit mens tans vasgevang deur die slegte weer wat net nie wil ophou nie. Miskien ook maar goed vir dit wat voorlê.

-oOo-

**10 April 2024:**

Hier is hy nou: Ek bied my lyf, nee, my (tevore) kosbare onderlyf, weer aan vir verdere be(of is dit mis?)handeling. Dus ... Kom ek fokus liewers op die wagkamer voor die kamertjie van die handelinge.

Die kringetjie van ou poepolverdriete, of seker in die geval blaasverdriete, wat sit en wag op hul lot. Dis die klompie blaaslotgenote wat sit en wag op hul beurt op hul lot wat niet te genoten zijn. Meeste is opper as op, meeste is manne. Hier en daar het die antie saamgekom – nie ter ondersteuning nie, maar self bekommerd oor die ou man. Dalk net om seker te maak hy hol nie weg nie – nie dat daar veel hol in die oumanne sit nie. Rolatortjies is eenkant geparkeer.

Daar word nie veel gepraat nie – ook maar goed so, want wie wil nou weet wat in 'n ander se blaas aangaan. Die gepraat is saggies fluistering van anties wat probeer kalmte bring in die ou wat in die moeilikheid is.

Een-een verdwyn hulle na die kamertjies in die gang waar die dinge gebeur. Hier en daar kom een verlig uit of soms bedroef, afhangend van wat die nuus is. Die wat gespoel word kom met knyp bene uit, duidelik in nood.

Om die lyding nog verder te neem moet elk eers ten aanskoue van die wagtendes, eers by die sekretaresse aanmeld vir opvolg beplanning – die het vrede met die rondtrippelende ouman wat pas gespoel was. Die telefoon het voorkeur. Ek is seker in die ontvangsdame opleiding in Nederland word hulle geleer om nie oogkontak te maak nie.

Dus: my lewe van plek verskuif agter die lessenaar van die stompkant van die mes na sy skerpkant.

-oOo-

**12 April 2024:**

Die eerste week van 3: met nog – as dit goed gaan – 3 maandeliks die 3 weke ding vir 2 jaar.

Dit, vriende, is die blik op my onmiddellike toekoms.

Gister het ek deur die roetine suffer gegaan. Die middag na die spoel 3 keer lafenis in die bad gesoek, die hele nag elke halfuur gehol oor 3 brandende druppels na die net betyds halende toilet.

Ek kla nie, sê maar net. Ten minste lewe man nog om dit als te belewe. Ek sê vir D, toe sy met 'n "die dingetjie krimp" oor die bad se rand loer, dat man nie kan glo wat vir plesier in jou jongdae gesorg het, nou jou so laat suffer nie.

Toemaar, vandag voel ek beter. Kan byna weer skuim piepie.

Skryflus weer daar.

-oOo-

## 27 April 2024:

### "Waar gaan we naar toe?"

Planne: hier kom 'n ding. Dit begin met die pienkstrik geneuk wat eind verlede jaar my reisplanne opgeneuk het. Nou ja, shit happens.
En shit het gehappen, en nou is dit voorlopig klaar, hoop ek. Vir 3 maande ten minste.

As troos in die ellende is die nuwe camper gekoop, en getoets en kort iets. Nie dat dit kort nie, dis eerder wat die Nederlanders hebberigheid noem wat in vervulling moet gaan.
Ek wil 'n ACC aan dit hê (die Volvo het een en dis ideaal vir langpad ry). Adaptive Cruise Control of aanpasbare spoedkontrole. Hy ry dan vanself agter die ou voor jou met die ou se spoed. Met soeke van kan dit, vind van wel en toe kan dit betaal word? Kan wel maar dan moet ek agter dit aanry. Noord van Hamburg is 'n plek, maar suid van Birmingham ook, 3 keer goedkoper en 3 keer nader. Dus ...
En my grootbokkie word 20 in Mei. As hulle 21 word is dit nie meer oupa en ouma soort verjaar nie. Ouma raak hoeka al hoe meer nie onthouerig. Dus ...
Wat ek wil sê: Daar is genoeg rede om die kemper na Engeland te wil neem.
Oor 'n week ry ons oor die water na Engelse land.
Sal weer met Polarsteps elke stappie vertel.

D: "Waar gaan we na toe?" Ek: Engeland.
D: "Waar gaan ons na toe?" Ek: Engeland.
D: ...
Ek dink dit, sallie sê nie.

-oOo-

## 1 Mei 2024:

### Engeland

Die kemper staan voor die deur.

Onbepland was ons totdat paar stukkies in plek geval het. Die tydgleuf was vir ons daar gesit. Afspraak eers op 19 Junie, met niks tussenin. Goor weer ietwat minder goor vanaf volgende week. Plek wat die kemper se nuwe gatjeuk gatyet (kannie eens dit spel nie, die onnodige lekker ding wat man uit hebberigheid wil laat aansit) kan, of moontlik kan doen, sit doer duskant die middelkant van Engelseland. Grootbokkie verjaar, en so kan ek gesoekte redes vir heling van gatjeuk opnoem!

Dus: Ons gaan Engeland toe vir 'n tydjie. Ferrie is bespreek vir Vrydag vanaf Duinkerke. Het plek gekry in 'n kemping net onder Ashford, willie te vêr ry op eerste skof nie. Hoor toe dis bênkholiday weekend, bly dus maar daar tot Maandag voor ons om Londen ry om Noord te kom. Ding is, die Engelse is nie padmakers nie – hulle maak maar pad waar die pêrewaens aanvanklik gery het, en daaityd het alle paaie Londen toegeloop.

Eers as jy noord van Londen is, dan sê die borde net "the North" of "the South" afhangend of jy weg van Londen of na dit toe ry. Aan die linkerkant asof dit die regtekant is - By ons is die regterkant die regtekant en sit jy in aan die linkerkant van jou ryding.

Hoekom hulle so om is sal net hulle, of miskient fok wat alles weet, weet.

Het stopplek gekry by 'n pub op Maandagaand op pad na 'n plek met die naam Redditch waar die gadgetman is wat die kemper oor 'n week sal bekyk vir die gatjeukhelende gadget se moontlike insit. Dan daarna verder na the North waar grootbokkie verjaar annerkant Manchester.

Gister met buurman en sy broer gestaan en kyk na die takkrapmerke op die kemper van nou die dag se ry op polderpaadjies. Buurman se broer loop haal 'n blikkie waarop "Kommandant" staan met sulke geelgoed in, smeer dit op die krapplekke en siedaar! Krapmerke is weg! Volgens hulle was die smeergoed in gebruik nog voor die EU uitgewerk het milieuvriendelik beteken jy leef maar saam met dit waarvoor daar goed is, maar dis milieuonvriendelik. Deesdae kry ons net milieuvriendelike goed vir al wat peste en plae is, en die smile so dat hulle niks uitrig nie. D sê die onkruid groei net vinniger as jy die vriendelike onkruiddoders spuit. Ek sallie weetie – ek maak nie tuin nie.

Dus, toer is vooruit beplan vir 'n week, daarna is dit weer AWSW waarheen. Wat doen mens in Ashford vir 3 dae? Goeie vraag – sal jou vertel as ek daar is.

Intussen moet ek als doen, my handlanger vergeet waarom ek haar in die huis instuur om iets te loop haal, as sy daar kom.

Red nou 'n nasie met so een wat moet "help". Sal darem nie vergeet om haar saam te vat nie.

-oOo-

**Lentereis 2024:**

Ek reis gewoonlik, noudat ek in die niksenfase van my lewe is, in die lente. In die begin was dit lente, nou is dit net nat orals.

Die jaar is ek gedwing deur dinge buite, en binne in my, om nie te mag kies wanneer die tydsgaping in my niksenlewe is om te loop reis nie. Die waarheen, nes die wanneer, is ook buite my keuse menu gesit.

"Daar sal 'n tyd kom wanneer jy deur onbekende mense na plekke geneem word waar jy nie wil wees nie" of so iets het Prediker gesê.

Als om te sê ek is tans in my kemper in Engeland op 'n kemping met 'n snaakse naam omring deur klomp Ingelse met wisselende vorms van lywe – meestal meer op as ek. Miskien wys die Here my ek is nog okey.

En dit reën, net soos mens van 'n glorious English spring sal verwag.

Vandag moet ek om Londen loop ry na een of ander plek on Thames. Iemand daar het drome van berge en sneeu, want die kemping is naam gegee, Swissfarm.

Ons het Donderdag begin ry vir die ferrie wat Vrydag eers om 14:00 uur sou ry oor die kanaal wat na die Engelse genoem is, natuurlik deur hulle. Nes die lere die strokie water tussen hulle en Engeland/Skotland en Wallis, the Irish Sea genoem het. Hoekom so? Sallie weetie.

Oorgeslaap in België in die Kompas kemping – moerse plek met sardientjie ingerygde kempers. Vroeg op en kon vroeër oppie ferrie en was vroeg al by die plek waar ons nou is naby Ashford. Bênkholiday sê die antie by die resepsie, bly dus hier tot Maandag, want orals is vol. Kry plek in die adult only deel: eintlik gevul met oumense met wisselende lywe wat sit en niksen. Ek het die een ou hierlangs my gevra: "Wôt do one here to keeps you buzy?" Resting sê hy. Dus niksen om hier te mee niksen. Ek het ietwat illusies gehad van mense sonder klere toe ek die adult only bordjie sien, maar behalwe van die buurman wat se spleet uitsteek bo sy broek, is almal maar aan die rondskuifel in te groot sweetpakke en oorhang hemde oor hule tromme oor die bose.

Na 3 dae se sit op die kemping gaan ek vir ou "hier lê ek vandag in die bed" gatskop-gatskop uitkry en om Londen loop ry.
　　Brace yourself.

-oOo-

**9 Mei 2024:**

Trek nou al 'n week hier op in die Engelse land in met hoofsaaklik Engelse oumense en hier en daar 'n verdwaasde Hollander. Soms moet mens so bietjie terugstaan en observeer – kan ook menskyk genoem word.

Die eerste salige gewaarwording as ek so by die kemperdeur uitkyk, is dat daar meer opper mense as ek is – dis nie mense hoër as ek nie, dis wat meer op is as ek. Dis net jammer dat daar ook meer skoenpissers is – man moet versigtig trap as jy toilet toe gaan. Smaak my van die ou manne haal nie altyd betyds die krip voordat die ou tevore ywerige, nou slap en dood geworde dooi ou rewolwer, sy enigste oorblywende funksie nog kan uitspoeg.
　　Vroue se lek – ek weet, want dit was deel van my tevore werksomgewing – het met die versletenheid van kindergeboorte te doen, maar manne se lek kom van jare se aksie gevolg deur net niks meer nie.
　　In die Engelse land is daar blykbaar geen mens wat nie ook 'n hond by het nie – van klein stoffertjies en

poedels tot groot goed. Hier eindig die mens se bestaan blykbaar deur jou laaste jare deur te bring as hondeslaaf. Die bypratery met hulle gaan oor honde en nie goed soos Brexit, Boris Johnson en Soenak nie.

Dan die paaie hier! Ek en D het gister 244 km gery op paaie soos wat jy in Albanië sou verwag. Van tweebaanpaaie tot smal paaie met hedges so al onthouende van "the left side is the right side, and the right side is the wrong side". Met D wat sit en sitplek vasklou soos goed op haar afstorm, so al "pasop" herhalende. Afgewissel so nou en dan met "ons kom nie weer met die kemper na Engeland nie".

Gelukkig vergeet sy deesdae my "reggesê, Ons sal nie weer so kom nie".

Die campings is baie goed, maar duur hier.

Vandag gaan ons by die kinners gaan "kamp" vir 4 dae.

*Die afleiding van met kemper rondreis, saam in die beperkte ruimte, en die kuier by die kinners in Helmshore, Manchester was so nodig net om weer die normaal te kon voel en kry. Die ACC is nie gekry nie, maak ook nie saak nie. As toegif het ons so 'n klein rondtetjie Noord Frankryk ook gedoen.*

-oOo-

## Dagboekinskrywings

Junie 2024:

### Die arts en kanker

Hier teen die einde van my lewe is daar baie verwagte en nie verwagte verassings wat na jou toe kom. Die ou klagtes en siektes waarmee jy jare saamleef word deel van jou, die nuwes is soms byna verwag om te kom. D se tannie het altyd gesê dat as jy baie oor 'n ding praat, dan gebeur dit met jou.

In my bedryfslewe het ek baie te doen gehad met kanker. In die kennisgroei van myself en natuurlik die wetenskap rondom my het ons dit reggekry om die skrik en die vrees daarvoor weg te kon neem. Daar is sekere tipes van oormatige onbeheerste selgroei in sekere orgaan wat "oorwin" is. Inteendeel, sommige is nie meer nodig om voor bang te wees nie.

Feit bly egter dat hoe vroeër dit opgetel word, hoe beter is die uitkoms.

Feit is ook dat jy soms nie "veg" teen die kanker nie, maar veg teen die by-effekte en ellendes wat die wapens teen kanker veroorsaak. Veral as die ding vroeg in sy asimptomatiese stadium opgetel word.

Ek is tans in die 9de maand van my lewe met die etiket om my nek. Eerste tekens is dat dit vroeg genoeg opgetel is (ook omdat ek in kampe teen 'n muur gepiepie het en gesien het iets is fout!). En die verwydering asook die voorkomende behandelings blyk om effektief als te kon wegkry.

Die hele proses het my waardigheid aangetas (herhaaldelik broek uit, bene in die lug en oorgawe aan ander om "hul gang te gaan" met dit wat jy al was wat tevore jou gang daar gegaan het). En natuurlik die pyn en lyding van komplikasies van chirurgie (gat in blaas, 10 dae geel-handsakkie dra), spoel met BCG vaksiene (lewendige Tb kieme) wat weekliks was vir 6 weke en telkens jou hel toe gestuur het. Later na 3 maande darem net 3 weeklikse suffer.

Natuurlik was die ergste in die proses jou eie reaksie tot dit als. Eers onsekerheid oor die onbekende en jou eie vermoë om jouself in die verdrietigheid in te dink (D: "jy weet te veel"). Met alle moontlike hoeke van moontlike diagnoses wat die arts in jou losmaak totdat jy die sekerheid kry van wat bekend raak. Die rustigheid van waarmee jy te doen het as die helder lyne van die diagnose getrek word, gee jou iets om aan vas te haak, al is dit erger as wat jy dit sou wou hê. Nou kan mens deur die proses van aanvaarding werk.

Terugkykend oor die afgelope 8 maande kan mens baie sien om voor dankbaar te wees. Dit was nie aangenaam nie, maar jy kom beter uit na so 'n kastydings proses. Sal jy dit weer wil hê? Dink so, want mens kom ryker uit aan die anderkant.

Wat ek duidelik wil onderstreep is dat jy nie die pad alleen moet loop nie. Daar is ander wat graag jou wil dra, maar net die feit dat jy dit wat in jou en om jou deel maak dat jy baie van die psigiese laste ontlas kry.
    Die ding is nog nie klaar nie, en sal nooit klaar met my wees nie. Sy naam is kanker en hy is 'n bliksem.
    Tog is die spektrum van wat gedoen kan word in die geveg teen kanker soveel groter in 2024 as selfs net 10

jaar vroeër. Deels moet ons die Covid pandemie daarvoor bedank!

Immunoterapie het deure oopgemaak wat ons gedink het toe was. Kanker is nie meer 'n doodsvonnis nie – hy het sy angel verloor. Wat belangrik is, is om dit vroeg te kry en dit afhang van die tipe. Alle kankers is nie dieselfde nie.

Weer dankie aan julle wat saamgeloop het.

-oOo-

**25 Julie 2024:**

Vandag weer die eerste van net 3 weeklikse spoelings begin. Die effek nog net so drasties as wat dit met die eerstes was, die ellende van elke uur opstaan en blaas leegmaak met krampe en die dringendheid van hol vir net 1 of 2 druppeltjies, als daar.

Gelukkig net 3 keer en dan wag en sien.

-oOo-

**31 Julie 2024:**

Met die aanvanklike onsekerheid oor baie dinge agter die rug, beland mens met aanvaarding gemeng met die effekte van in 'n behandelings trajek en geassosieerde vrese en pyne. Dankbaarheid dat dit miskien nie so erg is nie word tog verduister deur die realiteite: sy naam is en bly kanker en hy het jou getref.

Dis nou al 10 maande deel van my toekoms. In die tyd is daar redelike indringing in my lewensgenietinge, veral op tyd. Die pyn en ongerief van die blaasspoelings raak mens gewoond, lekker is wat anders sal die Hollanders dit uitdruk. Môre is dit deel 2 van die huidige ding, en ek weet môre en oormôre is die morbiditeit hoog om darem te sak vanaf Sondag, net om volgende week dit weer te moet in, hopelik met 3 maande "rus".

Tog is daar tekens dat dit nie weg gaan nie. Afwykende selle in die urine toon dis nog iewers en iewers vorentoe sal nog meer as net spoeling ellendes wag.

Intussen is D op pad in eenrigtingverkeer. Sy aanvaar beter haar demensie, maar haar afhanklikheid van my is erger by die dag. Tog is sy gelukkig tans en daarvoor is mens dankbaar.

Dankie dat ek so 'n bietjie kon ontlaai. Dit help om die deken van wegkruip so bietjie te kon lig.

-oOo-

**8 Augustus 2024:**

D dag vir laaste spoel – dan hopelik rus en vrede vir 6 maande, mits blaas kykery oor 6 weke goed uitkom.
Egter eers vandag en môre suffer met hopelik vanaf Sondag geleidelike afplat.
Hoe het ons altyd gesê? "Hou poephol hou!"

*Soos dit met "habituate" gaan was die laaste sessie met die BCG, wat net 3 weeklikse suffer ingesluit het, nie vermeld as enige dagboek inskrywing nie. Dit maak nie dat dit makliker of minder erg was as die voriges, maar het maar dieselfde patroon gevolg.*

*Ook kan mens bysê dat die kanker gedagte en die hele opset daarmee, ook deel van die habituate proses was. Aanvaarding van jou lot is 'n groot woord, maar daar was aanvaarding en "leef saam met dit" het ingeskop. Die eindpaal of uiteinde van wat is, is nie duidelik gedefinieer nie, maar soos met die doodgaan gedagte op 75-jarige ouderdom, is dit ook maar deel van dit wat jy as jou toekoms moet beskou!*

# *Deel 10*

## *Die wêreld draai deur en normaal moet ook!*

**Toer Suidwaarts:**

**Familie besoek:** *D se broer kom uit SA na Kroasië en ons gaan daarnatoe.*

As deel van die poging tot parallelle normaliteit het ons 'n reis gedoen met die kemper wat deur Duitsland en Oostenryk af tot in Slowenië was waar ons D se enigste broer en sy vrou uit SA ontmoet het vir 'n paar dae kuier. Miskien sal dit nie die laaste keer wees wat sy by hom kan wees voordat sy heeltemal deur die demensie duiwel ingeneem word. Mens weet nooit.

My volgende afspraak was eers mid Oktober en kon ek dus hierdie tydsgreep van "vryheid" aangryp!

Ek gee net so grepies weer van die rit.

-oOo-

**28 Augustus 2024:**

Die eerste stap in Duitsland in is gegee. Voorspoedig is 320 km afgelê, met die gebruiklike padwerke (hier is dit georden oor stroke van so 15 km per keer). Lorries wat orals is (weer twee dinge – die regter rystrook is nie uitgetrap nie, want ek is seker dit word versterk om die gewig te dra, en die lorries word nie toegelaat om in die vinnige baan te ry nie). BMW's en Audi's is eers klein in die spieël, en dan op jou! En daar is min stopplekke met dienste. Die stopplekke wat daar is het net 'n WC en is vol geparkeerde lorries.

Ons was eers op die A8, wat fantasties was en toe op D10 wat swak was en later sommer net op 'n pad om later weer op die A8 te beland. Met regte Hollandse natte vingerwerk op 'n kamp beland so anderkant Stuttgart naby die A8 op pad Munich toe, Camping Aichelberg.

Rommelrige standplase onder en nie onder bome, gevra in beduie Engels aan die Duitse dame vir skaduplek en op een beland waar die son (30 grade) die hel uit ons gebrand het voor die skadu eers 4 uur opgedaag het.

Nes ons lekker kon sit kom twee Hollandse "landgenote" en parkeer reg voor ons dwars. Blykbaar op pad huis toe, as ek die oor en weer geskree reg begryp. Twee jongetjies van 4 en 3 wat hul energiekan leeggetap het met orals rondhol, eers met klere aan, later in hul blootjes.

Ons sal môre klere was en weer van 11 tot 4 sweet in die son. Sanitêr is naby en baie goed. Miskien waag om rond te ry op die fietse.

32 grade met baie son word voorspel.

Hoogtepunt op pad hiernatoe was Kaufland besoek – altyd 'n lekker koskyk ervaring.

-oOo-

**30 Augustus 2024:**

Weer 268 km en siedaar, op die Oostenrykse grens net diékant van die Alpe. Sal hier sit tot Maandag. Nog warm, maar bietjie beter.

Sal later vertel – nou eers kyk of Max nog Max is. Was toe nie: sal maar moet sien wat die res van die naweek opbring. 'n AB wen, 'n Max verloor? Weet ook nie als nie.

Laat ek liewers by die kempings bly.

In die plek waar ons onlangs gebly het – sal liewers nie name noem nie – was die een antie-baas van die plek gister kwaai met my omdat ek oor die hitte en sonkol op my kemper gekla het! Ons het langsaan twee lankstaan Duitsers gestaan. Baie vriendelik en vol buurmanskap moet ek sê.

Tog het my menskyk paar observasies gelewer.

Her Duitser het die gebruiklike pens oor sy bose gehad. Begin die dag met T- hemp en onder die pens alles aan wat bose toe moet hou. Loop heeldag met stink rookding in die hand van een sitplek na 'n ander in die tuintjie agter sy stakaravaan vol tuinkakkertjies. Soos die dag vorder val die bekleding stukke een vir een af totdat hy teen laatmiddag net sy onderbroek aan het ter beskerming van ons teen seer oge.

Frau buurvrou is weer maer met tatoeëermerke orals – so random op die arms, bene en wat ook al op die lyf is wat uitsteek. Smaak my daar is nie 'n tema in die graffiti op haar lyf nie – seker een-een aangebring (hier spekuleer ek nou) tydens bewusteloosfases van aandjes uit op stap. Egter baie vriendelik en gesels ons so beduierig oor die tuinkakkertjies heen – ek in Afrikaans, sy in Germaans.

Gisteroggend het ons met die twee fietse so bietjie rondgery – al soekende na fietspaaie en net plaaspaadjies tot geen paadjies gekry. Het eenkeer in 'n mielieland beland op 'n tweespoor grondpad. Aan ons is vertel van 'n naburige dorp wat nog outentiek Duits is. Nie gekry nie, net op verkeerde rigtings deur Google Maps geneem. Met die omdraaislag sien ek naby ons kamp dat daar 'n pragtige fietspad – geteer nogal – is na die dorp. Blykbaar was Google nog nie daar gewees nie! Beste medisyne vir ons egter, die verdwalery, wat jou gedagtes wegneem van jou eie beswaardheid!

Verder was die middag van gister opgemaak uit sweet, bier drink wat mens net vetter sal maak, en wag vir aankomelinge.

Vandag, soos gesê hierbo, het ons weer die autobahne aangepak op die A8, later die A99 naby Munich en weer die A8. Vol is 'n onderbeskrywing, te vol byna korrek. Lorries, karre, karavane en kempers. 3 bane met links Audi's en BMW's en VW klein karre wat skielik groot is in jou spieël. Tevore was Mercedese ook in die bondel, maar die is deesdae skaars. Langs my D wat elke nou en dan sê "ons het vergeet dis skoolvakansie". Lees die ons as jy. Tot ek haar stil kon kry met stilstuipe induksie.

Het egter in die verkeer ritme ingekom, en moet herken die MAN onder die kemper het heerlik bestuur.

Net een byna mishap te rapporteer – verkeerde GPS het ons byna sonder vignet oor die Oostenrykse grens gevat – net betyds agtergekom. My dashcam is ook onwettig in Oostenryk.

Nou sit ons tussen die berge waar ek die naweek twee sporte moet bekyk met benoude gevoelens. Die Bokke en Max – beide was bo en kan net ondertoe.

-oOo-

**31 Augustus 2024:**

**Fietstog op die wal van die Inn**

Tot ruste kom het baie betekenisse. As jy alreeds tot ruste is, is dit natuurlik 'n ander demensie van rus waarin jy ingaan. Hierdie dag se tot totale ruskom is afgedwing deur die wete dat dit later warm gaan wees en dat sekere dinge eers gedoen moet word.

Mens het al vergeet hoe dit is as als toe is op 'n Sondag. Hoekom die Duitsers die gewoonte aangekweek het van als toe op 'n Sondag weet ek nie, maar mens weet op die dag moet jy nie probeer in enige winkel kom nie.

Dus: Die fietse sal opgesaal moet word op hierdie Maandag en ons sal moet loop winkel soek.

Ding is met rustig wees op die kampstoeltjie beteken mos ook sit en eet en drink.

Naaste winkel hier is so 9 km en met kemper geparkeer en geanker beteken dit of loop of fietsry. Laasgenoemde dus.

Daar is gelukkig fietsroetes hier wat op die dykwal langs die Innrivier loop - later gesien die rivier is ingekamp aan beide kante met dykwalle met 'n pad van gruis op die wal. D het maar met knypbille gery op die wal wat hoog is eenkant en water aan die anderkant.

Nogal lekker gewees met die soontoe ry, maar belaai met kos en drank (selfs 'n waatlemoen was deel van die voorraad) het ons die terugtog aangepak in bloedige hitte.

En verkeerd gery – die moet ook gebeur. Ding is parallel met die dykwal, so 500 meter binnekant toe, loop die groot dubbelpad en oor of onderdeur moet mens gaan om by die kamp te kom. Die GPS van Google beduie my verby die bruggie waar ons onderdeur gekom het met die heentog na wat beloftes van korter pad sou wees. Helaas nie, inteendeel, toe die ding sê nou draai jy weg van die damwal om onderdeur/bo oor die grootpad te kom, is daar net niks! Omdraai beteken om vir 'n natgeswete D wat agterna kom soos 'n getroue antie Bain (sal nou nou die storie van antie Bain vertel) is soos om 'n groot lorrie te draai op 'n smal bergpas. Het gedraai gekry en het tot die kamp gekom vir 'n lekker koue bier ter aanvulling van die nodige kalorieë – wie wil nou gewig verloor!

My broer vertel die storie (ek weet ek het dit al vertel, maar ander ken miskien nie die storie nie, en dis 'n lekker storie) van toe hy in Wellington gewoon het, kom kuier van sy Alexanderbaai vriende by hulle – met onder andere sy so 6-jarige seuntjie. Laasgenoemde was nog nooit uit Alexbaai waar daar net hier en daar bossies is met sandstrokies aan die noordekant. Boegoeberg is ook maar 'n heuweltjie in die kaal vlaktes as enigste uitstulping uit moeder aarde.

Koos vertel hy vat hulle toe deur Bainskloofpas. Die mannetjie sit en verwonder hom aan al die klippers rondom hulle. Hy vra toe later: "Oom Koos, wie het die pad tussen die klippers gebou?" Koos vertel toe van Tomas Bains. Die mannetjie sê toe "Jerre, antie Bain het seker swaar gedra aan al die klippers."

Van daai storie af het ons begin praat van 'n man se hulp as antie Bain.

-oOo-

**3 September 2024:**

**Aasvoëls**

Om oud te wees en te sukkel met die lyf, met die ou saam met jou se lyf, jou eie dinge innie kop, en die ou saam met jou se dinge, of afwesigheid van dinge, in die kop, is een ding.

    Maar die toesak van aasvoëls op jou, dis 'n ander ding.

    Die eerste aasvoël is diegene wat vir jou kom vertel hoe jy jou oudag bymekaarmaak geldjie konsuis moet meer maak. Let op, nie veilig maak nie. Jy het korttermyn tyd, maar nie langtermyn tyd nie. As daar groot winste beloof word is daar ook groot risiko's, en waar jy op jonger ouderdom kon sit en wag vir herstel, is daar op jou oudag nie hersteltyd nie!

    Vader Krismis is lankal dood, en ek glo hoeka nie in dit nie. Los my geld uit, ek sal werk met dit wat ek het en nie met dit wat kwansuis sommer net meer sal word.

Die ander aasvoëls is in die gesondheid sfeer. Hier ken ek, want ek was mos 40 jaar 'n arts – miskien nie 'n belangrike een nie, maar ken van dinge wat met die lyf te doen het.

As voorbeeld noem ek die swarthond voor my deur, demensie by my ou partner.

Kyk, hier draai die aasvoëls wyd rond. Beloftes van kure deurdat jy nou skielik vaal kosse moet eet, die lekkerte in eet mee ophou, want "as jy navorsing doen" (lees op die toilet sit en iPhonetjie google) sal jy videoclips kry van gesondheidskos guru's wat jou helder kop beloof as jy nou skielik op 70 net sit en goed eet wat vaal is, wat smaakloos is, wat bitter is sonder suiker. Koolhidrate is sonde! – en sommer al wat 'n ding is wat uitgedink word. Navorsing oor gesondheid behels baie meer as net iPhonetjie google op die toilet. Daar is 4 of 5 fases van ondersoek nodig, met die einddoel 'n ewekansige dubbelblinde studie met voldoende getalle, om goed of sleg te bewys. Die placebo effek is tot 30% effektief. Dus sal 30% van die een been in jou studie waar net niks as behandeling is "genesing" toon. Hier is waar die aasvoëls op teer met enkel klein syfer gevallestudies as "bewyse". Onthou as iemand sê "uit my ervaring en ondervinding" is dit die swakste vorm van bewyslewering van effektiwiteit.

Daar is vir sekere degeneratiewe siektes geen kuur nie, jy kan dit hoogstens miskien vertraag, maar selfs dit is moeilik te bepaal en toe te pas oor 'n breër spektrum.

Feit bly: Ons is oud, ons het nog enkele jare van lewensplesier en verwagtinge oor.

Jy spaar jou hele lewe vir die oudag – hy is nou hier. Dis nie nodig om ekstra geldjie na te laat nie. My kinners het hul "erfgeld" gekry – elk 5 jaar op universiteit. Hulle kan vir my of hul ma erf as ons geld op is!

En as jy jare nou wil bysit by jou lewe is dit hoeka die wat na 80 of 90 wag. Lekker is wat anders.

As ek na myself kyk: Ek is 75 die maand, het 25 jaar gelede hartvatomleidings gekry, het 8 jaar gelede stents begin kry. Eet nie buitensporige sondige dinge nie, ry fiets so 20 km per dag, geneties neig ek na die Meyer lyf wat boepens is en is so 10 kg bo die ideale gewig. Ek kan weke dieet (water en vars lug en alle lekker dinge nie eet nie) en miskien met pyn en lyding 5 kg afval, maar dit neem net een naweek se lekker eet – nie eens oordadig nie – en woeps, ek is weer terug by my rondelyf. Daar is 'n ideale gewig waarnatoe jy neig – weet dit en hou net matigheid voor oë.

Als dit om te sê, herken die aasvoël as hy om jou begin draai, en moet nie als vir soetkoek opeet nie.

En meer belangrik: Leef elke dag voluit en geniet die dae wat jy nog het.

-oOo-

**20 September 2024:**

**Portoroz, Slowenië**

Dis veronderstel om vrede en rus te wees hier waar ek op my kampstoeltjie sit 7 uur in die oggend. Die horde mossie opruimers is doenig om my voete. Die bure is 'n jong Hollandse paartjie met twee kleintjies, 3 en nog in die doeke jongetjie – stryd word gevoer met huil as kommunikasie metode. Die oorkantse bure se kampervantjie maak giegiegie geluide op sy vere – ordentlikheid weerhou my om verder hierop in te gaan, dis immers 7 uur en pisparmant en daai soort probleme by sommige van laer leeftyd as die ouman op sy kampstoeltjie.

Verder is daar hier en daar kempers wat opstart vir die uittog na ander oorde – hoekom sommige die ding opstart en nie tot ry kom nie, weet ek ook nie.

Manne met die kassetjie gevul met die antie se produksies van die vorige aand sukkel verby sonder groet, ook soos van hulle sonder kassetjie met benoude boude al pruttelend rondhol: almal op pad WC toe. Met terugkomslag is die kassetjie en bowels leeg en die oumanne vrolik verlig van die laste, en groet en gesels.

Elk in sy vreemde beduie taal, elk oor dieselfde onderwerpe: Waar kom jy vanaf, waar gaan jy heen, en so aan.

D is darem ook al op en was skottelgoed en vra dieselfde vrae oor en oor, en ander wat nie antwoorde het nie. Later vertel sy my die manne groet haar, en word kwaad toe ek sê sy lyk mos nie sleg op 'n afstand nie.

Selfs Trump het nie iets nuuts uitgegooi gisteraand nie, en vrede heers. Tydelik. Die Jode maak pager oorlog – glo meer effektief as die drone oorlog tussen Rus en Ukrainer. Sal maar uitbly by daai spul.

Gisteraand kom hier 'n man in met 'n 7 meter Hymer – van daai goed wat ons met minder geld begeer – en ry eers in die rondte en kom druk dit in voor 'n ander Duitser (Hymer is natuurlik ook van daai nasie). Agteruit gereverse tot sy Hymer met fietse op se gatkant byna teen die alreeds geparkeerde Duitser se kamperkop staan. Hymer se vrou staan en beduie en skree stop, stop! Eerste alreeds geparkeerde Duitser spring op waar hy sit en kyk, loop vee so oor sy kemper se bumper, raak aan die praat, maak sy vrou bymekaar en loop liewers weg. Hymer staan nou, neus nog in die pad so effe, gat vasgedruk op kannie meer nader plek nie. Hymer baas slaan stoeltjies op, ewe onskuldig, en loop sit en see kyk.

Dis die kemping nuus vandag se môre. Ons gaan later Parin toe fietsry weens familiebande, om die sterk te hou.

-oOo-

**21 September 2024:**

**Nog steeds Portonoz, Slowenië**

Dit was Vrydagaand, later kleinure Saterdagmôre lawaaierig. Dis kamp teen die see met oorkant van die baaitjie een of ander plek waar, om goeie Nederlands te gebruik, elke naweek 'n "happening" is. Begin 4 uur die middag, eindig 2 uur die volgende oggend. Weet nie wat happen by 'n happening nie, maar as dit diskoagtige musiek insluit wat doef-doef-kadoef klink, dan is dit 'n happening wat gehappen het.

Nou moet ek eerlik wees. Die man by die reception het gewaarsku dis buite hul beheer, die "musiek".

Die inleiding tot my suffer was demensie wat kwaad gaan slaap het. Ek het gevra, maar sy kon nie onthou waarom nie. Dus. Dit help hoeka nie man stry nie, want jy sal nie oortuig nie.

Toe lê ek later met kussing oor my kop en dink. Tot 2 uur in die oggend.

Oor Max wat raaskry deur die man van FIA wat rok dra as hy by sy mense is wat al wat 'n mensereg verkrag – veral van vroue – omdat Max durf waag het om te sê sy kar is fucked up. Miskien moes Max maar by ons die woord kom leer het wat sommige flippen noem net om jou fokken te laat sê in jou kop. Maar fok beteken teel in Nederlands en dan teel Max se kar nog RB20 karre en dan is dit rerig 'n fokkop! En daar loop lê ek mos toe so tussen die doef-doef-kadoewe met kussing oor die kop verder en kwaad raak. 1 uur innie oggend.

So in kwaad in kom anner kwaadraak dinge wat ek versamel het so oor 74 jaar bymekaar. Die een na die ander. Van tussen klomp kinners in 'n huis te wees en meer wil hê as wat kon ... Laat ek nou maar my kwaadrake oor 74 jaar daar los. Julle kan tog niks daaraan doen nie.

Om myself rustig te kry dink ek toe aan die Namakwalander wat oppie radio moes kom stories, wat anner as grappe beskou, vertel. Maar hy word aangesê: niks vloek nie hoor! Hy sê nou wat moet hy sê as hy dink 'n vloekwoord kom in sy storie, waarop hy toegelaat word om die bleepwoorde te vervang met "doef", en as dit rerig 'n grootwoord is, "kadoef".

Hy sê toe "doef-doef-kadoef, fok!" (fok is mos nie 'n vloekwoord nie).

Toe lag ek so vir my eie onthou dinke dat ek nie kon slaap nie toe die doef-doef-kadoef oor die waters ophou.

Weet ook nie waarom ek so moet suffer nie.

-oOo-

**22 September 2024:**

**Die laaste dag**

Ek het nou al soveel eerstes en laastes beleef dat dit nou ook nie meer 'n nuutjie is nie. Gewoonlik weet jy wanneer dit die eerste is, maar nie altyd dat dit vir oulaas is nie.

Tog, vandag is dit oulaas dag van als hier rond. Môre moet ek die vraag begin beantwoord van hoe ver nog? My ou partner se tydsbegrip is nou nie meer so goed nie, sien.

Een afspraak vandag – ice-cream loop eet met skoonbroer en skoonsus, vir oulaas sonder dat daar 'n eerste keer was. Sal darem die laaste geselse gesels en goebaai sê, en by D weer die vrae kry of ons hulle vanmiddag weer gaan sien, of kom slaap hulle vanaand by ons? Shame, die ou het die kuier geniet en die 1400 km ry was die moeite werd. Die trek vanaf môre sal so 10 tot 14 dae duur. My Hollandse buurman met die klein kindertjies begin vanaand 6 uur ry en is môre by die huis. Die jongmense ry oornag, mos. Ons het destyds die langpad aangevat altyd 4 uur soggens en langs die pad brekfis uit die kosmandjie geniet – hardgekookte eiers, koue skaapnek, en so aan.

Wag, ek dwaal af. Gisteraand weer die kadoef-kadoef gehad tot 3 uur vanmôre, en tot my ewige verdriet die rugby gekyk van 11 tot een. Aagfoktog, die Manie, die Manie die kannie skop nie. Skeef wel, maar die skeef skop is ook daar met pale toe mik. Nou is die lere weer the best team in the world, oorlat Manie skeef skop. Sal man nou jou laaste dag by die see hier onner Slowenië laat bederf oor 'n Manie mannetjie wat nie kan skop nie?

En hier kom buurman oom en antietjie terug. Dis nou ook 'n storie. Hulle is van Slowenië en die twee het met 'n tuisgemaakte kemper bussievêntjie langs ons gestaan. Gisteraand met die gekadoewery hoor ek net die oom sê: "Nee fok ek gaan slaap by die huis!" Ek verstaan nie Sloweens nie, maar dis waarskynlik die vertaling in Afrikaans van "ne, hudiča tola, greva spat doma", en kom nou eers terug!

Die laaste dag begin, dus gaan ice cream eet. D: "Ek eet nie ice-cream nie." (dus hier ook wat te beplan) en dan kom kyk of Max kan. Laat ek voorspel: George vat paar uit op die eerste draai, hopelik bly Max staande – en dan oppak.

(Ns: As julle my Sloweens betwyfel gaan fact check my met google vertaling na die Engels toe.)

-oOo-

**26 September 2024:**

**Op die walle van die Neckar, Duitsland**

Vandag is niksen dag. Daar was reën voorspel gisteraand al, maar net so 'n paar druppels het geval – meer word aan en af voorspel. Ons wou na die oustad hier langsaan gaan, maar sal sien. Dis nou een ding van om in Europa te woon, jy hoef nie als te sien as jy op 'n plek kom nie – jy kan later terugkom.
Die dag moet hom eers ontvou.

D lê en sal nie gou roer nie. Ek sit en werk aan 'n versoek van iemand om iets oor my kemper vir hulle te vertel en die is 'n lang storie. Dus ...
Die kamp hier is op die rivierrand (Neckar). Ons het op dit gestaan naby Heidelberg way back – kan onthou dit was warm, fokken warm daai dag.
Gister met die kom hier by 'n toe hek wat eers halftwee oop sal gaan, was daar 'n Duitser voor my. Die slag kon hy Engels praat en nie soos daai een destyds in Letland wat ons uit die pad gestorm het om eerste te kon kies waar om te staan. D het dit onthou, maar haar tydsoriëntasie was bietjie uit en wou sommer met hom swaarde kruis. Kon haar darem oortuig dis nie dieselfde Duitser nie en ons is in Duitsland, nie Letland nie! Ai tog, ek gaan nog harde bene kou met die vrou! Met 'n swartbier is sy egter maklik om om te praat.
Beland toe op die rivierrand na ek vir D kon oortuig die rivier is 4 meter laer af en sal nie oorstroom nie. Ek sal keer dat sy nie wal afrol nie.
Staan heerlik en kan lekker sit en rivierkyk so in die niksen van die niks in die koptyd.

Hoop om later foto's te kan neem van die oudorp.

-oOo-

**Weer, of nog 26 September 2024:**

**Karlsruhe, Duitsland.**

Daar is twee maniere om dit te verduidelik: een kort en die ander een langer. Laat ek die kort verhaal saamvat in een woord: aagfoktog!

Die langer een sluit so bietjie uit die huwelik uit praat, weer net in een letter saamgevat: D!

Word vanmôre knorrig wakker, so rondom 9 uur. Koffie help nie, liefie liefie help nie, raas help nie – inteendeel, raak net terugpraterig. Pogings tot stilstuipe induseer help niks. Die feit dat dit reën en nogmaals reën help ook nie. Al wys ek uit dis niksen dag die en dan is reën mos nou nie juis 'n probleem nie. Later, so net voor die hek gesluit word van die kemping vir die Duitse siëstatyd tussen halfeen en halftwee, gooi ek handdoek in, maak haar bymekaar en koers ons so met natgoed in die kemper en al.

So langs pad begin die gees langs my ligter word en na 50 km kom dit uit: Daai teen die rivier stanery is die probleem. Sê nou net die rivier kom af. (Help nie ek sê ons is ongeveer 4 meter bo die riviervlak – dit lok net 'n ja maar uit.)

In kort: Dis 'n ander vrou wat 120 km verder by hierdie kemping in Karlsruhe uitgeklim het. Geselligheid se moses. Als rondom ons word uitgewys en verkoop aan my. Al klaar weer vergeet van die rivier se stanery.

Rus en vrede is terug in die huis. Ons sal hier bly tot miskien na Saterdag se rugby. Hier is goeie Wi-Fi wat natuurlik my geelwortel is!

-oOo-

**28 September 2024:**

Tweede rusdag, die reën word beloof om om 9 uur te stop. Dus nog 'n bietjie rus, nog 'n bietjie slaap. Gistermiddag se plesier was omte sit en kyk na aankomelinge en hul dinge.

Om een of ander rede is karavane die algemeenste hier, en wat kan lekkerder wees as om te sit en kyk na ander se maneuvers met karavaan staanmaak en voortent opslaan?

Die pryswenner gister was twee met aangestapte jare wat met 'n moerse karavaan hier aankom. Die karavaan self lyk tweedehands, maar die voortent is duidelik nuut. Die inkom is maar die basiese – antie loop rond, soek staanplek uit. Omie en karavaan kom, en na redelike heen en weer lopery en handgebare word besluit hoe dit gaan staan. Redelike gesukkel om die ding tot staan te kry, ondanks die gebruik van movers. Die wat movers ken sal weet dit werk met 'n remote en dié is in die domein van die man. Opkyk afkyk word dit bewerk met rondhol om die karavaan deur die antie om te verseker die oom (wat telkens die verkeerde knop druk) nie in 'n boom vasneuk nie. Antie het 'n hip en duidelik beweeg sy swaar.

Toe kom die nuwe tent. Dis van daai oppomp soort. Inryg van die koord op die karavaan is natuurlik soos by ons almal maar verkeerd met die eerste poging. Dit neem 'n aardige gesprek voor dit uitgetrek en heringeryg word, die slag na tevredenheid van seerhip antie. Die omie werk die pomp – uiteraard. Tent staan en die ankertoue word losgeknoop om dit te anker. Rumatiekvingers, eers antie, toe omie sukkel om dit los te kry. En toe die ontdekking: die eerste inryg was tog reg, dus als weer uittrek en voor begin. Antie sit nou al in die kar met 'n duidelik op afstand beoordeelde "neuk maar op" houding, rigting omie.

D keer my toe ek wil loop help. "Jy sê altyd die verkeerde goed en daar is al klaar onrus by die mense." Onthou ook net die verkeerde dinge.

Vanmôre is daar stilte daar by die karavaantent. Hoop nie daar is lyke nie – dit het al in Nederland gebeur dat twee bejaardes mekaar gegryp het met so 'n voortent opsittery.

Hopelik sal ek en D vandag in vrede gaan fietsry en paar foto's neem.

As die reën stop, uiteraard.

-oOo-

## 29 September 2024:

### Op pad na hopelik Venlo, Ndl

Gister my storie geskryf hier en toe val dit weg in die donker swart gat van FB- moertoe, weg.

Nou moet ek dit probeer uithaal uit 'n ou kop wat nie so lekker dinge meer op 'n ry sit nie.

Daar was 'n storie in oor 'n tantetjie wat my destyds in Somerset Wes kom sien het. Die kwaal van haar weet ek nie meer nie, die storie oor haar wel. Ding is, hulle kom sit voor my, kla alle kwale leeg, gaan om die skerm terwyl ek wag, trek uit, "maak gereed" en wag. Die een het al geselsend begin uittrek, al onthouend van wat sy nie gekla het oor nie – is van die soort wat jou moet sien as sy praat. Dus kom sy elke nou en dan om die hoek in verskeie stadia van ontkleding om haar onthou goed te kom vertel. Na die ondersoek word die tafereel in reverse vorme van kleding gedoen. Uiteindelik klaar hoor ek haar so by haarself praat: "Ek moet gou maak, die dokter is besig, laat ek kyk of ek als het. En die panty wat hier lê? Sal dit maar in die handsak stop."

Gister se ryery was op Sondag so al teen die besige deel van Duitsland op.

Sondag ry in Duitsland beteken geen lorries op pad nie, wel die ander goed wat nou nog vinniger in die syspieëltjie van klein karretjie na groot karretjie skiet, plus motorfietse uit op Sunday drives. Hier en daar sit die man se brêkfis agterop en klou. Hier en daar 'n lorrie soos vergete panties op pad.

Genadiglik eigen land gehaal.

Op Oujaarsaand 1948 was ek geskep en 9 maande later uitgewerp as 5 de boorling van ma en pa. Môre is dit 75 jaar gelede.

Lyf is op, Sell-by-date lankal verbygegaan. Al wat oor is hoop en hope liefde. Vir julle en almal.

Môre mense.

-oOo-

**9 Oktober 2024:**

**Niksen en anner dinge**

Dis 4 uur in die oggend hier, dit reën asof hier nog water in Nederland benodig word en die wind waai vir die vaal hel. En ek lê wakker en my kop is so helder en die dinke vloei aaneenlopend deur – net om my verder wakker te hou.

Die enigste raad is om op te staan, en agter die klawerbord van die komputer te kom sit en met Apple te gesels.

En julle lastig te val met my in die kop dinge, meestal sinlose dinge, want dis nou een ding met dink en onthou – die is anders as die dinke van dink in die dag. Die vroegoggend dinke is so waardeloos dat jy in die oggend as die son op is gewoonlik niks meer daarvan kan onthou nie. Tog lyk dit 3 uur soggens soos berge en pêrels.

Kom ons kyk wat hier in my helder kop aangaan so vroegoggend.

Die eerste een was reünies. Op my leeftyd is daar baie terugkyk oomblikke en dinge waar jy 'n paar ander bymekaar kan maak en sê: "Kom ons kom 'n slag bymekaar."

Dit kan die sub A klas van 1956 wees, of die matriekklas van 1967, of die eerste klompie girlfriends wat ek soos modder aan die wiele van 'n kar opgetel het in my vryersklong dae. Sal nogal 'n aardige bymekaarkom die een wees!

Dit kan die groepie wees wat saam eerste jaar was, of die oorblyfsels wat die finale jaar gehaal het. Of net die spulletjie wat deel was van my laaste werksjaar.

Hoe langer tyd verbygegaan het, hoe minder het die groepie met mekaar te doen. Dis een van die redes waarom ek gewoonlik maar wegbly van reünies: moeilik om nie aanstoot te gee nie as jy nadergelok word.

'n Ander rede is dat ek die mense onthou soos wat hulle was toe – en nie altyd die goeie dele van saamwees nie. Met die voorbarigheid van ouer wees sal ek waarskynlik daai dae se irritasies kwytraak en dan is daar net moeilikheid.

Hier in Nederland word 'n groepie van jongmense wat so saambondel op winkelstoepe, of by busstoppe, "hangjongens" genoem. Een van die probleme van vandag is dat daar so groepies van ouer afgetrede, gewoonlik oumanne, neig om soggens op plekke saam te bondel. Waarskynlik het die antie hom 'n geldjie in die hand gestop en uitgejaag – hulle word "hangopas" genoem. Die probleem is dat terwyl die hangjongens met mekaar doenig is – klap/slaan mekaar, of steek mekaar se poepe aan die brand – is die oumanne meer voorbarig en maak opmerkings oor als en almal wat verbykom.

Ek hou nie van sulke dinge van bymekaar kom met onthou jy nog dit of dat, of daai ou, ens. Gewoonlik eindig dit in foto wysery van kleinkinners.

Die ander ding wat inspring in my vroeg wakker wees helder kop is die dinge van die dag. Politiekery wat jy nie verstaan nie, of optredes van jouself of ander van die vorige dag. Als dinge wat dan herkou word en verskriklik groot begin lyk.

Ek kan een so 'n episode onthou van vroeër toe ek nog mense probeer genees het. Die vrou het 'n ding in haar onderdeel van haar binnebuik gehad wat opereer moes word. Die is gedoen en met die oopbuik was dit duidelik 'n kanker wat orals verspreid was, so erg dat net biopsies gedoen kon word en weer toegemaak is. Die nuus is aan haar gegee die aand voor huistoegaan. Toe begin my kop werk 3 uur die volgende oggend, so erg dat ek 7 uur haar gaan soek in die saal. Net om te hoor sy het die vorige aand haar prokureur en enigste kind laat kom, dinge reggemaak en toe letterlik omgedraai gesig na die muur toe en doodgegaan.

Noudat ek so bietjie van die dinge wat binne was laat uitloop het en die ander vergeet het kan ek maar weer gaan lê, en hopelik verder slaap!
Môre is Saterdag 4 en tradisioneel niksdoen dag.

-oOo-

**16 Oktober 2024:**

**Herkontrole tyd**

Waargaanwenaartoe? Mense, ek weet nie – daar sal vanmôre om 09:00 die volgende opdrag gegee word: Broek uit! Kom leggen hier met oopgespreiden benen, etc.
　In kort: Binne my onderste voor binnegoed word 'n ding ingedruk wat soos doringdraad voel, gekyk en oordele sal gevel word.
　Wat weet ons nie.
　Dus, waar we naar toe zullen gaan worden pas later bekend gemaakt.
　Dus …

-oOo-

**Daai deng:**

Vandag weer daai toets gehad waar jy sonder broek tussen vroue moet rondloop. Ek raak bekommerd, want ek gaan nou so gereeld deur daai deng dat ek nie meer skaam is so tussen die vroumense rondom my nie. Loop maak skoon grappies.

Ding is in Nederland, soos elders in Europa geld die reël, ons lyk almal dieselfde onder die belt, dis bo die belt waar ons verskil van mekaar in voorkomste. Dus is daar nie soos in SA jassies wat jy aantrek, of lappies wat oor die bose gegooi word as jy sonder broek is nie. Nee, jy trek in 'n kamertjie uit, loop voor almal so in jou blootje en gaan sit en later lê asof dit die natuurlikste ding is.

"One down, do not know how many to come" sou ek maar die besigheid opsom.

*Dit lyk baie beter as 'n jaar gelede en kan mens aanvaar die pyn en lyding van die afgelope jaar het dividende opgelewer.*

Opvolg beplanning sal bepaal word van die sitologie van die uriene. Nie dat dit eintlik betroubare inligting rigting weergee nie.

Die son sal ten minste môre weer opkom.

Met die "terugkeer na normaal" is die hele kanker besigheid op hou gesit. Die volgende kontroles, wat natuurlik 'n blaaskyk prosedure insluit, sal einde Januarie 2025 gedoen word met die volgende beplanning van waar gaan we naar toe wat sal volg.

In kort: Tydelike rus en vrede en kan ons Kersfees vier op 'n "normale" manier. Plan is om na Ronette in Engeland te gaan.

-oOo-

## 18 Oktober 2024:

### Massa verminderings

Vandag, of dan van vandag af, is ek innie moeilikheid. Vrees nou al heeljaar vir die dag. D het op die skaal geklim.

My dogter het eenkeer in 'n helder oomblik gesê: "Pa is 'n feeder." D vergeet baie dinge, maar sulke dinge onthou sy.

Die gevolgtrekking: Ek probeer haar vetvoer. Ek probeer dinge soos "maar dan is daar meer van jou, of in die somer en kan ek lekker in jou skadu lê en in die winter warm". Geen troos word daar uitgehaal nie. As sy op die skaal klim en met depressie gesigsuitdrukking aankondig: "Ek is vet" en "ons (Let wel "ons") – gaan nou op 'n dieet." Help nie ek verduidelik ek is al lankal vet en voel goed in my vel, of beloftes maak dat ek nader aan mekaar sal staan, dan lyk ek nie meer so vet nie – als g'n niks. Ek gaan honger ly van vandag of omdat sy op die skaal geklim het. Die moeilikheid is dat die skaal se battery vervang was en toe weeg die ding sommer kilogramme swaarder.

Ek klim nooit op die ding nie – kan so by so nie oor my pens doer ver onder lees nie, en as ek buk weeg hy anders. Om haar te vra om te lees, is net moeilikheid soek, want dan kry ek nooit weer kos nie. Dus: ons gaan minder eet, of dan skelm eet, ons gaan gaan stap en ons gaan ons lewe baie ongelukkiger maak.

Net omdat sy oppie skaal geklim het.

-oOo-

## Tussendoortjes

**Pogings tot normaliteit: Liefde**

Daar ver terug in die jare sestig van die vorige eeu het ek met 'n handvol hormone paar dinge gedoen. Ek is nou al in my 76ste jaar en kan dit bekostig om eerlik en nostalgies gelyk te wees, hier so in die vroeg oggend in die donkerte van die Europese winter wat eintlik vanjaar soos 'n Kaapse winter voel.

Baie van die dinge is dinge wat net, so terugkykend, gebeur het. Ander smaak my was slinks beplan, sonder dat daar gedink is. As jy weet wat ek bedoel.

Een van die dinge was om vrou te soek. Ons almal doen seker dit een of ander tyd – met ander gebeur dit net. Gevang is een van die terme wat dan gebruik word. Die vrousoekery behels baie opeenvolgende dinge en dit eindig (hopelik) met dit wat ek vandag het – liefde.

Moenie vir my kom vertel daai mannetjie wat destyds so als probeer "regkry" het, die woorde "ek is lief vir jou" bedoel het nie. Dit was maar net 'n roetekaart iewers heen na dinge waaroor saans en soggens iewers innie die broek is.

Dit hoort egter by die vrousoekery – amper soos in try om te probeer.

Kop stamp kopstamp vir ons arme manne – as jy weet wat ek bedoel.

Saam met daai vrousoekery was natuurlik ook rigtingsoekery oor wat jy nou eendag sal wil doen "as jy groot is". Om een of andere duistere rede het ek redelik gedoen op skool met die leerdery, en het ek in die vakkie van "jy moet universiteit toe" geval.

Was te lui om te werk, hoeka, en te bang om by die polisie aan te sluit, hoeka.

Maar om wat te loop doen op universiteit? Om vrou te loop soek, ja, dit was een van die hoofprioriteite, veral toe die "skoolgirl" haar belangstelling verloor het in die geword probeer regkryery met "ek is lief vir jou" woorde waar sy begin deursien het wat die bedoeling was.

As jy weet wat ek bedoel.

Maar dit los nie die omtewatte op daar op universiteit nie. Die universiteit waar al die dinge moet gebeur, was maklik – het net een geken en dit was Stellenbosch s'n.

Was moeilike jare daai so laat in die sestiger jare. Kan beskryf word as alleenwees, verlore wees tussen al die slim mense, ryk mense en groenerigheid, dinge wat op skool maklik was, was dit nie meer nie.

Hoe ek by medies swot uitgekom het bly 'n raaisel. Die ses jaar wat voor was, was in onbeplande duisternis gekleed met suip, bietjie swot, suip en tussen dit als het man skoon opgehou vrousoek.

Keerpunt was vier jaar in die ding in toe ek al op Tygerberg beland het, die slim mense in beheer besluit het ek is so 'n lekker kuiergat dat ek langer in my derde jaar moet bly en ons "ou manne" die nuwelinge met 'n "braai", wat baie soos "suip" klink, verwelkom het.

My oor die vuur springery het so 'n eerstejaar fisio rooikoppie uit die Transvaal se Johannesburg uit (die het in daai dae vir my soos "Sodom en Gomorra" geklink) so beïndruk dat sy my later jare se "ek is lief vir jou" geglo het.

So erg dat sy my uit die suipvakkie kon kry, in die gaan swotvakkie in en was ek nie weer daarna dieselfde gewees nie.

As jy weet wat ek als bedoel.

-oOo-

**22 Oktober 2024:**

Pas terug van 'n 30 km fietstog met tussenin brekfis van Uitsmijters. Son skyn helder.

Alle verslae toon ook die blaaskanker ding is (voorlopig) weg, indien nie onder beheer. Het deur hel gegaan asook waardigheid totaal verloor! Voel al glad tuis om sonder broek tussen die nurse te wees.

In kort: Dit gaan verbasend goed – genade bestaan nog en julle vriendskap en gebede word nog verhoor. Dankie daarvoor.

-oOo-

**6 November 2024:**

**Suffer**

Ons het maar almal ons tye van suffer. As jy dink jy suffer, dan sien jy egter ander wat meer as jy suffer – nie dan jy dan minder suffer nie, maar dit troos bietjie.

Laat my dink aan die kindjie wat sy kos nie als wil opeet nie en die aanmoediging wat hy kry is dat hy moet dink aan die honger kindertjies in Afrika. Asof sy vol pens pense in Afrika sal vul!

Dit sal nie help om te vertel van al my se gesuffers nie – daar is baie, maar daar is net soveel lekkertes.

My salf vir suffer is humor – dit help so bietjie. Verlede jaar kom kry ek mos toe inhaal sonde van my rokery meer as 40 jaar gelede: blaaskanker. Die ding self was niks, die behandeling (of is dit mishandeling?) is als. Jou waardigheid (onthou ek was eens op 'n tyd witjas daar in die ziekenhuis) verlies is net in die begin. Broek uit, nursie wat jy opgelei het destyds vat die skaamte daaronder en ryg 'n pyp in – my swaer noem dit doringdraad inryg – en spuit BCG (dis reg, die ding wat gegee word as inenting vir TB) in, so 50 cc. Jy moet dit binnehou vir 1 uur. Gelukkig mag die broek weer aan en jy stap knyphol daar uit, ry huis toe so al knypende voelende elke knikkie innie pad, en dan mag dit uit en begin die suffer.

Ek gee weer my dagboekinskrywing van toe:

*Eerste oggend van week 6!*

*Oor 'n week kan ek voorlopig "so, ja" sê. Julle wil my vertel Afrika is nie vir sissies nie, ek het al gesê emigreer is nie vir sissies nie. Nou lat ek vir julle vertel hierdie ding van vir elke 6 weke in jou blaas die gif laat spuit, dis nie vir sissies nie.*

*Sowat van suffer het ek nog nooit deurgemaak nie, week na week. Aanvanklik is die verlies van waardigheid (jy loop lê op jou rug, 'n nurse kom, beveel jou om jou broek te laat sak, was die toter en druk 'n pyp in tot in jou diepste diep. Als terwyl jy plafon kyk en wens jy was elders.)*

*Later is die "prosedure" niks. Man laat later broeksak sonder om beveel te word, en is nie meer skaam nie. Want jy weet dit wat later by die huis kom is die drif op pad hel toe. Dit hou aan vir 6 uur en dan bly hol elke eers halfuur, later deurie nag uurliks om te keer jy pie jou nie nat nie.*

*Vir 6 weke lank weet jy wat wag en jy doen maar. Gedienstig, geduldig, gedwee.*

*Al motivering om dit deur te maak is dat dit mos die pienkstrik gaan losknoop. Weet jy wat demoerin se grense gaan toets: as dit als niks gedoen het nie, sê die duiwel.*

*Wyk Satan.*

Dis hoe suffer klink met sy salf.

Dis nou 'n jaar later, die suffer het blykbaar gehelp en moet ek eers weer Januarie gaan broek uit, plafonkyk en hoop dis nie soos Trump, terug van nooit weggewees nie.

# *Deel 11*

## Afsluiting, voorlopig.

**Die ou dokter:**

Seker kan ek hier in my 73ste – of is dit die 74ste? – jaar die voorreg gun om die titel te wil aanneem. Ook al 8 jaar uit die job uit. Mag my in eigen land nie meer arts noem nie, dr titel al lankal daar kwyt.

    Ding is, jy het geweet jy kon, weet daar is nog brokkies van kan oor, maar leef eintlik maar op illusies van dat jy kon. Die illusies maak dat jy dinge gekon het wat ook maar twyfelagtig byna waarhede is.

    Hier en daar word jy nog onthou en op straat herken – ek is skrikkerig oor die aspek, want die onthou is nie altyd goeie onthou nie. Met die pandemie was ek vir 'n maand deel van die prikbragade – hier en daar een verbygekom wat my herken het met "u het my gehelp met uitsak dinge" waarop ek maar net kon vra of die knope nog hou en dinge nog binne bly? Ook maar bang gewees vir die antwoorde. En natuurlik moes die nurse in charge van ons prikkers juis die een wees wat ongelukkig was oor die bevalling van haar wat ek meer as 15 jaar gelede mee iets te doen gehad het – en my al die slegte joppe gegee het op net 'n manier wat 'n ongelukkige nurse kan doen. Ek dink die 15-jarige produk van haar lende is ook nie so aardig meer nie.

    Daar waar jy was word jy gou eenkant toe gedruk deur die jonges wat inkom en niks oor ervaring wil weet nie en net teer op die boekekennis – oë wat dakwaarts kyk as jy iets wil uithaal uit "ek het dit so en so sien beter uitkom". Gelukkig kon ek baie toe, wat hulle nie kan nie en net betyds opgehou. Tog kom iets weer na vore. Twee van my kontakte van vroeër uit Engeland kom spesiaal na Terneuzen oor 'n maand net om my te kom sien. Iewers het mens tog getref, al het die spul in my vorige werkplek al my spore doodgevee.

In my jongdae het ek as deel van my weermag in Mdantsane, 'n swartwoonbuurt van Oos Londen gewerk. Daar was 'n ou dokter Mc Connekie wat in sy vroeër jare baie goeie werk gedoen het in Frere, die hospitaal in Oos Londen. Toe hy oor 70 gegaan het, het hulle hom uitgewerk daar – ons het hom toe onder ons vleuels geneem – 7 jong army dokters en een konsultant. Ek kan onthou hoe ons beurte gemaak het om na sy stories te luister. Ek het toe al besef wat gebeur as jy ouer word in die beroep, en gehoop daar sal op my beurt ook jongeres wees wat met my moeite doen. Het nie gebeur nie.

Ding is, dit wag op almal wat gelukkig is om hul beroep af te sluit.

Die ou dokter sit nou aan die skerpkant van die mes, en die onthou van hoe dit was aan die stompkant help so klein bietjie.

Soos die ou liggaam taan begin jy maar terugtrek, weg van die oudokterskap en word maar net een van die oumense – in gedrag en in gedagtes.

My kleinseun het my nou die dag nie wou glo ek was ooit in 'n witjas soos sy pa. "Opa is dan 'n opa" word gesê asof die opa werk 'n voltydse getitelde werk is.

Miskien is dit.

-oOo-

**Herinnerings van tevore:**

Ek sal haar nooit vergeet nie. Sy was nie eens 24 uur in my lewe nie en haar rol in my lewe hou nou nog. Ek het haar al in die verbygaan genoem, maar wil tog meer uitbrei.

Mevrou, of sal ek sê mrs Robertson, was Engels. Nou was dit so dat ek en Jack in Somerset Wes saam gewerk het – hy het hoofsaaklik die Engelse gekry en ek het maar my oes vanuit die Strand en Macassar se boeretaal mense gehad. Nie 'n skerp skeidslyn nie, maar tog so bietjie. Later was daar so 'n mannetjie vanuit Pretoria ook wat so tussenin sy oeste gewaag het.

Maar mrs Robertson beland om een of ander manier by my. Ons het elk ook sy groepie GP's gehad wat verwys het na jou, ook nie uitsluitlik nie. Soos Ralph September gesê het, lojaliteit moet jy nie by mense soek nie. Sy woorde: "If you want loyalty, buy a dog!"

Mrs Robertson het duidelik kanker gehad – ongediagnoseerd, en dit was daai Woensdagmiddag net ek en sy toe ek die dinge raaksien, en raak voel. In ons omgewing kon sy dadelik hospitaal toe en die volgende dag was sy op die teaterlys: laparotomie. Daar was dit duidelik ovariale kanker en onopereerbaar. Ek gaan sien haar toe die middag na sy wakker was en verduidelik dat ek eintlik niks kon doen nie, en het net biopsies geneem. Soos ervaring was, was dit chemoterapie en later miskien weer gaan kyk, maar vooruitsigte lyk sleg.

Die ding krap toe in my siel daai middag en aand. So van 3 uur af begin die duiwel my oortuig ek was slap – ek kan mos iets doen en ek is die oggend 7 uur in die hospitaal, oortuig dat ek haar terug gaan neem teater toe en weer oopmaak en kyk.

Toe ek die saal instap is haar bed leeg. Oorlede die nag. Die suster vertel dat sy die middag eers stil was en toe haar seun en prokureur laat kom het, en letterlik haar gesig na die muur gedraai het, en gesterf het.

Sowat van sterk persoonlikheid het ek nog nooit gesien nie, soveel waagmoed en aanvaarding ook nie.

Daarna kon ek enigiets aanpak waar ek oortuig was van.

-oOo-

**14 November 2024:**

**Ek is weg**

Die wegraak het vanself gekom met min vooraf beplanning. Die interessante is dat dit ingekom het op die stadium van my lewe waar ek al by my "sell-by-date" verby moes wees – op 52 jaar. Dit het net gebeur. Eers toe ek myself bevind in 'n omgewing van onbekendheid (ek dag dit sal makliker wees om net met een soort mens te doen te kry in die homogeniteit wat Nederland genoem word, weg van die heterogeniteit wat SA genoem word), het ek agtergekom watdefok het ek gedoen!

Daar word beweer SA, of dan Afrika, is nie vir sissies nie. Ek kan jou vertel, om in so 'n omgewing te loop in en te oorleef – dis nie vir sissies nie. Dit het letterlik 2 jaar geneem voor ek weer my kop bo water kon kry.

Die "ek is weg" was so geleidelik vervang met 'n SA wat uit my wegraak. Stuk vir stuk val daar velle af.

Die hoofskub was toe ek agterkom niemand gee enigsins om wat in SA aangaan nie. As daar geluide kom van moontlike simpatie met toestande "tuis" is dit vir eie gewin - lees Trumpisme hier. Dit is net dat mens so deur jou omgewing beïnvloed raak dat jy wegraak van jou eie ek wat deur die vorige omgewing beïnvloed was, of dan 'n produk daarvan was. Ek dink die beste les wat ek hier op die vlak geleer het, was om my vyand lief te hê, en om sy reg om van my te verskil te verdedig.

Saam daarmee het die nasionalistiese ek gesterf. Dit het geen plek om jou plek te probeer handhaaf omdat jy uit een groep kom nie. Die bestaansreg van ander maak dat jy jou bestaansreg net reg op het as jy vir hulle plek gee om langs jou te kom staan. Sonder om vir hulle bang te wees, net omdat hy anders is. Dit is wat jou sterk maak sonder bravade.

In SA is daar net oorlewingskans as die eenvoudige feit deur almal aanvaar kan word – of dit moontlik is, is natuurlik heeltemal 'n ander saak!

My wegraak het 'n inraak geraak op soveel gebiede – deure wat ek nie eens geweet het toe was nie, het oopgegaan. In my werk, in my vriendekring, in my vermoë tot kommunikasie met ander in drie tale, in my uitkyk op dit rondom my, is maar net enkele daarvan.

Vandag sou ek nie helder kon sien hoe my omgewing lyk nie, as ek nie weg loop raak het nie.

Die wegraak het op een gebied nie gebeur nie: Ek het meer Afrikaans geword as wat ek was. My Afrikaansheid was altyd daar gewees – dit het net gegroei.

Wat ook 'n veiligheidsproduk is van die wegrakery kom vanuit D se oogpunt. Sy is oortuig ek sou al lankal groot slae gekry het as ek vandag in SA moes wees – ek sal nie stilbly nie.

En ek bly stil tans omdat ek nie meer daar is nie.

Sien, ek het weggeraak.

-oOo-

**Sommernet Afrikaans:**

Ek is so moeg om in vreemde tale te moet kommunikeer. Hier waar ek nou woon is die taal wat hulle praat amper Afrikaans (die grapgatte het gewonder of dit is omdat die Hollanders van die dagga rook, so Afrikaans praat). Die storie oor die ou wat in Moskou stadig Afrikaans gepraat het, want dis wat hulle hom gesê het hoe jy Russies praat, is bekend.

Moeilikheid hier is dat ek die Hollanders kan verstaan en hulle nie vir my nie – die spul ken net een woord vir 'n ding en het nog nooit van sinonieme gehoor nie. Tot my ewige verdriet het ek moeite gehad in die begin, veral om die regte woord te kry wat hulle gebruik vir 'n ding. Soort van op die rytjie maar afgegaan tot hulle uiteindelik die lig sien opgaan. Die moeilikste was om oor die telefoon te beduie wat jy wil hê of weet.

Deesdae praat ek meer Afrikaans as selfs Holikaans – hulle is my uitspraak nou gewoond, totdat ek uit die dorp gaan en 'n vreemdeling Hollander kry, dan sukkel ons weer van vooraf.

Hulle sit die klem op die laaste lettergreep waar ons dit in die middel of in die begin doen. Kon onthou dat ek Augmentin (ons spreek hom Og-mentin uit) bestel het en die nurse kyk my aan soos wat my vrou my aankyk as ek fokkit gesê het. Paar keer probeer en toe maar neergeskryf en sy sê "O, ogmen-tien" met die klem op die tien. My magtig.

Was ook nie die eerste en laaste keer wat 'n klein snotkop my klein laat voel het nie – dis juis daai ding van geïntimideerd voel wat my gathare taai gehou het.

Om uit Namakwaland te kom, en uit die omgewing na eers Kaapstad en Stellenbosch te loop in tussen al die klomp grênd mense en nie geïntimideerd te voel nie, het oefening gevat. Later agtergekom jy moet net hardegat of onder die radar in loop om te oorleef.

Maar om hier te kom en te probeer nesskop was aanvanklik moeilik – die hardegat deel was al wat gewerk het. Hollander verstaan dit as jy terug hardekwas is. Anders loop hy bo-oor jou.

Ons sit nou al meer as 20 jaar hier en dis nou nie meer moeilik nie. Die buurvrou het nou die dag gebel om te hoor of ons okey is, want dis al 9 uur en geen ligte brand by ons nie! Ek sê toe vir D uiteindelik het ons deel van die meublement geword hier.

Soms wonder ek as ek in SA agtergebly het of ek ook nog sou baklei oor die Ingels wat inneuk in Afrikaans in. Die Englikaans wat destyds al begin het en nou blykbaar deel van die Fanakalo landskap geword het in SA, sou my sooibrand op sooibrand gegee het.

Ek sien dan dat die mense in Suidwes, of dan Namibië, ook deesdae Ingels met mekaar praat. In die dae toe ek daar in 1975 gewerk het was Engels totaal onbekend. Ons het soms tot 3 tolke so in die ry af nodig gehad om met die pasiënte te kommunikeer – nie een was Engels nie.

Tog geniet ek dit hier waar ek nou na outaal Afrikaans soms moet luister en ek praat hier waarskynlik meer sommernet Afrikaans as wat ek waarskynlik in SA sou praat.

Wat ek egter mis is akademiese Afrikaans in geneeskunde – sou so lekker wees as ek daar my taalvaardigheid kon gebruik.

Nou moet ek maar met julle praat.

-oOo-

## 21 November 2024:

### Deesdae

Van Morrison sing die liedjie "These days" en dit laat my dink oor my vandag se dag.

So op jou lewenspad klimmery gaan jy deur klomp fases, baie vol drome soms, en baie vol half of glad nie vervulde drome. Ook dink jy jy is belangrik in sekere van die fases, net om later agter te kom dit was nou ook nie so belangrik soos wat jy gedink het nie.

Vooruit kyk na sekere fases lyk die doele en die lat baie hoog. As jy so met geleerdheid gevul word en als word makliker, kom jy agter daar is net nog latte hoër op en is die vlak van nou ook nou nie so belangrik nie.

Om te sê jy gly of begin gly na onder as jy die dag van vandag se fase ingaan met niksen te doen, is miskien nie veilig gestel nie.

Kyk ek rondom my deesdae dan is daar maar min wat man voorsien het jy by sou uitkom. Die een bekommernis wat mens lewenslank saamgeneem het so met die klimmery in die lewe, is finansiële vooruitsigte. Ek het lankal al vrede gemaak met die droom van om baie geld te maak – het probeer en agtergekom dis nie die moeite werd nie. Het die afgelope 20 jaar in 'n eenvoudige twee onder een dak huisie in Nederland kom woon met een badkamer – darem twee toilette! – en enkel garage. Die twee karre, een 'n Mercedes, is weggegee en net een kar was genoeg. Darem twee fietse, wat nou ook al 4 geword het.

Die Annie uit Macassar wat elke dag kom huisskoonmaak het is ook al 20 jaar gelede gelos in Macassar. Self skoonmaak, insluitend leer om te sit en piepie (druppels op die vloer blykbaar die rede), en selfs deesdae die ekspert stofsuier geword. Self bedopmaak, help skottelgoed was is bietjie agtergelaat vandat ek die kosmaker geword het – D kannie meer eiers kook nie.

Dus as ek nou deesdae moet definieer bestaan dit uit hier rondom my skoonhou waar ek tevore net skoongemaak het as dit vuil en deurmekaar was. Uit die tuin bly ek – soms 'n gatgrawe waar 'n boom of bosding gekoop is sonder die meekry van sy gat in die grond. Ek kan soms wegloop en voor my iMac soos nou kom sit, maar dis is ook maar so onderbreek-onderbreek.

Al wat nog oor is van vroeër is die verstand en die helderheid wat toeneem. My ma het dit ook gehad, die kop raak helderder soos dit ouer word. Die plig saam met dit is om D te help onthou van dinge – 'n rol wat omgeruil is deesdae, want vroeër het sy die herinner werk gedoen. Smaak my die saamslapery het gelei dat haar verstand na my toe ge-diffuus het, of is dit 'n osmotiese proses. Dis nou daai deel wat die kleinkinners nie by haar gevat het nie.

    Hoe ook al sy: Ons dra maar mekaar so van tyd tot tyd.

    Ook maar genade om een te hê met wie jy mag ouer word. Wat voor wag wil man nie oor dink nie.

    Die deesdae is genoeg om man besig te hou.

My bestaan is dus beplan tussen dokters en tandartsafsprake – gelukkig weet ek genoeg om die te beperk as onnodige opvolgafsprake ingeplan word. Dit bepaal dan wanneer ek tuis sit en my verknies oor wat was en moes wees en kon wees, of ek die camper loop haal en koers afhangend waar die weer in Europa die beste is. Die skole is nou weer oop en die klomp kinners is orals tuis en die senioren seisoen begin weer.

Net jammer die kempings sit vol ander oumense wat soos ek sukkel om die tyd om te kry tot als stop.
Op=op. Uit=uit. Klaar is dan klaar.
Goeie môre sou ek sê.

-oOo-

**Die dood:**

Weet nie of dit gepas of ongepas is om oor die saak te skryf nadat mens die hele relaas oor kanker en die verloop uit eie ervaring daarmee deurgemaak het nie.

Feit bly: Sonder die dood is daar geen lewe en sonder lewe ook nie dood nie. Dis onlosmaaklik aan mekaar verbind. Godsdienstig probeer mens ook die lewe en ook die dood inrig vir jouself. Soms meer klem op die een, of soms meer klem op die ander.

Uit my geaardheid is dit so dat ek nie vir enige van die twee bang is nie. Die lyn in my loop van die een in die ander in, ervaar ek – of het ek ervaar. Die hemel alreeds hier op aarde met so klein stukkies hel tussenin.

Ons sit mos almal, of meeste van ons, met die dink voor jou, en veral die wat soos ek in my kampstoeltjie sit en menskyk terwyl ek dink.

Hier in die leeftyd wat man ingaan na 70 jaar is daar maar net een eindpunt: ouetehuis – hier Gastenhuis genoem – en die sit van 'n kruisie iewers op die kerk se muur en dan: weg is weg, gevolg deur vergeet is vergeet.

Ook deur die wat later vergeet sal word deur die wat nou onthou.

Ek begin my storie toe my Engelse kleindogter so 6 was en ek die 60 jaar ingegaan het in dieselfde jaar as haar 6de jaar. Sy maak toe die stelling/vraag: "Oupa, you are 60 and I am 6: when are you going to die?" Die "die" was met so 'n harde en verlengde beklemtoning uitgespreek: oupa gaan dus met oorgawe "die"!

Dis nou ook al 13 jaar gelede en oupa se die-ery bly (gelukkig vir oupa) weg.

So 5 jaar gelede ry ek met die ander kleindogter fiets hier in Nederland op die dyk: sy op haar klein fietsie en ek langs haar. Dit moet met die kort beentjies trap vir 'n vale en ek sê toe uit medelye: "Lisa, maakt geen zorgen: opa heeft een groter fiets thuis en als je groter zijn, kunnen je met deze rijden." Waarop opa weer grond toe gebring word: "Dan ben je al dood!"

Andrè P Brink vertel die storie van Kootjie Lemmer wat die nagwa gery het en Woensdae in die biduur altyd gebid het en gekla het oor sy swaar lewe. Die Here moet hom maar kom haal. As dit nie die nagwa ryery is nie, is dit sy vrou wat dood gegaan het en hy alleen is. Die lewe is nie lekker nie. Kom haal maar.

Tot die manne een aand 3 keer teen sy ruit klop – blykbaar die teken van iets wat kom – en sê: "Dis die engel Gabriël, woon Kootjie Lemmer hier?"

Na 'n ruk stilte kom dit met 'n bewe stemmetjie: "Nee, hy bly langsaan."

Dis beter as dit die buurman se tyd is as jou eie.

Ek moet so 'n stertjie-storie bysit by die dodeherdenkings verhale. Dit gaan oor wat gereeld sy Vrydag betaling in 'n bottel gegooi het en die in sy keel ingestort het. Dan met besoedelde lyf en brein by die huis aankom met leë sakke. Sy vrou was 'n kerkmens en het natuurlik redelik onder hierdie onbetaalde inwoner in haar huis gelei, maar kerkmense sorg maar vir sy medemens. Een Vrydag was sy redelik gatvol vir die lammens met sy vrolikheid en stel die feite aan hom so: "Wat gaan jy nou te sê hê as die Here jou in die toestand moet kom haal?"

Waarop hy opspring – nie meer so lam nie maar baie drankversterk. Hy gaan staan wydsbeen vooroor gebuk, rol sy twee vuiste oor mekaar en sê: "Dis nie sommer vir vat nie!"

Byna soos die een wie se vrou vir hom in sy beskonke toestand sê: "As die Here djou nou in djou dronk toestand vat en daai drankasem ruik ..." Waarop hy sê: "Nej, ek het dan mos my laaste asem al uitgeblaas."

Intussen is dit elke keer lekker om wakker te word met pyne in die lyf (net dooie mense voel geen pyn), die wonder van die lewe te ervaar met reëndruppels op die ruite en die mens langs jou te hoor snork.

-oOo-

**Veranderlikes:**

My vrou van 51 jaar kom gister na my toe – nou moet ek bysê dis 'n mens wat nie graag prys nie, emosies is maar goed weggesteek – en vertel my sy het nou na 'n foto (moet seker 'n baie ou een wees) gekyk, en wys met die hande soos Trump wys as hy crowd sizes oor lieg, hoe smal ek was en hoe breed ek nou geword het!

Gelukkig is daar nie veel foto's geneem van my toe ek jonk was nie, met of sonder hemp. Die torso van my is ek al lankal skaam voor en haat hotel spieëls bo die baddens. In kort ek trek net hemp uit om gou te was en sal makliker sonder broek rondloop op die strand as sonder hemp.

Tog moet mens trots bly op dit wat in jou vel sit – al is die verpakking miskien nou nie meer so sonder versletenheid nie. As jy wil mooi wees en jou mooiheid onthou wil hê, moet jy jonk doodgaan – en dis nou nie so 'n goeie idee nie.

Ons verander maar – jou innerlike ook en gewoonlik is die ten goede, hoop jy. Jou uiterlike kan jy nie veel aan doen nie – miskien versletenheid beperk, maar op langtermyn faal dit. Altyd. Leef net lank genoeg.

As die innerlike verander is dit omdat jou vrou gekarring het aan dit soos jy was toe sy jou gekry het. As sy dus nie daarmee na 51 jaar tevrede is nie, is dit haar skuld.

-oOo-

**Verander beteken nie verander word nie:**

Daar lank gelede in my vormingsjare as jong student het ek die een ortopedie professor raakgeloop wat indirek daai tyd 'n groot invloed op my gehad het. Hy was ook nie professor nie, maar net dokter en het ook nie lank gebly nie – die wat voor hom was was ook nie lank nie. Daai tyd – dan koers hulle weg. Ons kon nie verstaan nie, veral nie ek wat daai tyd grootoog uit Namakwaland gekom het en al die belangrike mense so sit en bekyk het. Veral hoe hulle dinge doen en gewonder of ek ook so sou word. Dit bring my met 'n omdraai wat ek vanmôre hier in my kop aan het broei het: Vormingsjare, of is dit veranderingsjare?

Ek sal nou vanjaar 51 jaar getroud wees met dieselfde mens. Ek is nou al 52 jaar in die proses van gevorm (moet) word deur dieselfde mens – dus is die vormingsproses nog aan die gang met my.

Dit laat man dink aan daai storietjie van die vrou wat met die langhaar mannetjie met sy baard (dit was die sestigerjare) by die huis aangekom het en met hom later getrou het – weetie of dit was omdat pa nie van hom gehou hetie, en of dit daai tyd se liefde was nie. Maar met hom getrou het gebeur.

So na die tweede kind kon sy hom oortuig om sy baard af te skeer – die langhare het al korter geword net na die honeymoon. Die eerste kleintjie was toe al 3 jaar oud en het natuurlik gehuil toe pa sonder baard beland, want sy het gedink dis 'n vreemde man wat nou hier is en waar's pa dan?

So is die man stuk vir stuk oor die jare vervorm tot wat oorgebly het, en so na 20 jaar van gevorm word, sê sy vrou een môre vir hom: "Jy is nie meer die man met wie ek getrou het nie," en skei hom in 'n redelike kaalgat uittrek manier.

Dis nou wat gebeur as 'n man hom laat vervorm en die vormingsjare net laat aangaan.

Gelukkig het een nurse daai tyd vir my so aangekyk – dis nou na sy vir my vertel het dat die ander dokters maak nie soos ek nie, en ek aan haar gevra het of ek nou "een van die ander dokters is?" Waarop sy nee moes sê – en gesê het: "Jy moet net so bly en nie verander nie."

Ek laat dus nie aan my vorm nie, netnou lyk ek te anders.

Die ortopediese professor wat nie een was nie, se invloed op my was dat ek tussen die bene gebly het en ginekoloog geword het.

-oOo-

**Verander:**

Ek het dit gehad oor hoe man moet verander om die vrou se aandag te behou. Vandag wil ek, oor die kleinkinners wat verander het.

Ek gee gedagtes van 7 jaar gelede toe dit nog moontlik was om al 4 myne hier gelyk te kan hê en sal dit opvolg met my gedagtegoed:

My buurvrou in Somerset Wes het altyd gesê as die kleinkinners vanuit die Transvaal vir 'n vakansie by haar kom kuier, sy 10 rand in die sendingbussie gooi uit dankbaarheid. As hulle na 10 dae teruggaan, gooi sy 20 rand in uit dankbaarheid.

Hier by ons was dit die afgelope 2 weke chaos. 2 Engelse kleinkinners – Goosens moet ek bysê – van 8 en 13 jaar, wat Afrikaans verstaan, maar nie die selfvertroue het om die te praat nie. Twee Nederlandse kleinkinners – wat Nederlands praat en Afrikaans verstaan - van 3 en 6. Chaos is miskien 'n sagte woord. Die Engelsmannetjie van 8 sit heeldag met sy neus in sy mini iPad. Ek het hom aangepraat met "haal jou neus 'n slag uit die iPad en stront en gaan speel buite!" Gelukkig het die Hollandertjie strooi gehoor en nie stront nie – elke nou en dan kom sy na my toe met: "Opa, Rocco zit alweer met zijn neus in de iPad en strooi kijken."

Die tiener Engelse Goosen is oupa se nommer een – nou nog – en het tevore al beweer dat "you can ask him anything" – die klassifikasie is van my. Dus word ek alles gevra en kan nie waag winkel toe met hulle nie, dan kom ons huis toe met 'n leë beursie en 'n kwaai ouma wat inwag. Die tiener het heeldag sit en iets doen op die pienk selfoontjie.

Die heel kleintjie is 'n regte klein stront. Hy is gedurig besig en moet – soos die Hollanders dit noem – "in die gate gehouden worden". Volgens hom is hy 3, en gaan ook 3 word as hy weer verjaar.

So het ons hulle op 'n ry gehad en saans na – my pa het dit bokwerktyd genoem – kon ek en ouma net so bietjie voete in die lug sit en die whisky en rooiwyntjie geniet.

Terugkykend was dit lekker gewees en beplan ons alweer die volgende aanslag.

Soos John Voster destyds gesê het: "Grandchildren is Gods gift to an old man."

Weetie hoekom hy toe Engels gepraat het nie, maar smaak my dis maar die taal deesdae van die oudgeworde nuwe Suid Afrika.

Dis nou 7 jaar later en kry ons nie meer die vier bymekaar nie – dis 10, 13, 16 en 20 nou al. Die oudste het eerste verander van oupa se nommer 1 wat als met oupa deel, na 'n deurtoeklapper, en weer daar uitgekom. Nou is sy weer daar. Die aandag is natuurlik by die kêreltjie, studies en natuurlik als wat om haar gebeur. Die deur word nie meer toegeklap nie en sy bewys my punt dat die kleintjie wat jy geken het, nog verskuil sit in die een wat stug en deure toeklap. Dit kom wel weer uit. Verandering van kleuter na tiener na volwassene is net tydelike veranderings.

Die een van 13 en 16 is net met eie dinge besig – agter toe kamerdeure. Hulle het ek al vir 'n bad job tydelik opgegee. Hopelik kom hulle ook weer uit die puberjare (my pa het van poepholhare gepraat).

Die jongste is nou 10 – oupa se beste vriend, voorlopig nog. Daar is al tekens van toeklapdeur neigings maar nog nie oorheersend nie. Ek is oor die algemeen sy taxi en dan gesels ons – hy is redelik intelligent en het selfs opinies oor Trump! Ek wag vir sy deurtoeklapfase – hopelik ook tydelik.

As ek so terugdink oor myself kan ek nie onthou van die moeilike jare wat ek my ouers gegee het nie – seker omdat ek op 13 in die koshuis so 150 myl weggestuur was.

Laat ons dit maar so sien: Veranderings in kleinkinners is tydelik. Jy moet verskyn en verdwyn is basies maar die rolspel. Aanvaar dit en die lewe is soveel makliker.

Al wil jy deel wees van hul optes en aftes, is jy nie altyd welkom nie.

-oOo-

**Afskeid:**

Op die laaste oomblikke waar jy van jou geliefde geskei word is daar gewoonlik ongelukkig die neiging om jouself te wil wegbreek van die pyn wat afskeid is. Later in helderder oomblikke is daar egter leemtes juis omdat jy dit gedoen het.

Met die geboorte van 'n kind kan daar nie genoeg oomblikke vasgelê word nie. In 'n stadium waar dit wat inkom nog geen konkrete bydrae tot jul verhouding gegee het nie, op daardie stadium is als gebou op wat jy jou voorstel hoe dit gaan wees. Meestal draai dit nie so uit nie.

By die afskeid is dit anders. Daar was 'n lewe gewees van kontak en liefde en 'n verhaal van gee en neem. Dis juis dan dat die laaste oomblikke vasgelê word in jou onthou, en om daardie onthou te loop ophaal later is hierdie foto's soveel meer kosbaar as sonarfoto's of babafoto's.

Moenie wegskram van dit wat wel nodig is nie.

'n Moeder wat haar doodgebore baba vashou is noodsaaklik om leemtes later te probeer vul. Dit weer moet nie van haar weerhou word nie.

So ook moet jy nie die laaste moontlike kontak met die een wat permanent vertrek van jouself weerhou nie.

-oOo-

**Stop:**

Daar is soveel wat die woord sê: en die pyn wat dit bedoel. Kortaf en kragtig. Soos die Hollanders dit stel, "het hou hier op!" Klaar is klaar, weg is weg en op is op.

Soos mens deur die lewe loop kom daar baie begin momente en baie stop momente, of dan opgee momente. Soms van lekkerte dinge, ander van gemotiveerde ophou dinge.

In my jong dae van ondersoeke was daar baie van die begin en ophou dinge. Ek het veral my bewondering gehad vir die meisies van my tyd wat die streep innie lekkerte kon trek, smaak my vandag se meisies ken nie daai kuns meer nie.

Weet ek veel, om weer 'n Nederlandse uitdrukking aan te haal.

Ek het begin rook en ek het opgehou so stuk-stuk en uiteindelik kon ek stop daarmee. En tel toe gewig op met vet wat nou nog gestol om die middel sit.

Maar die trots is die stop met rook. In die middel van my grootste eksamen – redenasie was, ek is so by so innie moeilikheid met nerves en so aan, nog 'n ding by sal nie spanninge verder verhoog nie. Het geneuk, maar is daardeur.

Soms stop mens sonder om agter te kom die stop was daar – gewoonlik so terugkykend word dit raakgesien.

Ek sien julle het Vryheidsdag gehad. In ons dae was dit Soweto Dag wat eers 'n opstandigheidselement gehad het, en nou smaak dit my dit het weer daai opstandigheid: die slag van die anderkant af.

Ons het in Nederland op dieselfde dag en datum Koningsdag – die man verjaar glo op die dag en dan moet almal Oranje dra en dit "vier". Sommige dink dis 'n kakaspul, ander ignoreer en ander vier, elk ongestoord, want hier word almal 'n opinie gegun.

Een ding wat ek weier omdat ek nou oor 70 is, is om te stop met dit wat lekker is – die ouderdom het genoeg stoppe op jou afgedwing.

Ek kannie meer gewig verloor nie, ek kan nie meer my skoene vooroorgebuk vasmaak nie, ek kan nie meer opstaan sonder om eers in die leeuloop houding om te draai nie, ek kan nie meer sommer net op die gedagte af doen nie – vergeet voor ek by die doen kom wat ek wou doen.

Help nie om vir D te vra nie – die weet als oor gister en eergister, maar oor nou net moet jy nie vra nie.

Hartstop is een stop wat ek volgens eie wil wil uitstel, maar sal daai stryd seker ook verloor met tyd.

Stop nou maar hier.

-oOo-

**Geleende Tyd:**

Ek was gister weer by die kardioloog en saam met hom my prentjies sit en bekyk – tans simptoomloos in wat ek ook maar sien as 'n periode van tyd gekoop. Die moeilikheid is dat die planne wat gemaak kan word om my hartspiere aan die werk te hou raak al hoe minder. As ek die man se gesig so bekyk raak hy benoud – ek het by my sell-by-date verby gegaan.

Ek sit die nou nie op om of simpatie te soek of om van 'n depressie ontslae te raak nie. Die filosofie van geleende tyd is die hooftema, en veral wat mens met die tyd kan/moet doen.

Die liewe Vader gee jou ekstra tyd en wat gaan jy antwoord as hy vir jou later vra (dis nou as die klokkie finaal lui) EN WAT HET JY MET DIE TYD GEDOEN?

Mens se geleende tyd kan ingaan as jy noue ontkomings gehad het – soms weet jy nie eens dat daar ekstra tyd gegee is nie. Ek is maar, soos alle ou sondaars, gedurig bewus van wanneer wat nie moet nie en wat miskien mag.

My bewustelike ekstra tyd kry was in 1999 toe De Wet Lubbe sy hande in my borskas gesit het – het nurse gehad wat vir my kon vertel wat die man gedoen het, skrik kom later. By die kruispunt kon ek sommetjies maak en groot beloftes maak. As ek terugkyk weet ek nou ook nie meer hoeveel van daai beloftes nagekom is nie. Dink darem so die helfte. Toe ek na 3 maande weer kon instap by my praktyk, was daar nie veel oor nie, en moes maar weer begin opbou. Met 3 kinners op of byna op universiteit was dit maar wakker lê tyd. Mens pas aan en mens bou.

Groot omwenteling was drie jaar later toe ek my goed gevat het en getrek het, weg ver weg met net miskiene op die horison. Hier kon ek my beroep eers net beoefen soos ek dit altyd gedoen het, die slag met 'n salaris. Die groot draai van iets te probeer wat anders is, het na my toe gekom – ek is oortuig na my gestuur – 6 jaar later. Superspesialisasie en die dinge wat daaruit groei het gekom en ek kan met redelike sekerheid nou, terugkykend, sê die geleende tyd was vrugbaar. Kon so 300 ginekoloë van oor die wêreld op een of ander manier beïnvloed vanuit 'n klein plattelandse hospitaaltjie. Het 'n praktyk gehad wat vanuit die hele Nederland mense getrek het. Dus kan ek sê die tyd was vrugbaar en kan ek HOM goed beantwoord – het so 'n paar vrae ook oor die tydperk, laat ons dit maar los tot na die klokkie gelui het.

Na 2016 is ek huis toe gestuur – te oud en klaar is klaar vir die tydperk. My oupa tyd het vroeër begin en hierop is ek ook trots en kan nou meer tyd aan dit spandeer.
Ongelukkig het die twee Engelse nasate te gou grootgeword, maar die twee in Nederland is nou groot maats. Ook hier voel ek rustig oor die geleende tyd se gebruik maak van die tyd. Uiteraard was daar vier keer sedertdien ook weer in en om die hartspiere gekrap moes word om die ou venes weer oop te kry (laaste keer was die gaatjie 95% toe!) Nog geleende tyd bykrytyd en beloftes maak tyd.

Maar die geleende tyd raak, smaak dit my, op. Dus sit man maar rondkyk vir wat nou? Ek weet nie: tyd sal leer.

Dis die virus wat buite die deur wag en man na binne dwing en daar na jou binneste laat kyk, wat ek weer op die punt bring van WAT HET JY MET JOU TYD GEMAAK? Weet ook nie als nie. Vra self ook maar.

Vir jou die leser ook: weet jy dat jy geleende tyd het en wat maak jy met dit?

-oOo-

**Herstel:**

Dit is so dat as jy jare in die gesondheidsorg gewerk het, is dit die strewe waarna ons altyd beweeg het om hierdie fase te bereik na siekte/anatomiese afwykings wat herstel kon word. Dis as jy die mylpaal bereik het van die herstelfase en met totale genesing in die vooruitsig dat mens kan begin ontspan.

Ek wil graag vanmôre vir myself perspektief skep oor dit wat met my die afgelope jaar persoonlik gebeur het, maar wil ook dit teen die lig beskou van eie ervarings met die hantering van siektes oor 40 jaar heen.

In die algemeen is dit so dat dit nooit 'n kwessie is van net een klagte/simptoom wat teenwoordig is nie. Daar is oorheersende simptome en oorheersende agtergrond redes daarvoor. Die aanpak is ook dan gewoonlik om hierdie oorheersende probleem uit die weg te ruim. Dit gebeur soms dat ander simptome/probleme op die voorgrond tree sodra die kombers van die oorheersende een afgetrek is. Dit is soms so dat jy pasiënte sien kort na suksesvolle behandelings dat hulle nie 'n verbetering waarneem nie. Die onderliggende klagtes voel soos nuwes of tree nou as oorheersend op. Om dus perspektief as arts te behou is dit belangrik om die klagtes breed aan te teken, en dan met opvolge die nuwe klagte intensiteit of "verskyning" te vergelyk met die oorspronklikes voor behandeling.

Dit doen ons met QoL – Quality of Life – vraelyste. Ek het ook die beleid gevolg om die vraelyste voor die ingang in 'n behandelingsprojek, en op te volg op 6 maande en 'n jaar na behandeling/operasies. 6 Weke is te kort. Dis die enigste manier om aan die pasiënt te wys dat haar probleem verbeter het oor 'n breë spektrum gemeet.

Met die ompad kom ek dus by myself uit. Ek het 'n oorheersende probleem gehad wat asimptomaties was – kanker is gewoonlik 'n sluiper sonder simptome. Ek was gelukkig dat ek vroeg kon reageer en is dit hopelik vroeg aangepak voor dit versprei het – hoop ons. Punt is, daar was geen klagtes, behalwe effe verkleuring van urine. Dit maak dus die pasiënt oordeel van verbetering moeilik!

Die behandeling van die probleem het egter simptome na vore gebring en het 'n redelike morbiditeit ook saamgedra. Tans sit ek hier 12 maande na die diagnose stelling en ingaan van behandelings en opvolge. Alle aanduidings is dat dit (hopelik) weg is, maar ook wetend dat daar tekens was dat in my geval die risiko van herhaling groot is. Noukeurige opvolg sal dus nodig wees om herhalings vroeg op te tel en dan aan te pak.

Die vergrootglas sal oor my wees vir die res van my lewe.

Maar dan sit mens met die "skade" wat die behandeling aangebring het – en dit sluit die morbiditeit van medisyne gebruik en die se bywerkinge ook in. Daar is oorblywende simptome wat geleidelik oor maande hopelik minder of selfs weg sal gaan. Klein jakkalsies as jy dit teen die lig beskou, maar dinge wat 'n jaar gelede nie daar was nie.

Ek het baie pasiënte gehad wat my kwalik geneem het daaroor – en dit sluit selfs die stelling in "ek het gesond hier ingestap en nou stap ek siek hier uit".

Dis waar perspektiewe moet inkom. Jou keuse is om of kop in die sand sonder behandeling te wees, met die onderliggende probleem wat seker wete later erger gevolge sal hê as die net klein jakkalsies wat jy nou ervaar, of jy kan by die diepkant van behandeling inspring met vertroue in die mediese wetenskap.

En glo my: in die fase waar ek nou is voel die klein jakkalsies soos groot probleme. Al wat ek vir myself moet vertel is die feit dat die onderliggende groot jakkals hokgeslaan is, hopelik. En om hom in die hok te hou verg fokus en opvolge, al voel dit jou vryheid is ingekort.

Dankie dat ek die van my af kon kry.

Tans is my opvolge met die pienkstrik ding 'n herhaal blaaskyk prosedure in Januarie en dan weer die spoelings (fokkit) in Februarie.

Laat ons hoop Krismis is sonder probleme.

Die kemper gaan op 4 November gehaal word en iewers heen gery word vir 'n week of twee of drie en die beplanning is om met die electric na Engeland te gaan oor Kersfees.

-oOo-

**Om en Om:**

*Net toe die kanker deel van my lewe ietwat tot ruste gekom het, slaan kwaal nommer 1 wat van 1999 af iewers in die donkerte wegkruip weer toe, met 'n ek is terug van nooit weg te gewees het nie!*

**29 November 2024:**

**Ek weet nog steeds nie meer nie**

Gister dwing die kwaal in die middel bokant my Ziekenhuis toe. Vir die wat nie weet nie, die lyf is al 75 jaar op met kwale bo en onder en innie middel. Dit sluit knie en voetsole en als tussen in in. Net die kop werk nog tot ewige verdriet van baie - D het net een kwaal en dis die kop kwaal.
    Gister skyn die son, wind waai nie en ou Vergeet wil uit. Temperatuur so net onder 10. Gaan toe wandel met haar oppie dyk en met die opklim teen die dyk vertel die middel boonste kwaal hy kry nie suurstof nie. Pyn op plek waar dit was met vorige alarm afgaan. Dit raak weg met deurloop.
    Ek het 3 jaar laas 'n behoorlike padwaardigheidstoets gehad (kateter in armaar, tot in hartvate, en toe was als redelik okey – niks gedoen nie. Moet bysê die boonste middelste kwaal het in 1999 my byna dood gehad. De Wet Lubbe sny oop, sit 5 are in en die hou 17 jaar, toe byna om die jaar nodig gewees vir stents. Dus in mooi taal – bietjie opgefokte middel boonste orgaan. (Verskoon my as ek dit dus nie vertrou nie!)
    Evenwel, ek gaan laai vir D tuis af, ek ry Ziekenhuis toe. Gaan via die kardio sekretaresse (die vertel my ek was betrokke by haar bevalling 10 jaar terug toe ek my

wou voorstel. "Ik zal u nooit vergeten". Voor ek bekommerd raak dat ek destyds by haar slechte betseit menners gehad het, stel sy my gerus dit was nie dit nie. Kindje is nu 10 en doen tiener dinge). Dan na die kardiospoedeenheid, en daar kom my kardioloog van Irakese oorsprong wat my storie ken. Langstorie kort: Beland gistermiddag in die cathlab en word gedotterd (die ou wat die hartkateterisasies begin het was 'n dr Dotter en net die Nederlanders noem dit dotteren). Eerste stent van 2016 was 50 % toe en na ballon opblaas later weer oop.

Nou, liewe mense, kom ek eers by my storie. Beland hier in 'n 4-bedsaal met drie ander vroue. Die drie was so op 'n ryaf voor my gedotterd.

Langs my is 'n Hollandse dame van onbekende leeftijd. Still, lyk of sy dink ek is raperig as ek met haar praat – dus geen reaksie nie, net pruil bekkie. Regoor haar is 'n Arap antie wat weerskante van die bed af hang. In die vensterbank langs haar lyk dit soos 'n kêffierak van kos wat gisteraand aangedra is. Die spul het vir 'n uur almal gelyk gepraat, met net die antie se temerige stemmetjie wat blykbaar kla. Kon niks verstaan nie, almal het Araptaal gepraat. Langs haar, regoor my het 'n antie gelê met 'n rolatortjie langs haar geparkeer. Hier in die middel van die nag het sy verdrietig geraak – smaak my bang vir doodgaan. So bang dat bid nie meer sal help nie.

En ek? Elke twee uur uitgesukkel toilet toe vir blaasleegmaak. Ding is, ek het hier aangekom sonder slaapklere. D is te deurmekaar om vir my goed te kry en skoondogter laat ek nie toe by my dinge nie, dus kon ek nie net in onnerbroek slaap hier tussen die vroue nie. Uiteinde – het in my klere probeer slaap.

Na die nag van rusversteuring sit ek nou en wag vir die een wat my huis toe wil stuur.
O ja, het ontbyt gehad van botterhammetjes, kaas en strokies ham.
Nou kan ons Krismis gaan hou in Engelse land.

-oOo-

**Vreesloos Vrees:**

Persoonlike gesondheid het sy klappe aan my uitgedeel, waarskynlik eers subtiel, maar later meer blatant met hartvatomleidings en later na 16 jaar van geen probleme met herhaaldelike stents plasings.
Daarna het die pienkstrik in die vorm van blaaskanker sy kop uitgesteek.
Dit het gelei tot 'n gevoel van 'n swaard oor jou kop.
Daar is gereelde kontroles uitgeoefen, tans so in 'n om die beurt situasie tussen kardioloog en uroloog!
Onderliggend het my vrou demensie ontwikkel wat toenemend haar weggeneem het.

Dus in kort: Ek verwag nie altyd dat die kontroles gaan iets opwys nie, veral as ek simptoomloos is, en dis juis hier waar die vrees begin inkom.
Met kanker en koronêre vatsiekte is dit 'n geneeskundige waarheid wat pasiënte ignoreer. Die kontrole wat niks opwys nie beteken nie daar is niks nie.
As daar iets uitkom met 'n mediese kontrole kan jy daarmee werk. Jy kan dit omlyn met definisies, jy kan die prognose van niks doen of iets doen, en verskeie opsies kan een vir een bekyk word. Jy kan daardeur 'n invloed uitoefen op die siekte verloop. Glo my, dis waar geneeskundige kuns sy waarde het.

Konkrete iets waarmee gewerk kan word.

Maar: As daar geen afwykings waargeneem word nie, kan daar nie enige progressie of agteruitgang mee geboek word nie – jy vrees altyd vir die verskuilde verrassing wat mag uitdop. Daar is geen waarborg dat as jy niks vind daar niks is nie!

Die Engelse spog altyd met "I got the all clear". Dit bestaan nie. Dit bly 'n dobbelspel.

Ek het geen simptome tans nie en dit, met die nie-indringende ondersoeke normaal – ek weet mos hier in die borskas sit die duiwel nou al 23 jaar. Daar was skade gewees, met die aanvanklike siekte, met die operasie daarna en met die plasing van stents. Die enigste manier om sekerheid te kry dat dit nou goed is, is deur na simptome te kyk. Angina en sy mede dinge soos naarheid, moegheid of inkorting van oefeningsvermoë, ens. En om direk die binnekant van die hartare te beoordeel. Laasgenoemde is egter nie sonder sy eie gevare nie en daar moet dus besin word of dit nodig is.

So ook sal die Uroloog hoogstens vir jou na 'n blaaskyk ondersoek kan sê dat daar geen duidelike letsel is nie. Uitsaaiings mag wel verskuild wees

Dis hier waar mens vertroue moet hê in die oordeel van die kardioloog en uroloog, die is gewoonlik op sy eie ervaring baseer.

Hier in Nederland word alle pasiënte in groepbesprekings beoordeel, en dan is die verantwoordelikheid van oordeel wel versprei in protokolle, ensovoorts.

Orals is daar slaggate en is geen 100% waarborge te kry nie.

Tog kan mens nie net altyd in vrees sit nie. Jy moet aangaan met dit wat jy het en dit is hoe jy vreesloos jou toekoms aanpak, al is dit dag vir dag. Elke dag moet ten volle benut word.

Ek is vasgevang tussen drie pole: Demensie in my vrou, koronêre vatsiekte en blaaskanker. In hierdie boek het ek my ervaring met u gedeel, veral hoe dit die konflik in my tussen arts en siekte aangewakker het. Ek reken ons behoud is die parallelle verloop van die normaal in ons lewe wat ons aan die gang gehou het, naamlik reis deur Europa tussen kontroles.

Ek wil dus hierdie uitbrei na ander. Moet nie jou dag van vandag laat bederf oor dit waarvoor jy vrees nie – dit sal jou dag van vandag bederf en later raak daardie vrees so groot dat jy nie dit wat voor jou is kan geniet nie.

Ek gaan dus vreesloos my toekoms tegemoet.

Daar is darem al 75 jaar agter my!

www.ingramcontent.com/pod-product-compliance
Lightning Source LLC
Chambersburg PA
CBHW071257110426
42743CB00042B/1082